# 古典文獻研究輯刊

## 二三編

潘美月・杜潔祥 主編

## 第21冊

## 劉三五集

〔明〕劉 陽 著
彭樹欣 整理編校

國家圖書館出版品預行編目資料

劉三五集　〔明〕　劉陽　著／彭樹欣　整理編校 ── 初版 ── 新
北市：花木蘭文化出版社，2016〔民 105〕
目 22+190 面；19×26 公分
（古典文獻研究輯刊 二三編；第 21 冊）
ISBN 978-986-404-860-1（精裝）
1. 明代文學
011.08　　　　　　　　　　　　　　　　　　105015209

ISBN-978-986-404-860-1

9 789864 048601

古典文獻研究輯刊
二三編　第二一冊　　　　　ISBN：978-986-404-860-1

## 劉三五集

| | |
|---|---|
| 著　　　者 | 〔明〕劉陽 |
| 整理編校 | 彭樹欣 |
| 主　　　編 | 潘美月　杜潔祥 |
| 總 編 輯 | 杜潔祥 |
| 副總編輯 | 楊嘉樂 |
| 編　　　輯 | 許郁翎、王筑　美術編輯　陳逸婷 |
| 企劃出版 | 北京大學文化資源研究中心 |
| 出　　　版 | 花木蘭文化出版社 |
| 社　　　長 | 高小娟 |
| 聯絡地址 | 235 新北市中和區中安街七二號十三樓 |
| | 電話：02-2923-1455／傳眞：02-2923-1452 |
| 網　　　址 | http://www.huamulan.tw 信箱 hml 810518@gmail.com |
| 印　　　刷 | 普羅文化出版廣告事業 |
| 初　　　版 | 2016 年 9 月 |
| 全書字數 | 144820 字 |
| 定　　　價 | 二三編 21 冊（精裝）新台幣 40,000 元 |

版權所有・請勿翻印

# 劉三五集

〔 明 〕 劉陽 著
彭樹欣 整理編校

## 作者簡介

〔明〕劉陽（1496～1574），字一舒，初號三峰，後又號三五，人稱「三五先生」，江西安福縣福車人，王陽明弟子，江右王門代表性人物之一。嘉靖四年中舉。嘉靖二十年拜碣山縣令。嘉靖二十四年升任福建道監察御史。次年辭官歸隱，後未再出仕，以講學弘道、化民成俗爲志業。劉陽的思想以陽明良知學爲中心，並融合易學、宋代理學和道家思想，尤重實修實證，屬王門之修證派。

## 整理編校者簡介

彭樹欣（1968～），男，江西蓮花人，江西財經大學人文學院副教授，文學博士，哲學博士後，碩士生導師。出版專著《多維視野下的梁啓超研究》《古代人生哲學在晚清民國的生存狀態——以梁啓超爲中心》等，整理編校《劉元卿集》等，在《光明日報·國學版》《孔子研究》等刊物發表學術論文 40 餘篇。

## 提　　要

本書收錄民間孤本萬曆刻本《三五劉先生集》五卷本殘本、十五卷本殘本的全部內容，並全面鈎沉、輯佚散見於諸文獻中的劉陽單篇文獻、傳記資料及他人的相關詩文等，然後重新整理、編輯、標點、校勘。全書十卷，由兩大部分組成，第一部分爲正文《詩文集》，共七卷，包括卷一《山壑微蹤》（詩）、卷二《山壑微蹤》（文）、卷三《人倫外史》、卷四《四言詩》《五言絕句》《五言律詩》《五言古體》《六言詩》、卷五《七言絕句》、卷六《七言絕句》《七言律詩》《七言古體》《賦》、卷七《序》；第二部分爲《附錄》，共三卷，包括卷八《附錄一：逸文輯佚》、卷九《附錄二：傳記資料》、卷十《附錄三：師友、門人、後學之相關詩文等》。這是迄今收錄劉陽文獻及研究資料最新最全的文集。

目次

# 前　言

一〔註1〕

劉陽（1496～1574），字一舒，初號三峰，後又號三五，人稱「三五先生」，江西安福縣福車（今屬江西省安福縣洲湖鎮福車村）人，王陽明弟子，江右王門代表性人物之一，與鄒守益、劉文敏、劉邦采等同縣、同門，爲至交。

弘治九年（1496）七月十一日辰時，劉陽於母歸寧時出生外祖家。稍長，讀書社學，慧敏不群。一日，侍立祖側，祖曰：「薩真人十二年一念不苟而二將降。」遂驚悟曰：「一念之動，鬼神知之，而可忽耶？」年十三，放學歸，祖母令其計債券生息之數，因聞生息亦能害人之說，反詰祖母曰：「害人事可爲而紀耶？」於是泣告祖母焚債券，祖母喜其善心，竟從其請。

後遊縣學，學舉子業，然志存高遠，澹然於舉業之習。年二十，從家鄉心學家彭簪、劉曉受學，兩先生深器之。一日，讀《性理大全》，忽有省，遂動希聖之志。正德十六年（1518）春，劉曉間示之王陽明《語錄》，陽益發嚮往心性之學，並思親問學於陽明。時陽明巡撫虔（即贛州），遂親赴虔。至虔時，已是年關除夕，泊舟野水，風雪霏霏，手指麻木，不得屈伸。然陽不畏風寒，心津津然自喜。次年正月初一日，執雉爲贄，拜陽明爲師。陽明見其修幹疏眉，飄飄然世外之態，謂諸生曰：「此子當享清福矣。」命之習靜，陽每日兩參，而陽明啓迪甚殷。時與翼元亨等二十七人共學，互相稽切。越數月，陽告歸，陽明不忍別，又留之數日。分別之日，陽明勉其曰：「若能甘至

---

〔註1〕此部分關於劉陽的生平簡介，主要依據本書卷九附錄二的資料而成。

貧至賤者，斯可爲聖人矣。」後遇郡督學周玉崖，以理學課士，而與陽明持論不合，然陽申述師說，竟亦得首選。周氏贈陽《上蔡語錄》，且署其卷曰：「自上吉州，僅見吾子一人而已。」繼任者邵端峰對陽優禮尤至，授以莊渠《體仁說》。二督學皆以斯道之任期劉陽。

　　嘉靖四年（1525），舉鄉試，中舉人。嘉靖二十年（1541），參加會試，不第；然此年以學優得選，拜碭山縣令，陽慨然自任曰：「是不可行吾一體學乎？」陽爲令，撫士民，興禮教，表節孝，新文廟，嚴武衛，修城池，百廢待興，又群士民講學，感而奮者凡百數人。四年間，碭山得到治理。上朝廷考績，進階文林郎。離任之日，士民遮道，哭泣若失慈母。去後，碭人創仁政祠祀之。嘉靖二十四年（1545）十二月，升任福建道監察御史。次年，世宗改萬壽宮爲永禧仙宮，百官表賀，群御史推陽爲代表，陽獨毅然曰：「此當諫，不當賀。」任御史時，官舍蕭然，日恒蔬食。任職不久，念祖歿未葬，連疏以病乞歸；或云嚴嵩欲與其聯姻，故託病乞歸。家居數年，朝廷起用天下有才望者十人，惟陽不赴。後又以貴州道御史召，不久陪點光祿少卿，竟皆不赴。

　　自嘉靖二十五年（1546）劉陽辭官歸隱後，未再出仕，息跡林下近三十年，以講學弘道、化民成俗爲志業。始結盧於里之三峰。後常會復真書院，與鄒守益、劉文敏、劉邦采等陽明弟子一起講學弘道。陽好山水之遊，嘉靖三十一年（1552）秋，與劉邦采、周怡等一起遊南嶽。直至次年正月上元日始返家，不久又獨往南嶽再遊。夜半坐祝融峰，披羊裘觀海日，殘冰剩雪，杖杖鏗爾。陽明所謂享清福者，蓋懸記矣。自南嶽歸後，弟子從遊者日眾。嘉靖四十五年（1566），安福縣令會集群士，請陽主講於明倫堂。不久，陽聯會水雲書院。晚年闢雲霞館於三峰翠微，又坐半雲洞天，與諸同志講道。在家，建祠堂，重祭祀，立家會，敦孝弟。居鄉，聯鄉人爲月會、社會、屬祭會，爲鄉約，遵《聖諭》，申仁讓，說良知，風動安福南鄉一帶。又立義倉二區，鄉里賴之。陽諳達事體，善爲鄉人解紛批難，爭曲直者，多不之有司，而之陽之盧。與人交，仁經義緯，直致曲折，人人以爲親己。

　　萬曆二年（1574）五月六日，弟子朱汝昌病危，陽往視，染病。陽素精脉理，十三日，朱易菴、鄒穎泉、彭雪蓬過訪，仍論學不倦。六月七日，早起，正襟踞床而坐，惺惺不昧，撐持至申時，仰面弟子李挺等，拱手而逝。族、里人如喪考妣，會哭於家者百數十人；門弟子披麻執心喪者月餘；郡

邑縉紳老少，無問識不識，奔走填門，至不能容。死後，門弟子特建祠以祀之。

劉陽的思想以陽明良知學爲中心，並融合易學、宋代理學和道家思想，尤重實修實證，屬江右王門之修證派。黃宗羲稱：「自東廓沒，江右學者皆以先生爲歸。」〔註2〕實乃江右的精神領袖之一。其人格俊偉，修煉有成，所謂「形神修潔，望之如神仙中人」〔註3〕，周怡贊其道像曰：「外柔內剛，貌素中黃。元晶炯炯，動靜圓方。吸爲秋霜　嘘爲春陽。神龍威鳳　幾決行藏。」〔註4〕其詩、文、書法皆有成，人稱「三絕」。

## 二

劉陽的文獻到底有多少種，多少卷，存佚情況如何，其實撲朔迷離，學界對其人及其著述是不太熟悉的，甚至有人以爲其文獻已亡佚。故需對其著述作一番考證。

劉陽文獻的著錄，見於清代《四庫全書總目》《續文獻通考》《千頃堂書目》。《文淵閣四庫全書總目》著錄劉陽著作於子部，其內容曰：

> 《劉兩峰集》（四卷），江西巡撫採進本。
>
> 明劉陽撰。陽字一舒，安福人。由舉人授碭山縣知縣，官至監察御史。是編凡《論學要語》（一卷）、《洞語》（一卷）、《接善編》（一卷）、《人倫外史》（一卷）。陽初從族人劉曉授經，曉告以王守仁之學，遂往謁守仁於贛州。故《要語》《洞語》大率不離良知之旨。其《接善編》多採儒先粹語，非所自作。其《人倫外史》即墓誌、傳、狀、詩詠等作，以其繫於孝弟、忠義、貞節之大，故以《外史》爲名。雖總爲一集，實未可著錄於集部，故仍以《語錄》爲主，隸之儒家焉。〔註5〕

按：此著錄，書名有誤，即將劉三峰混爲劉兩峰。劉陽號三峰，又號三五，而劉文敏號兩峰，兩人均爲江西安福陽明弟子。可能的情形是，江西巡撫採進本乃幾種單行本彙編在一起（尤其是《接善編》非劉陽自著者，乃編

〔註2〕黃宗羲：《明儒學案》，中華書局，二○○八年，第四四二頁。

〔註3〕王學夔：《明故柱史三五劉先生墓誌銘》，《三五劉先生集》（卷十五）。

〔註4〕周怡：《三五先生道像贊》，《三五劉先生集》（卷十五）。

〔註5〕清永瑢等：《文淵閣四庫全書總目·子部》，《文淵閣四庫全書》（第三冊），台灣商務印書館，一九八六年，第九五頁。

纂之作，而編纂之作一般不收錄於個人詩文集），原無總書名，而收藏者誤題爲《劉兩峰集》。中華書局一九六五年版《四庫全書總目》可能意識到書名有問題，故沒有著錄書名，只直接著錄書各卷之內容：「《論學要語》一卷、《洞語》一卷、《接善編》一卷、《人倫外史》一卷。」〔註6〕不過，對未著錄書名，亦未做任何說明。《續文獻通考》亦如此著錄：

> 《劉陽論學要語》（一卷）、《洞語》（一卷）、《接善編》（一卷）、《人倫外史》（一卷）

> 陽字一舒，安福人。由舉人授碭山縣知縣，官至監察御史。臣等謹案：是編舊總題曰《劉兩峰集》，今從四庫全書之例，分敘其目列于儒家類。〔註7〕

此外，清黃虞稷《千頃堂書目》於史部傳記類，著錄劉陽《吉州正氣》（四卷）、《人倫外史》（未註明卷數）。

這是後世書目的著錄情況。然而，《四庫全書存目叢書》作爲依《四庫全書總目》之存目而編者，未收錄劉陽上述文獻；〔註8〕此外，《續修四庫全書》等四庫系列以及其他大型叢書如《儒藏》等均未收錄劉陽任何著作。我查遍國家和地方圖書館，亦未見到劉陽著作的身影。直到二○一四年四月，我在江西省安福縣博物館見到《三五劉先生集》，劉陽著作才浮出水面。此書實爲兩個殘本混合在一起（關於此書的來源、發現及其大致內容等見本《前言》第三部分）。根據此書的相關內容，並結合上述書目，劉陽著述可以得到進一步考證。其著述及版本考證如下：

1.《三五劉先生集》（十五卷），殘本。

現存第一、二、三、四卷（前三卷爲詩、卷四爲序文）和第十五卷《附錄》以及正文前的序言和目錄。版面爲每半頁九列，每列十八字。每卷首頁註明選編者：「後學同邑周寀彙選、門人廬陵劉孟雷編次」。關於此書的刊刻時間，據殘本各序言看，可能有三次刊刻（或翻印）：一是萬曆十九年。王時

---

〔註6〕清永瑢等：《四庫全書總目》，中華書局，一九六五年，第八一○頁。

〔註7〕《欽定續文獻通考》，《文淵閣四庫全書》（第六三○冊），台灣商務印書館，一九八六年，第三三三頁。

〔註8〕按：至於徐儒宗《江右王學通論》（中國人民大學出版社，二○○九年）所列主要參考文獻中，有劉陽《論學要語、洞語》，《四庫全書存目叢書》本，乃偽列。其實，《四庫全書存目叢書》中根本未見此書，且徐書文中亦隻字未引此書。

槐《三五劉先生文集序》提到「同邑周穀似中丞（按：即周案）特爲摘其緊切者，捐金助梓，以廣其傳」，此文註明作於萬曆辛卯（十九年）季夏。二是萬曆二十六年。甘雨《三五劉先生文集序》提到「少宰穀似周公重先生，爲梓其集以傳」，此文註明作於萬曆戊戌（二十六年）孟秋。三是萬曆三十年。劉孟雷有《劉三五先生文集序》，註明作於萬曆壬寅（三十年）中秋日，而劉元卿有《書三五先師文集後》，註明作於萬曆壬寅春。從刊印時間間隔不長看，十五卷本可能是同一板式多次刊印。此外，殘本卷十五附錄之文實際上比其目錄中所反映者多出十三篇，且此十三篇的字體與其前的附錄也不同。這也說明十五卷本曾重印，並增補了附錄。現存十五卷本殘本應是萬曆三十年刊本。

　　2.《三五劉先生集》（五卷），殘本。

　　該書現存卷二、三、四，包括卷二《山壑微蹤》（詩）、卷三《山壑微蹤》（文）、卷四《人倫外史》。此殘本版面的列數和每列字數與十五卷本殘本同，但書中未註明選編者，且其字體與十五卷本殘本明顯不同。故此殘本爲另一版本。在十五卷本之目錄中，有卷十原刻《洞稿》、卷十一原刻《山壑微蹤》（詩）、卷十二原刻《山壑微蹤》（文）、卷十三原刻《人倫外史》、卷十四原刻《先隴志》，註明「原刻」者共此五種。其中，十五卷本之卷十一、十二、十三正好對應該殘本之卷二、三、四卷，故可推斷十五卷本之卷十、卷十四分別對應該殘本卷一、卷五。如此，該殘本其足本可能爲五卷，而亡佚者爲卷一《洞稿》、卷五《先隴志》。從十五卷本目錄提示之「原刻」看，五卷本很可能是劉陽在世時之刻本，至晚刻於十五卷本初刻前（即萬曆十九年前），可大體判定爲萬曆刻本，爲劉陽前期詩文集。

　　3.《劉三五集》（四卷），亡佚。

　　此即《四庫全書總目》和《續文獻通考》著錄者，《四庫全書總目》著錄爲《劉兩峰集》，誤，姑定名爲《劉三五集》，包括《論學要語》（一卷）、《洞語》（一卷）、《接善編》（一卷）、《人倫外史》（一卷）。因書已亡佚，無法判定具體版本情況，很可能是收藏者將幾種單行本匯總爲一書。

　　4.《三五劉先生文粹》（卷數不詳），亡佚。

　　十五卷本之序言收有陳嘉謨《敘刻三五劉先生文粹》一文，其文曰：「予嘗求先生遺集，不可得，外孫王生道明求得之，告予，輒手錄其尤粹者，將

刻以傳。……刻成，屬予一言，予樂道而僭敘之。」從文中「求先生遺集不可得」看，可能刻於十五卷本初刻前。

此外，劉陽還編纂了一些書，有如下幾種：

5.《吉州正氣》（四卷），亡佚。

《千頃堂書目》著錄爲《吉州正氣》（四卷），十五卷本殘本卷四有劉陽《吉州正氣序》一文。刊刻時間無從考證，劉陽生前可能有刻本。

6.《陽明先生編年》（二卷），亡佚。

十五卷本殘本卷四有劉陽《陽明先生編年序》一文，其文曰：「謬爲《編年》二卷，以事繫年。」刊刻時間無從考證，劉陽生前可能有刻本。

7.《接善編》（一卷），亡佚。

《四庫全書總目》著錄的劉陽文獻，包括《接善編》（一卷），並曰：「其《接善編》多採儒先粹語，非所自作。」十五卷本殘本卷四有劉陽《接善編序》一文，其文曰：「編者，何也？古先聖賢，凡以善論人者，萃一編也，有微言，有淺近之言，有法言，有巽言，有純德者之言，有擇焉而弗精者之言，均採也。」該書刊刻時間無從考證，劉陽生前可能有刻本。

8.《鄉社錄》（卷數不詳），亡佚。

十五卷本殘本之附錄胡直《劉三五先生墓表》、劉元卿《理學傳》，均提到劉陽的著述，其中有《鄉社錄》一書。從書名看，乃編纂之作，而其內容、版本等均無從考證。

### 三

現藏安福縣博物館的《三五劉先生集》乃海內外惟一存世的劉陽著作，具有較高的文獻價值和學術價值。關於此書的來源、發現及其大致內容等現作一番介紹。

二十世紀八十年代末期，江西省安福縣文物辦劉競芳先生到民間調查文物，在該縣洲湖鄉福車村劉陽後裔家發現了《三五劉先生集》，劉氏後裔將其無償捐贈給文物辦。一九九七年，安福縣成立博物館，刁山景先生任首任館長，在清理、移交原文物辦的文物時，登記、翻閱過該書。二〇一三年夏，我去安福縣對陽明後學文獻作田野調查，有幸認識山景先生，他告知我安福博物館藏有劉陽文集。二〇一四年四月二十八日，我來到博物館，在山景先

生的幫助下，在館內將該書全部拍攝下來。當時記有日記，現將部分日記照錄如下，以資紀念：

今晨，赴安福縣博物館，見刁山景副館長，求借《三五劉先生集》。在館長刁兄的幫助下，從上午至下午，約五小時餘，將該書拍照完。

遇見此書，是一種緣。予研究江右王學，找遍國內各大圖書館，未見劉陽文集，遂以爲劉陽著作已亡佚。於是從去年上半年開始輯佚劉陽文獻，已約三萬字，爲論文《陽明弟子劉陽考論》作前期資料準備。予與刁兄素昧平生，爲訪求安福陽明學的資料，去年暑假乃冒昧登門造訪，兄惠予資料甚富。閒談中，予提及安福陽明學者劉陽其人，他提供一條重要信息——安福博物館藏有《三五劉先生集》，予當時甚爲興奮。然因該書屬文物，借閱、拍照頗爲不易。此次予下定決心，再赴安福，事頗爲順利，終於如願以償。心中無限喜悦！據予推測，此書爲海內外孤本，而今終於能讓其重見天日也，亦將使予能深入三五先生之研究也，且打算整理、出版十餘萬字的《劉三五集》。此於江右王學的研究將大有裨益。刁兄現爲博物館副館長，雖無多少權力，但對予之無償幫助、對學術之無私奉獻，可鑒日月焉，予甚爲感動！深爲感謝！

該書裝訂爲四冊，封面爲裝訂者所加，書名題爲《三五劉先生文集》，書內題名實爲《三五劉先生集》。經過筆者仔細閱讀、比勘，發現該書實際上是由二個殘本組成，即上文所述之五卷本殘本和十五卷本殘本。其中，第一、三冊爲十五卷本之序言、目錄和前四卷，第二冊爲五卷本之卷二、卷三，第四冊前爲五卷本之卷四、後爲十五卷本之卷十五附錄。

由於五卷本卷二、三、四，即十五卷本卷十一、十二、十三的內容，故只要睹十五卷本之目錄，就可了解劉陽文集的大體面目。現將十五卷本殘本的目錄照錄如下：

《三五劉先生集》（十五卷）總目

卷一
四言　十首
五言絕句　十五首

卷十五

附錄

　　傳　一首

　　誌　一首

　　表　一首

　　輓歌　二首

　　祝　五首

　　詩　三首

　　記　二首

　　按：此外，還有重刻時新增之十三篇附錄，包括傳（五首）、疏（一首）、像贊（六首）、行狀（一首），而此目錄無反映。

　　以上內容，卷一、二、三、四、十五存，而卷十一、十二、十三雖佚，然即五卷本殘本之內容，亦等同存，故實存八卷（另還存目錄前五篇序言）。實際亡佚者爲卷五、六、七、八、九、十、十四，共七卷；其中卷九《洞語》八十九條、《晚程記》七十五條，在黃宗羲《明儒學案》分別保存二十五條、七條。

# 四

　　本新整理、編校的《劉三五集》，收錄萬曆刻本《三五劉先生集》五卷本殘本、十五卷本殘本的全部內容，並全面鉤沉、輯佚散見於諸文獻中的劉陽單篇文獻、傳記資料及他人的相關詩文等（共三萬多字）。在編排順序上，先五卷本殘本（因其爲劉陽前期詩文），後十五卷本殘本之前四卷，最後是附錄，包括十五卷本殘本的附錄、序言和新輯佚的文獻，共十卷。具體編排如下：

**正文詩文集七卷**（其中，前三卷爲五卷本殘本的內容，後四卷爲十五卷本殘本的內容）：

卷一　山壑微蹤　詩

卷二　山壑微蹤　文

卷三　人倫外史

卷四　四言詩、五言絕句、五言律詩、五言古體、六言詩

卷五　七言絕句

卷六　七言絕句、七言律詩、七言古體、賦

卷七　序

**附錄三卷：**

卷八　逸文輯佚

卷九　傳記資料（包括十五卷本殘本卷十五附錄和新輯佚者）

卷十　師友、門人、後學之相關序跋、書信、詩文等（包括十五卷本殘本的序言和新輯佚者）

對以上文獻，重新標點、校勘。其中，原書的簡體、俗體、異體字仍如本字，不改爲繁體或正體，個別不易辨認的異體改爲正體。「太」寫作「大」時，逕改回「太」，「己」「已」「巳」混淆者，「母」「毋」混淆者，據文意逕改回原字，不另出校記。其他文字改正處出校記說明。闕字處用□代替，模糊無法辨認處用■代替。

## 五

本書最終能夠出版，乃諸緣和合的結果。安福縣博物館刁山景先生無私將珍貴文獻奉獻給學界，安福縣藥監局王卿先生、華泰實驗學校王有才先生熱心、全程陪我去劉陽故里作田野調查，大學同學安福中學歐陽厚德先生在我赴安福縣城時總是熱情款待。內子劉衛華女士亦安福人氏，一直默默支持我的事業。友人復禮中學顏毅先生常與我談儒論道，指點迷津，惠我良多。花木蘭文化出版社總編杜潔祥先生、副總編楊嘉樂女士欣然將本書納入出版計劃。在此，謹向諸位致以深深的謝忱！

本書的整理、點校，是我陪女兒彭雨晴就讀臨川二中，往來於南昌、臨川兩地之間，於教學、家務、奔波之餘完成者。雖然辛苦，但女兒學習已自覺，學業不用我操心，故我能沉下心來，與古人悠然會心，快樂而又充實地敲字、標點、校勘、思考。有可愛的女兒在身邊，有典雅的古籍可展讀，有哲人的精神相輝照，這其實是一種無比的幸福，故特識之，也祝福女兒天天快樂！學習進步！

本書附錄卷九，其中約兩萬字由我的研究生馬晶初步點校，後經我修改、完善，其餘均由本人獨力完成，特此說明。魯魚亥豕，難免錯訛，學力有限，祈請學界同仁、讀者諸君不吝賜正。

二○一六年六月江西財經大學人文學院江右彭樹欣識於臨川

# 詩文集

## 卷一

### 山壑微蹤

〔詩〕

　　山人家住山中，其之四方，所經佳山，輒一登眺，而或寄栖焉。嘗三四載爲簿書吏，乃在芒碭之山，猶山人也。嘗立朝僅數閱月而疾痾，乞還，得蒙賜告，又山中還矣。故於平生，山蹤爲多。因閱舊書藁於山房，取凡山中之作，類爲一編，而題之曰《山壑微蹤》。晚栖山椒之館，□□刻，曰《洞語》，曰《洞藁》，曰《人倫外史》云。閑雲野鶴，一寓焉，不留蹤跡，予盖多言爾矣。

三五山人劉陽書于雲霞之館

#### 書岡爲秋渠石屛留題

芸室松堂富簡編，石渠金馬世相傳。只今秋入山窓下，猶對青藜生紫烟。
獨尋花逕覓秋渠，借我書岡小結廬。病骨乞來渾懶散，唯將朱墨校方書。
山蓮花竹掩柴扃，袖拂朱絃對晚汀。紫石屛高秋色凈，一江流水數峰青。

#### 書岡之麓秋渠爲予置寄南軒又賦詩用韻答謝

買鄰結社願須償，何處寒花不斷香。携去藥爐茶竈去，寄南軒傍古書岡。

寄館行窩謝主人，青山高倚石嶙峋。山前有地宜嘉種，幽竹須添數畝春。
山中求伴覓松芝，殘髮蕭蕭半已絲。我寄人間誰寄我，從君高詠寄南詩。

### 石屋先生飲湖山勝處亭中

鑑水衡雲雨乞閑，小亭兼得領湖山。山中宰相湖中主，銀鯽碧芹春宴盤。

### 蛟窟泉

曲流山骨園林活，清透湖心畝畝成。功載湖山多歲月，老蛟猶喚舊時名。

### 丈人石

紫霞半采丈人家，長倚南山飲土砂。咲領洛陽諸老宿，青天鷥鶴洞中花。

### 石屋先生共樂園成，有招客之簡而未及予，作詩怨之

五老雲中峙，明園望亦尊。園中招好客，獨不到柴門。

### 北華山菴同王德夫

竹葉桃枝歲歲妍，鹿遊雲卧總蕭然。重來還憶相携伴，一夢烟花二十年。

### 偓鶩峰呈東廓翁

北山奇壑與公尋，又共南山深更深。拂石儘堪留客坐，偓鶩峰對半溪陰。

### 青岡

何年崛起青龍岡，龍向中天頭孤昂。高望蓬瀛渺何處，一江秋水遥天長。

### 韓溪山中

武功深處道人家，門對飛流晚紫霞。三月庭中無客至，滿山紅樹菊生花。
斸得松根兔子如，山家將爾護孱軀。夜來秋簟涼如水，月上踈桐展道書。

### 武功山中無塵樓閱葛翁遺傳，同劉月山惟常、歐三溪汝重、劉平野應明

悠悠行脚任年華，凌厲清霜菊又花。萬水千山尋舊主，芙蓉冠照九秋霞。

### 天香山

一逕蕭蕭不俗緣，幾間松屋聽流泉。閑猿野鶴深山侶，莫作香山諸老傳。

### 黃竹山中與朱汝治食苦菜

尋得溪邊苦菜肥，幾廻青帶雨中歸。道人自愛鐺中味，日傍橋西入翠微。
頂枝鶴逕日延緣，又飯黃山苦菜眠。薄盡世間剛住此，乾坤付與道人權。

### 山閣月夜

一藜何處不烟霞，萬壑千峰別是家。秋閣夜凭山色靜，竹僊閑伴月生華。
紫雲潭逼谷生寒，黃竹臺高客掩關。分付洞前流水去，休傳竹葉到人間。

### 寄雪蓬彭元宗

老足巉岩健若龍，黃州二客也難從。登山我足猶粗健，獨立峰頭看萬峰。

### 仰峰次東廓翁

上仰峙中天，千山佳氣旋。山中舊日聞，僊人食不烟。涼風吹古《易》，
翛然知候蟬。秋來病骨蘇，清籟欲無眠。

### 聚仙崖次韻

盧谷雲生白，遙峰雨過青。陰晴經物候，天地見流形。千載蹤微寄，諸
崖此亦靈。後來知我輩，聊借聚仙名。

### 答彭顯甫

幽人交已疎，憂思耿如懸。山高日白雲，相對難為宣。欲訊雲中君，雲
深誰與傳。豈不懷孤願，從來嗟薄緣。

### 答伍晉壇

懶去山多伴，閑來俗寡紛。病懷增感舊，清夢數携君。石榻芳依樹，竹
房白掃雲。淵明知對酒，詩思動堪聞。
莫謂青山早，頭顱白已紛。幾誰縈世網，能不負靈君。閉閣休尵句，杖
藜來看雲。風清崗竹杪，仍與暮蟬聞。

### 讀《易》

　　是歲夏五月，東廓翁玩《易》仰上之舍。先是期兩洲翁偕至，兩翁
果携《易》數卷，榻山房如寒士。一時學者喜茲山之遭也。至秋七月，
風清消殘暑，杖屨思矣。乃升高歷諸丘，覽連山之曲，咸謂絕勝，宜

為我輩講《易》之區，遂謀之彭氏諸子卜築云。

幽栖日自淹，采藥青山曲。竟日靜山扉，殘書多悮讀。謝我山中翁，抱《易》對雲竹。幾年《易》道微，載指幽玄軸。自古聖人心，欲為天下目。直將天地樞，開我人文郁。苟違齊戒躬，而使神明瀆。豈異眾人蚩，所之憑握粟。安居付艮山，夙昔幸從卜。獨恐負微言，■焉對退矚。

## 卜築連山次廓翁

周觀千古秘，靈啓謝乾坤。溪折濂如靜，山廻象若尊。圖書應做府，井畞試為村。莫遣幽人輩，桃花種到源。

## 伍氏兄弟欸晉僊壇

### 月夜

君家兄弟瘦生靈，詩思岩泉枕畔醒。還對先年宮教月，滿庭風細竹枝青。

### 金燈

秋澹峰孤逼太清，松堂雲館客星明。山光半夜衝斗牛，莫是床頭拄杖生。

## 賓陽洞

纔居新洞墨花香，大掃雲蘿字幾行。翠壓群峰當洞口，秋江玉立獨東陽。

## 伍晉壇邀客觀瀑

白龍吟處千山青，身傍泠泠骨亦惺。勾引客來來不去，僊房猶似桃邊聽。
晴雪霏霏落末收，恍然塵世隔雙眸。翩翩鷥鶴雲中侶，好泛銀河天上秋。
主人觴客日飛泉，泉畔花香清可憐。析得花枝香在手，秋風欲寄閬中僊。

## 雪蓬彭子江館

清晝鶯啼也自閑，一江廻處合千山。舍邊幾日天連水，人在烟洲月島間。
夜夜雨聲聲共聽，對床渾得為君惺。他時獨枕惺惺處，江館猶懷杜若青。

## 漁歌　舟湖泛舟，同聽齋、一湖、寒江、栗山、石泉、雪蓬諸君

寒竹村村炊晚烟，簑衣脫却石頭眠。君能作伴同君醉，魚白雙雙不用錢。
鷺伴鷗群閱歲華，短蓬生計自貧家。何人肯作玄真侶，風月長天儘可誇。
魚飯年年野水濱，梅花又放歲寒春。有生真謝乾坤大，容得人間一懶身。
不怕江寒雪滿天，天生身作老漁僊。夜來一曲狂天地，千尺潭深龍未眠。

### 東川君矦松雲窩

望中雲白與山青，亭下《黃庭》一卷經。分付道童供洒掃，不將鷄犬到山扄。

萬松深處幾閑人，又得青松伴白綸。客與主人同不老，青松看到老龍鱗。

### 朱治松嵓書屋

茅君斗大爲君題，憶共雲陽峰頂栖。今對圖書多古墨，青山舍後舍前溪。

呼鶴招雲到手無，桃花流水帶嵓居。赤松我亦閑人伴，石館松房有道書。

### 湖山松麓艸堂

廬陵太守愛湖山，潁水滁山官邸看。若愛看山兼看水，有官元不及無官。

山洞山樓對晚暉，知君憐我我懷君。客來應與樓中咲，咲指雲霞是洞門。

### 答方山翁

一春生計未妨閑，萬柳絲長倚釣竿。永■獨尋溪上坐，刺桐花發送餘寒。

### 安田山莊兩洲、東廓二翁同游

西郊幽逕薜蘿紆，新夏園林雨澤餘。十里陰連桑柘境，千重山對水雲居。

看鷗不着尙書履，愛竹先焚學士魚。洛浦嵩岑懷盛事，道坊未許傍吾廬。

### 東海鄉會

竟日青山對艸堂，白雲芳樹又湖光。頻年士習非難厚，自古鄉評雅易詳。

獨惜風塵消歲月，幾從燈火費商量。補天功課英雄輩，愧我逢人說彥方。

### 梅源山中

石爐燒葉煮泉花，碾得春山第一茶。千載無名公去後，柳風梧月落誰家。

### 師泉見過右菴用拙夫翁韻 [註1]

回首千峰舊艸堂，春深啼鳥日偏長。雲歸洞口和烟暖，花發岩扉帶露香。

千古有懷期晤語，幾年求伴閱暄涼。山深忽枉雲霞杖，孤閣藜燈五夜光。

多情風雨入山堂，留客春鶯語復長。不用終宵思抹馬，自餘清晝坐焚香。

---

〔註1〕按：康熙五十二年刊本《安福縣志》卷八《詞翰志·詩》此詩題爲《三峰》，其第一句「千」作「三」，「艸」作「草」。

千山花影柴門靜，半夜松聲草閣涼。曾夢崑崙君作伴，扶桑浴日彩雲光。　己酉秋七月夢云。

### 次韻謝東廓翁見過山中

連山松閣俯清瀆，坐枉茅齋也看雲。家饌上賓唯地耳，人占春夕聚星文。東歸新句多傳誦，南過諸生正樂群。花外爭迎何處去，尚留和氣戶氤氳。

何處花香野水瀆，黃山猶隔洞天雲。見傳蒼辟生靈藥，應有丹函秘古文。山笠溪瓢閑客夢，清猿瘦鶴病夫群。年來不訝尋方外，亦愛堯夫酒半盉。

### 病中懷連山

千重紫翠連山路，何日黃田兩屨雲。朝暮陰晴支病骨，古今方術豈空文？未將南斗懸清夢，頗憶西河別故群。玩《易》先生春閣暖，一床天地坐氤氳。

### 姚翁九十

白頭孫子又玄孫，不謝金丹謝上天。九十六朝皆盛世，聖恩還過漢文年。

### 趙莊靖公墓下

石麟春草暮烟過，先輩功名未可磨。此日司空誰抗疏，向來京兆有謳歌。權璫奴僕風裁峻，民力膏脂愛惜多。欲誦漢文人受賜，起公無術奈愁何？

### 碧山翁墓下

未寫林宗身後碑，高人論謝豈勝悲。休論功業違清世，賸有文章繼太師。山佳十年因好道，詩留千首罕憂時。千秋挂劍空遺恨，山月溪雲不盡思。

### 方山八十翁見招小陂

小陂名與聘君同，水畔幽軒喜對公。溪月向秋清似洗，岩松獨晚矯如龍。鳩筇不倩登臨健，蠅字猶堪著作雄。却憶瘦生逢杜甫，白頭憂國念忡忡。

### 礦齋先生見招講學

膠西大傳舊賢良，招客尋春愛草堂。娛老不求宮觀祿，探幽唯借水雲鄉。世傳萬石家風古，身蹈伊川矩度方。七十暮年誰好學，照人風采曙霞光。

### 答吳麟峰

孤閣來君歲晚吟，篇篇渾識草廬心。有生好作千年計，何處知憐一寸陰。

殘鬢白應俱采藥，高山青可對鳴琴。如何相望三秋隔，又聽春風谷鳥音。

## 周生見過示予念菴字說

命曉嘉賓字，石蓮有道言。心期須厚領，文翰莫虛尊。茂叔風流遠，羅山家學存。何時深問子，扶杖到花源。

## 和雪蓬風雨吟

占雨占風說好春，春來歡喜社中人。山翁睡起今朝晏，蓬鬢絲絲掃硯塵。

茅齋又過幾分春，風雨不來花外人。獨對青山無一事，古今文字眼中塵。

東風將雨釀青春，造物功玄欲借人。萬紫千紅生不斷，又教山色不生塵。

## 招僊會中次東廓翁

又共溪雲一度笛，眷深谷鳥亦相求。有生豈是無涯者，此話倏勤三十秋。

白日不憐花暗減，青山應咲客空遊。招僊幾度真仙過，名落山家也未休。

## 周厓泉中江去思

歎息風塵作吏難，昔年亦謬簿書間。多君蜀道琴爲伴，留取中江石不刊。

自古文章存琰琬，幾人名節播區寰？清風兩漢循良傳，多少人曾低首看。

## 答伍九亭

夢裡三春隔，雲中一札還。遙聞驚白髮，已喜占青山。病鶴蕭蕭侶，殘花點點斑。哦君芳山句，首首未宜刪。

## 周斗坤別

病骨吾儕合道謀，人間福分莫深求。莫言國老形如鶴，却在中書二十秋。

廟堂功德在閭閻，無事山中睡得甜。千拜囑君爲吏部，野人專乞縣官廉。

## 筆峰彭子夜話

疏檻臨江渚，憑看杜若洲。爲能如雪浪，聊共惜清秋。宿客心方洽，逢君語未休。明珠真可贈，那是暗中投。

## 宗兄以治別復真

吾兄白髮共絲如，寒共山齋一味蔬。老眼雲山看不厭，相看還到有生初。

林下權削事事無，老權唯得管山君。宗家兄弟心能共，來共函中幾卷書。

### 學《易》山房爲婺源洪子

花發青山山又春，函中古《易》洞中身。紫陽山下人多少，誰識青谿隻鶴人？

當年具眼又何人，龍馬圖真兔也真。三十六宮君莫問，只今握得一九春。

### 譚仰松大尹歸宛陵，便赴會懷玉、武夷之會，是日敘別兼懷訥谿都諫

相對都忘白髮簪，千年踪跡記論心。不留草閣高懸榻，仍泛扁舟獨抱琴。懷玉星明占客聚，武夷花發憶春深。誰知水水山山隔，不隔黃山夢我尋。

### 瑞露

> 大司馬轟雙江公寓書山中，曰：「先隴有甘露之祥頗奇，然非君子所與，無以傳信，將來外拙稿，并念兄諸作附覽。」因次于念菴，作《瑞露》。

瑞露其零，靈眂其徵。弗素而黃，弗墜而凝。匪蠙斯璨，匪卉斯英。疇其綴之，于彼中林。

露兮旨兮，爰出氳氳。房英纍萼，蠡蠡紜紜。景星其華，郁郁卿雲。而弗可漿，茲醑予芬。

維柏之林，微獨金莖。翔風以馥，璧月斯瑩。黃流無取，春膏斯盈。白華其潔，芳薦于閟。

微嘉維瑞，大老其先。邦家之基，七日予占。玄珛毖甕，神理斯延。獻于天子，眉壽萬年。

緜緜厥世，蒂祿攸崇。休衡沕穆，和氣沖融。如谷斯應，秉德惟中。觀于上帝，源發先公。

維木之欣，其葉淒淒。其封其植，長老勤斯。以干于霄，以永于思。勿翦而愛，百世培之。

種蘭斯馨，潛珠斯媚。德有不回，祥無虛致。觀予不顯，天人之際。神福于謙，君子惟畏。

### 新年用雪蓬除夕韻

不對乾坤欠此真，在家人亦出家人。燈花新共梅花放，此夜寒齋盡屬春。

桃花何處去尋真，江閣如今臥幾人？詩到春來知不少，江門誰許和陽春？

百顆金丹一顆真，山人翻咲賣丹人。何當千顆人間賣，顆顆都藏天地春。

## 閱故友陶漣洲行實

烟樹長淮憶渺茫，幾年空自夢湘江。即看身後高評在，真不平生好語忘。
濟有明神同俎豆，世傳竹帛已循良。男兒却勝陶彭澤，雛鳳青霄羽翼長。

## 石泉見過不遇，不數日訃聞，流涕山館

過我柴扉可再逢，只今無計覓行蹤。脩眉兩白懷孤挂，淚眼雙垂滴萬峰。
自昔衣冠風味古，誰家兄弟道情同？柳川應有相携處，知在蓬山第幾重。

## 哭月山歸

落日寒溪路已分，只今那是嘆離群。閑中歲月真謀道，病裏乾坤也負君。
故侶多消懷倍愴，殘軀空在淚孤沄。月山咫尺潛潭舍，回首依依見隴雲。

## 周原山超然樓上

向日牢籠處，長空羨鳥飛。輸君身更健，先我一年歸。
孤閣青霄啓，秋豪雙眼中。程家兄弟語，上截不虛空。
人在紅塵裡，乾坤欠此觀。如何難共語，搔首問青山。
自到超凡處，人家又喜題。祇今羅太史，不用赤松携。

## 秋夜嘆

誰挽天河洗甲兵，章流贛水總無情。無端野老傷心處，此夜秋聲又有聲。

## 白頭篇

白頭杜拾遺，避賊携家走。後來誦其詩，多出愁人口。宋家昔寬仁，可奈承平久。吉州殘四邑，萬和攖禍首。到今四百年，又悲良家蹂。將軍不兒戲，令人憶細柳。兵驅不教民，棄之常什九。所賴足精強，先時綢戶牖。桓桓岳招討，搏獸難徒手。勞勞李安撫，動掣臨機肘。古今勢強弱，如鏡彰妍醜。興衰實由人，氣數漫云偶。秦風氣特雄，驪駟從公狩。終焉招八州，強大嗤傖叟。無謂霸國為，王風豈不有？煌煌周宣業，矯矯虎臣右。六月振戎車，壯猷收元耆。桑孤異巾幗，楨幹殊箕箒。今日當誰仗，干城率赳赳。中壘有深謀，封疆無踈守。

## 秋日同王濟用、劉惟常候梅源師翁，次韻東廓先生韻

神氣山中健，非關藥臼靈。年來懸暮榻，客至滿秋庭。菊瘦高人韻，蘭芳王者馨。白頭門下語，猶喜夜分聽。

茲山栖獨久，啓我謝山靈。賦雨候梅閣，吟秋又草庭。獨愁容內歉，寧敢逐餘馨。林月千山靜，流泉夜正聽。

## 青原暮春

點檢床頭《易》，一陰未盡時。雨風忽入坐，還着舊時衣。

## 東廓翁同訪念菴宿石蓮閣中題壁

青山種石石作蓮，花開十丈碧巉巉。山中新置圖書府，老僊再署道州巖。青天光射金銀闕，依舊昔人弄時月。閣中夜臥訪玄人，朝來題字青霞壁。

## 聖化道院次東廓翁

一丘一壑亦看雲，到處堪銘泉石勳。誰對朱絃聞絕調，高山流水坐中分。

## 敖城山寺同祖母家諸兄弟

古木蒼烟遊故壘，春風啼鳥昔年聞。今來不見黃髮輩，骨肉寒凄對隴雲。不盡人間萬種慈，一江流水自聲悲。陳情一表人多情，有淚雖流豈盡知？

## 秋夜書廖仙巖壁

姑射何年携手去，洞門松子月徘徊。明朝若闌留題客，元是利名關外來。

## 鄭洲岩同平湖、西峰二舅

飛閣凌蒼嶼，危闌俯碧流。山虛雲裊裊，泉曲洞幽幽。石異生靈卉，江深隱臥虬。秋霞因可采，同繫木蘭舟。

## 秋夜泛舟平湖同諸舅

七月七夕月，相對纔如鉤。八月十二三，已滿十分秋。浮生多聚散，骨肉幾同裯。今夕不可寐，還上苑西樓。

## 平湖舅爲予作欸峰亭，用韻答謝

亭上新題報欸峰，湖山真許病夫同。此情厚比君恩厚，乞與衡雲鑑水對。山色湖光新用裁，剛成臺館報春來。臺傍荊棘須全掃，花竹作鄰次第栽。

### 賀養吾鑿數畝池製舟釣魚其間

不是陶家五畝春，一竿秋色也玄真。菱花白鳥微風渚，蘆葉扁舟淺水濱。
肥得鱖魚因喚酒，喜來傴客又烹葷。舫齋新製歸來好，悔不當初早避人。

### 雪中留游氏謹菴雙堂

老人嵩桂碉松蒼，愛客高談懷獨長。更愛衣裳司馬製，翩翩相揖古風堂。
石鷳日暖雲烟生，老鶴不籠天畔情。新月夜來江館靜，池塘春艸夢分明。

### 見石潭公遺像并自贊

遺貌肅瞻百世傳，潭清石古自依然。吾翁心可神明對，端不虛談載簡編。

### 見孝陵御容文安公贊

相家舊是圖書府，寶氣神光夜未殘。何幸平生今若見，拜瞻紅日五雲端。

### 勉諸宗弟宗姪

伊川繩墨丈人風，萬石君家那許同。門地最高應最懼，吾曹何以慰先公？

### 謁石潭公墓下

鶴鳴聲和切秋雯，家世庭中俎豆芬。人在南州終碩望，光生東壁尚遺文。
穹碑歲老依蒼樹，名洞春深悵白雲。古道爲公心又苦，對人長只述先聞。

### 侍外祖東山翁玩菊

采采籬邊菊又黃，東山深處亦柴桑。柴翁輸與東翁老，膝下男兒翰墨香。

### 平湖舅秋試送之江滸

密密垂楊岸，搖搖桂子舟。青烟移白鷺，柔櫓出金牛。龍去江光闊，鷗
盤風翼遒。佳期憑汝報，南浦月中秋。

### 平湖舅作亭徘徊之圖，題曰詠歸，予爲大書

徊偟亭子澗之濱，烟木雲蘿臕有春。幽逕共來尋道士，塵區今亦見閑人。
幾年臥洞情如闊，前日題詩迹已陳。高閣爲懸如斗字，青山濃對墨花新。

### 禹廟侍陽明先生，蔡我齋出韻令各賦詩

千古神明跡，肅瞻儼若臨。功高那可再，唯念惜分陰。

### 別越中時魏思顏折簡見留，謂當相對陽明山中共煮石羹云，因游山中

谷中相喚聽啼鶯，共抱山荊煮石羹。白日洞門春色暖，碧霞池畔杏花明。

### 登浮山觀海，取歸浮石數枚

浮山東畔水瀰瀰，天際浮萍幾點青。囊得浮山隨我去，眼中空虛即滄溟。

### 紫陽洞野鶴亭中

野鶴知何處？山空不可尋。石門松影瘦，雲砌落花深。蜃市無真眼，滄洲有素心。關中誰大隱，渾寄一囊琴。

### 金山寺僧送第一泉，雪夜烹茶舟中共羅子鍾

江鳥飛飛舊侶歡，山中人載舊書還。雪深夜煮江心水，忽聽松聲似故山。

### 夜泊孤山

湖水盈盈泊晚烟，山空人坐釣魚舠。十年又見孤山月，依舊梅花傍水偎。

### 琅琊閣舊刻同尹湖山

百代鐫磨鎖暮烟，氷霜依舊兩峰泉。青山却恨文章悮，不似形容未鑿先。

### 別滁

早折南關樹，南關不可別。遙遙萬里心，今夜琅琊月。

早折南關樹，鵲飛霜滿枝。回頭十里程，枝頭霜未晞。

### 露筋祠

也愛人間尺寸膚，筋骸元不是真吾。月明湖水肝腸在，遙夜千年吊汝孤。

### 殘雪登祝融峰同張伯喬、劉守愚

手攜碧玉杖，足躡瓊瑤窿。直上上封高，青天看明月。

### 南臺天霽閣

諸峰散霞明，孤閣臨空霽。烟霞棲島深，燈火雲間聚。石翁念平生，眇余今再生。豈無松蕨緣，所愧唯知味。

### 除夕

歲除無曆到天涯，曆是山梅一樹花。自咲青山緣未少，平生蹤迹半僧家。

### 祝融觀日同周訥谿

海日夸非誕，難將對面談。來君山更勝，携我路曾諳。萬壑秋逾碧，諸峰净不嵐。未須留未了，一一與窮探。

### 兜率菴同師泉、訥谿

我與山人舊，同誅此地茅。別來松滿逕，仍喜石爲巢。遠訊今從斷，浮名昨已拋。獨餘鸞鶴侶，深共白雲交。

### 答曹近齋

秋風爲掃故山雲，秋洞生香僊桂聞。十九年來人白髮，多情依舊朱陵君。

### 與彭思齋

七十峰高湘水深，此中城郭亦山林。向來古舊君堪喜，曾拜僊翁得問心。

### 雪中答堂石泉

千山落木綴瓊花，岩竹嵆松傲歲華。欲共杖藜看絕壑，堯夫雪後正宜家。

### 同訥谿留方廣朱張二先生祠下，用念菴韻

石閣雲分住，松堂月每期。頗從幽賞地，深憶古人悲。千載憐真緒，百年虛壯時。莫爲分手計，已惜對床遲。

### 紫雲方丈

雪久琴生潤，雲來戶且扃。澗緣龍氣紫，峰作藕花青。石畔收蒟蒻，松根斸茯苓。山中留客住，渾不世間營。

### 別陳西塘大行

何意金閨彥，翻同野眺清。渾將丘壑獻，已共肺肝傾。雪館梅花發，雲房燈火明。明朝星漢隔，孤對若爲情。

### 別周訥溪

岳色南臺擅，山光杖屨玄。谷深雲亦懶，閣静晝如年。寒臘三經雪，清

栖萬息緣。如何君欲別，春泛洞庭烟。

諸山青未了，今復住雲層。深共千年計，寒同五〔註2〕夜燈。龜腸堪歲月，龍性足騫勝。獨愧衰孱骨，從君力未勝。

### 別洪定之

佳客山陰興，仙舟夜半乘。多君尋靜界，問我對寒僧。孤閣雲中臥，千峰雪後凭。他時應共憶，清夢到朱陵。

### 別陳君孚　陳子携外祖易《西泉文集》

元是朱陵客，還來問紫雲。石房寒榻對，松閣夜燈分。南岳重題句，西泉未墜文。梅花香欲動，春色爲留君。

### 南岳送朱伯器先歸，次訥谿韻

歸去逢人問住山，山人衰病幾曾閑。檢方未了宵無寐，采藥歸遲日廢飡。丹壑正宜看雪後，青松何事別雲間。休言咫尺瀟湘路，幾度重來客叩關。

### 雲陽洞口同羅子鍾

冉冉閑雲抱紫峰，閑同山侶又雲松。雲中纔踏仙關路，已覺人間隔幾重。

### 行路難和石屋先生

湘臺空在紫巾南，蒼梧雲杳暮烟寒。水遠山長夢不還，白芷芙蓉秋復秋。久矣知之行路難。

青鳳叫月南山南，紫蘦牽風老桂寒。真人拂袖白雲還，先生漉酒黃花去。久矣知之行路難。

### 湘洲曲

臺孤山月冷，沙積水痕深。憶昔清湘曲，篇篇是楚音。

### 雪芝曲

芙蓉峰上雪，和月成冰肌。天風半夜廻，飛桂懸崖枝。野人雪中歸，懷智不敢私。所思隔風烟，道遠莫致之。

---

〔註2〕五：疑爲「午」字音近而誤。

### 白龍池

一夜雲生紫盖東，千山有路鉎橋通。髯翁忽憶三湘度，回首羅浮四百峰。

### 太一臺

蒲團疑是定中人，我亦圓圈別有春。莫謂道州陳樣子，一廻風月一廻新。

### 訪陳盤石

人在江之濱，江深流石骨。紫芝曲亦清，況乃烹留客。

### 泰山絕頂

雲净登孤嶂，風高攬四方。敢言天下下，初識聖人鄉。

### 孔林

岱宗鬱青冥，洙泗流春色。襄徊芳樹林，載覩場中室。蒙茸紫蘿封，自無荊與棘。光岳協精靈，萬古徵淳德。稽首願愚衷，凜焉愧榛塞。我亦久離群，西河旨已失。何以畢餘生，負茲恩罔極。

### 石佛閣次壁間韻

瞑雨乘孤眺，客塵不受衣。浮雲凝晚岱，芳杜接春沂。關塞書猶至，河源使未歸。踟躕江上意，空逐旅鴻飛。

### 太白樓

不將哀怨吊芳祠，問月巢松我故知。天子若歸供奉詔，何年江梅邊題詩。

### 宴喜亭太白舊遊處

遥憐詞客賦華池，臺月春深故柳絲。不識當年舊歌舞，獨琴流水寄吾思。

### 聊城夢

昨夜聊城夢，夢入長安道。欲寄塞鴻飛，秋思令人老。百年各已半，別日何草草。

### 東昌道中與僧

閣静看春晚，僧閑羨爾歡。道予清瘦骨，堪此簿書官。曾結雲中歌侶，方憨客路顏。休疑錢學士，吾懶易求安。

### 答康東沔

客路風塵詩公哦，故園松菊夢魂多。山林骨相陶彭澤，小帶官銜亦奈何。

### 三仙臺孫騶山見招

仙人身吏隱，携客步仙臺。接武雲生舄，凭闌月到懷。蒼烟連野迥，晚氣抱山廻。秋磬無心發，無勞過者猜。

### 又洞中酌泉

清朝躋石門，猶帶明山月。谷響遞空林，山風吹蘿薜。主人下偓臺，飛駕雙鳧舄。酌我洞中泉，肝腸屬冰雪。蕭散愧平生，尋山多費日。舊悮《黃庭經》，夙愛青霞壁。會有朱顏翁，手執瓊花笈。飄髯海嶠來，共爾芳盟結。

### 雲龍山同孫騶山李豹臺

黃茅岡上看斜曛，石枕雲床思使君。使君臥治有餘閑，幾廻放鶴凭西山。黃樓鎮壓崑崙水，智力回天信如此。百年地軸轉盈竭，我來疏鑿頻工役。三年一度登雲龍，手摹故刻猶匆匆。極目孤雲舊泉石，與君大咲真樊籠。

### 與碭山諸友講學閣中

道人夜宿雲中閣，檻雲飛盡天寥廓。月高獨鶴鳴秋水，唯見山城蒼樹裡。故山舊侶雁來稀，覉懷正樂新相知。朱絃載理為佳人。共指靈臺付鬼神，彩雲文石山氣和。芒碭岩前芳草多，古來章句但專門。于今絕學有知言，夜分藜火照殘書。不屑人間校魯魚，乾坤過傳吾與爾，此地從來話此無。

### 與夾河寺僧

芳洲揮素塵，渺渺隔秋波。塵市奚為者，其如幽迳何？渚風翻白芷，山月挂青蘿。喜得僧為伴，孤琴我數過。

### 閱河嘆

到虜桑麻總望秋，為誰東去障河流。民艱國計偏難話，玉簡金書謾獨愁。

### 經過嘆

天南天北經行虜，幾度春風草自蕪。千載不聞封建吏，閑將溝洫論橫渠。

## 七山

一丘一壑自平原，崖畔春深古木蟠。麥絕繰車廻井巷，有家渾似朱陳村。

## 秋夜留夾河寺

一雨新凉入上方，獨琴遙夜過秋堂。逢人但說風塵吏，却在滄洲烟水鄉。
秋山遙隔水盈盈，竹簟凉生夢亦清。獨傍天河看牛斗，不勝歸雁過彭城。
缺月江城半夜孤，閑將千古對殘書。青山但問南歸雁，人在西方夢也踈。

## 宿齋勉諸生

春風蠲豆籩，采采群芳潔。明當夙告虔，薄酬恩罔極。迢迢夜何其，徙
倚明東壁。持此不寐懷，永言奉朝夕。

我昔夢玄聖，親授黃鍾音。悠悠三十年，耿耿負初心。前荒後所鑒，白
首行相尋。春宵永不寐，爲子彈鳴琴。

聖人恒虞齋，其德乃神明。庖羲未盡旨，誰與玩其精？龍馬昔無象，先
天今有名。獨知日昭揭，賴爾踐吾形。

二氏乖皇極，高者亦清脩。末世口殘經，日爲餔啜謀。童昏至老逝，滔
滔良足羞。感此增長嘆，吾道今誰憂。

## 夢先師陽明先生

山頹不可作，廿載已吞聲。幾廻魂夢接，此夕如平生。席中多誨語，領
聞心獨驚。手執先天《易》，依然指混成。悠悠別良友，擾擾簿書程。英靈瞻
岱岳，憐我尙冥行。感此不成寐，起視霜月明。

## 感興

漢徂唐已邈，往事漫長吁。一片中原地，幾人事耕鋤？豈無仁聖賢，往
往入異途。王風不遠紹，吾道豈云孤。

威鳳凌紫氛，神龍卧清淵。豢餌即何施，虞人無慕焉。陽德不主利，柔
道多所牽。高明與卑污，其數使之然。

猩猩但能言，竟從嗜欲使。人亦咲猩猩，咲者仍未已。翩翩述聖經，操
觚追良史。幾誰見樞機，反將思其耻。

仲子已非賢，我愛於陵子。寧爾共蟏蟭，莫爲爭腐鼠。豈不念中行，寂
寞先民軌。邂逅聽長言，溪邊欲洗耳。

## 懷石屋洞中

幽谷多蘭蕙，春風布微和。交交聽黃鳥，載弄千尋柯。南皋有敝廬，不歸欲如何。林臥足所欣，石室青嵯峨。

## 睢陵公王休徵臥水處

他鄉何事念依依，隴樹山雲心正違。行役不歸遊子夢，秋風和淚洒清沂。

## 右軍堂

曾向山陰訪故《序》，東沂遥度水泠泠。丰標如玉清宵月，猶帶《黃庭》一卷經。

## 桑林

孤臺芳艸舊桑林，樹繞黃河故故陰。太乙壇中瞻樹色，何人還識帝王心。

## 曹操讀書臺

落日臺荒野草過，行人猶憶漢山河。平生一字君臣義，二十年中書枉多。

## 翠微亭

佛國雲深竹色秋，翠微猶想舊宸遊。東南王氣千年秀勝，第一山連五鳳樓。

## 寄碧山翁

我屋傍南山，山青入戶牖。菰葉浸寒塘，鳴蟬度疎柳。悵別山中人，愧矣萊家婦。始願今自違，平生知己負。

## 送碭山曹生公甫之南雍

鳳凰城闕倚雲霞，文武衣冠百代華。君去故園休久戀，松溪風月是程家。芒碭河流聞復深，舊堤楊柳亦成陰。□□□□燕雲隔，千里憑君寄此心。

## 新中驛與羅驛丞

閱盡天涯作宦人，北來南去總風塵。皇皇車馬憑君語，好爲蒼生莫爲身。

## 乞歸得還泊七里灘

孤雲野水自今從，采采寒花薦晚風。敢羨高名能不就，客星先爲故人容。

## 寄郎陽謝目耕李翁

洞庭秋盡波生雲，千里雲深孤鶴聞。鶴背傳來雲鳥字，翩翩長憶紫陽君。
碧蓮開盡渚風微，裁得青荷作羽衣。何處見招天上侶，笛聲只在楚雲西。
海上群山面面青，曉風殘月老人星。歸來咲指扶桑日，忘却青牛一卷經。
脫却芒鞵去不回，身閑不上釣魚臺。桃花流水雲間路，三十六山春洞開。

## 三峰絕頂酬東廓翁并餞九峰之行

茲山自謂小如拳，何因佳客來翩翩。誰知相遭非偶然，山靈洒掃三千年。
僊翁長咲倚青天，許將病骨凌風泉。登高望遠意渺縣，千崖萬壑世所憐。
九華東望遥相連，欲往尋之不可延。招招飛佩遲君旋，何時橫絕泰華巔，
寰中九點青如烟。

## 遜泉先生有「咲指青山死便埋」之句，因和來韻奉寄滁陽

青山之語自玄來，何事驚人放老懷？客畔朱絃仍未絕，樓中鎞笛與誰偕？
孤情頗為山花動，終古難將斗氣埋。僊骨向來臞似鶴，露葵雲蕨獨清齋。

## 別朱蒙泉幼萠　　遜翁仲子

蒙泉此別那堪別，翻念不如不見過。千里音塵元自少，百年歲月況無多。
雲生水郭環青嶂，月入秋亭暎紫蘿。歲晚風高懷大老，華陽仙國隔星河。

## 答王方南用來韻

長羨蒼烟野水舠，與君今得解塵勞。浮雲春夢曾誰憶，溪月山霞喜並遭。
籬畔有花歸客早，寰中無事睡僊牢。青荷歲歲庭前種，五月新裁勝舊袍。

## 答王聽齋用來韻

雪深猶憶歲寒梅，燕子桃花暖又回。半塢械從燈後遣，聽齋詩自雨中來。
何妨炊黍都無夢，與子披裘俱上臺。舊日漁歌渾似傲，江天新句却須裁。

## 半塢更號雪蓬

半塢池清也有名，雪蓬何似十分清。為君盡報平生友，從此都將舊籍更。
道氣仙風周茂叔，氷壺秋月李延平。千年描画思先輩，重與寒松歲晏盟。

### 易菴喜食素

不問溪邊賣鯉魚，千山深處足青蔬。乾坤一點生生意，難對譚生小化書。
居士清齋豈甚廉，涷虀新蕨味長兼。盆中有蛤還須放，膾有懷傷似子瞻。

### 雪蓬惠蘭二種，曾傷於牛者

漳州佳品又池州，獨惜當初一放牛。縱有青牛和白鹿，從今不遣圃中遊。
舉之牛口亦何傷，種性唯須是國香。初入小闌和雨碧，殘枝猶自異群芳。

### 唐逸惠蘭又蒲一寸九節者，咀以爲藥，其自敘曰學書不成而學圖，書中多雅致云

圖中芳草多君貽，采藥猶勤惜病軀。何處欲觀《高士傳》，即觀唐逸數行書。

### 病中與彭處易閱《原病式》

千病根因劫火燃，幾家高手也通仙。于今安得劉完素，猶幸殘書一卷傳。

### 答王正吾

清閣寒齋歲晚君，住山人亦戒僧如。疎闌月到延堪久，近浦梅開索未虛。
多病尚須澆舊藥，老慵渾不記殘書。江鷗只好君同對，難寫幽思付鯉魚。

### 答玄谷張子

新閣來佳客，涼秋澹有花。江空凭素練，天闊伴孤霞。雅句題高跡，玄書識大家。何當君馬縶，相對系年華。
五千文字竟何如？龍在人間也著書。昨夜青燈同一咲，書中曾覓紫金無。

### 簡弟之京就選

按：原書此後闕文。

# 卷二

## 山壑微蹤

〔文〕

### 序東湖文會錄

山人之鄉，會文於東湖，自是歲始。始山人歸，聯所居爲會，有文會，又有社會。社會於春秋二仲月，文會於冬十月、夏五月，歲爲會者四，率以爲常。社飲之會，少長集斯會也，每五日而後罷。社會讀《高皇帝訓》，陽也繹之以鄙言，俾人人仰遵成訓，以無干於國典，舉吾鄉無或爲敝民者。斯會也，誦孔子之言，陽也繹之以鄙言，俾人人修其行、修其念，而進于道焉。乃予之望也，未已也。夫陽也，多言戒也，乃今多言，又言之激，何也？亦曰戚之也，且以來交儆之，益以不相爲善柔也。會有《錄》，錄姓字也，然將有指而議之者矣，或曰：「某也，信其友者也，始吾聽其言，今吾見其行矣。」是其心之微者猶能謹之，矧於其迹之著者乎？或曰：「某也，其殆辱吾友者也，始吾聽其言，今吾見其悖矣。」是其迹之著者而且無忌，矧於其心之微者乎？噫！斯會也，舉吾鄉無或爲敝士以辱吾友者，而後慰吾心也哉！

### 復真書院藏書序

是歲，書院成，陽疏而告也，謂古訓當求，當有藏書之閣，有諸經、諸子、諸史，俾學者探討，有我皇明御製諸書，俾伏讀而遵守者。于是先生長者暨諸同游，各以書至。越數月，書數千卷萃矣。往者簡冊之富也，在私家稱三萬軸，其在秘省至三十七萬卷，而作者之意，無論辨也。乃今異其所務，則有所裁，誠不以博于其雅爾。嘗聞圖書之府，上著星華，豈不以元聖粹儒精神心術之寓，而五典三綱賴之者，與古三皇之墳、五帝之典、八卦之說、九州之序，學士大夫固所誦習。孔子其中古乎，文之未喪，孔子自任之，既授之七十子，而閔後之人也，遂乃刪《詩》、斷《書》、繫《易》、筆削《春秋》，俾將求遺言而有契於後世，亦髣髴乎當時相授受也。嗣是而作，或足羽翼，而或詭於聖人也，無擇可乎？乃若究其業者，擇焉而精，則又繫於其所至矣。陸子謂「六經註我」，蓋躬行君子之思憂口耳而亡其味者，有爲而言也。乃或有之嚵而廢飡，既疏蹈履而亦遺探討，不爲學者懼乎？孔子，師也。孔子之

自勵也，曰假我數年以學《易》；其語諸門人也，曰何莫學《詩》；其訓鯉也，曰為《周南》《召南》；其尊古也，曰述而不作；其悼于文獻之不足也，曰「我欲觀夏道，是故之杞而不足徵也」「我欲觀殷道，是故之宋而不足徵也」。孔子既聖矣，重古訓也。

## 砥德礪材說

書院初營，筮之以焦氏之《易》，遇《姤》之《鼎》，其繇曰「砥德礪材」云；曰「黃耳金鉉」，曰「中以為實」，周公、孔子《易》云。繹之者曰：《易》之告也，聖人之學之相傳者也。君子其觀於《鼎》乎？鼎以薦上帝，以養天下，蓋其中之有實。而為實者，中美之至也。故中也者，為君子之德之至者也。夫施之中，無有乎弗受者。蓋性之原，剛柔善惡，其有所弗齊者，蓋當有易之之功也，人一能知，或十百而後能。是故言砥言礪，其言乎修之不已，以竭其才也哉！孔子之為教也，如仲如綽，如莊如求，苟不文之以禮樂，皆不足以許其成；好仁好知，好信好直，苟不成之以好學，皆可得以指其蔽。此學之不可以已，而君子之中所以為至德也。然而君子之學，豈於其應物之先，博求乎無過、不及者以豫之，而於其醻物之際，劑量于多寡重輕以施之耶？是不足以語天德，不足以語夫聖人之相傳者矣。堯以一言而為授，述於孔子有未墜焉，乃後之人亂之矣。故憂之者，又約之曰慎獨，慎其獨知，夫是之謂中，夫是之謂發而中節，夫是之謂盡性而至命。君子於斯，其亦憂之，無俾或墜絕焉，其篤念于天衷也哉！昔者《易》之告也，神明之宰之也，其答于神明也哉！

## 南岳別周訥溪序

壬子之夏五月，東廓先生折簡至山中，曰訥溪司諫有前驅之報矣。未幾，果至。山人相與見而喜，喜而感極以歎也，曰：「昔也，君幽拘，陽也乞病歸，出國門時，自虞先朝露，此生為長別矣。已而幸不廢天下，人知三君還，我乃不能一趨，君今數千里隔，乃君至此耶。復古之舍，既相對踰月，別東廓於東陽，別念菴於九峰，二人西入衡山，乃九月至南臺止焉。顧自入山，謂此行非覽搜計期，嘿相對爾，乃僅觀初日於祝融，而餘未暇也。今倏踰寒臘，又倏言別我，則何能君別耶？」君曰：「斛山醉也，又何可君留？顧將泛洞庭，西度關河，萬里孤行，我又何心能不踟躕睠睠于茲也？往憶金陵，從諸君城南諸山，留連野寺，亦曰共學。時相對山房，風雨彌旬，步歸長干，

寒颸颸。回首流光，忽二十年，僅一對此，曾幾何時，而可別言耶？君二十年中，磊落奇偉，直節伸天，以匡我元氣，聲光流海宇，心曲可鬼神格者，我固前知之。乃若日兢兢，時汲汲，知微知著，自陶鑄我者，則未盡今日如矣。語學不雜，語智不分，君自任無讓，亦吾所期於君者。遠哉！先輩不出山者，動數十年。聖門諸子，終身未嘗離師友，無異業，我則何能從君四方上下，亦山中終焉已矣。雲津再至，廬阜再探，則既許我者，是喜也，君重言者也。」

## 南岳別陳大行序

南山，舊山人栖也，頃二三君子共留卧焉。既而西塘使君至，山人者喜而迓也，曰：「寒崖幽壑，君何爲亦至此也？君持節旄，何絕呼呵具也？君從庖廩，亦何爲欲山薇啖也？」既而高祝融，深方廣，上下登覽；既而披霜菅，坐朱陵之石，栖酌寒泉，曰：「以沁吾肝腑。」山人喜曰：「君方珪組，何泉壑深戀也？」既返南臺，步紫雲之巔，千山廻合，究所謂七十二峰者，與裒徊焉。西望安上，東望巾紫，曰：「斯非舜、禹所經行處耶？」當是時，嘗歲而徧禮群岳，嘗夢玄夷而受人書，率圭璧隆而儀衛寡焉者乎？俛仰千古，一興思也。既而留山閣，千山飛雪，氷柱挂巖松。旬月之間，日相對，究古今人學術，殆皇皇焉，若有求而弗得者。山人益又喜曰：「君德粹詣深，玆其何謙受也。」師泉劉君因爲著「常止常化」之說，平川郭君發「登高行遠」之說，訥溪周君因至日而究「不遠復」之說，規切相求，胥謂南山嘉會，即百年再合，能復南山期耶？既乃言別，山中人不喜別，乃西塘亦瞿瞿不喜山中人別也。山人曰：「君顧可留哉？古之君子居寂寞，履尊顯，乃其志勤勵，靡少異者。虞廷君臣日兢兢焉，相儆戒于危微精一者，顧異居深山、處木石、躬耕稼時耶？西塘行矣，日相從於廟堂，儆戒哉；萬里諮觀，久需獻納，天下之望也。夫山藪之間，枯槁者流，率空言者也。」

## 王肖齋之金陵贈言

肖齋王子將之官金陵，責其友以言，而乃自執於「謙」。陽曰：「德美莫如謙，子實有之，子執此以往矣。大冢宰執勞謙以得天下之心，而恒以語子，知子有之，復諄諄焉益之也。昔伯禽之國，周公之命之也，亦惟其躬之所履者也，亦所謂謙也。故執此以往，其無所失矣。惟子貞而不媚，安安而寡言，其性爾也。然而簡如矣，子實不簡，而有其似者，無亦愼其所似者乎。

南軒先生敬夫，張丞相魏公子也，初以廕補官，辟都督府，既而屹然天下公輔之望，承家許國，忠孝兩歸焉。不本諸學乎？夫義利之辨，儒者牽往往言之，乃若得聖人之心者，惟張子矣。張子曰：聖學無所爲而爲也。又曰：義者本心所當爲而不能自已。此則張子之學已。人謂聖不可企，姑無嫌於有所爲而爲也，不幾於利乎哉！南軒先生與子，其起家同，官又同，乃直勵子于南軒氏云。」

## 書叢錄稿後

錄與志奚異？志非一人可專，錄述於一人者也。志，邑大夫之事，錄，逸人退士、山棲谷處者之所爲也。錄或廣而志嚴，錄或易而志覈，錄或業瑣而志大體。故錄之者，或不必志；而志之焉者，錄所弗遺。然見聞晚，後各家之紀，且自未備，而謂舉無遺於所錄，殆亦不可。唯異時有事於志，補邑之闕，則有取於斯錄。志不可無，固不可無錄矣。斯錄蓋述於秋渠張伯喬氏，草成示予，得竟閱之，而於溪山經行所及於先輩善行嘉言，間諸長老者爲補一二，秋渠不予謬也，輒亦采錄。乃復致鄙言曰：「錄成且藏山中，用需博攷，遲十年再補再削，無遂以爲成書。」抑後將重其人，乃重其書，其勵予修爲，不可不日孳孳云。

## 叢錄後序

往者《錄》初稿嘗綴鄙言於簡末，秋渠謬存之，乃今就梓。東廓先生且序之，表作者之勤矣。鄙心獨欲於吾鄉觀斯《錄》者告焉，曰：「君子之觀於載籍也，非徒觀也。徒用評騭，顧於我乎無與也，雖無觀焉，不亦可乎？邑宜有是《錄》。向乃未嘗有搦管者，後之君子欲修其業，而無所仰稽焉，豈不鄉先生之忍？觀於斯也，不有得其言之爲訓者乎？不有得其行之爲法者乎？不有得其心之微眇者乎？足感焉，里風巷俗，其美其窳也感焉；儒趨士習，其靡其貞也感焉；心授性傳，王路聖軌，其晦其章也感焉。其當有先之自予者乎？其當有變異其道自予者乎？感而作焉，人有餘師矣。昔者魯多君子，是故成君子之德者，嘗於斯焉取之。此宓子之爲賢也。班氏之書，苞羅群彙，亦馳騁詞藝之場，而莫要於人表。彼其上下數千年，舉低昂之，即未語其衡度不爽，乃上自元聖，下搜獨行，蓋歷歷視諸掌矣。然以宇宙悠邈可睹記者，亦唯僅僅若此。君子於斯，又不有感於自立不朽之謂者乎？不然，無資於君子之取之者，雖《易象》《春秋》，無足以重於魯，矧其序哉？故君子之重於

載籍也，不徒觀也。」

## 敘白華感咏後

惟夢，見真心也，非有藏於斯者，心爲之。故志之所至，夢亦至焉。孔子曰「志之所至，詩亦至焉」者，一也。《白華》，古笙詩也，鄉飲酒之樂歌，兩洲先生王公蓋夢云。公爲南冢宰，昔者請老，上益眷，進大司馬，乃再上章，得歸。先是夢有以《白華》成句爲贈者，醒而自喜，語諸曹屬。當時諸君子爲公侈談其事，是爲今所傳《感咏》者。後將有考於斯，知公得進退云。

中世士大夫以官爲家，古之君子崇易退之節而難其進，所以教天下不挫廉也。此則繫於世矣。子夏曰：「《白華》廢，則廉恥缺。」公蓋視寵如遺。要之，遵先王之禮以事吾君，而必不已於身勤爲哉。然觀《君奭》，古居者嘗挽去者，時諸公不得挽公；觀《北風》之詩，去者嘗挽居者，公亦不諸公挽之。觀東門之祖帳，獨於去者侈光焉，今咏《白華》是矣。

陽獨有感於《白華》者，孝子之潔也。公，孝子也。往讀「月明」之詩，蓋悠悠之思矣。今見之老而孺慕，身勞香火，服不私褻，輟不寒暑，昏而趨聽，晨雞而作，儼如定省，天下有如公者乎？公之好潔，若將或浼焉。一時士論歸矣。王槐野言：「公竟吏部，未嘗陰庇一士，陰入一物，自謂職在典紀，述乃執筆，廉夫貞士進退完毀之節得公云。」此凡公之所以爲志而知於天下，而謂夢偶然者耶？故觀人於夢，往往於其心之微得之，而君子亦以自稽其脩之所至也。監腦生於霸心，天門折翼，喜事功者生之可誣也哉！《詩》三百篇，《白華》《南陔》不可逸者也，而顧逸之全經不復，不有仰思於隆古乎？雖然，其辭亡，其義存，矧於其人存乎？陽也，乃今得爲《白華》侈談矣。

## 贈王汶東之崇明序

焦先生童子作粥一事，見文正遠業而服古人，所以成天下之材，如鈞陶者。故曰：童子之命，不欺我也。《記》師嚴道尊，乃或知章句，而不自防於禮，如馬融氏，其見黜仲尼之門晚矣。

鄉前輩爲經師，乃士有嚴憚者，稱汶東子。予謬領薦汶東，顧弗偶。時督學先生方崇右貞風，嘉汶東子，束帛於其廬，曰：「爲子而孝，爲師而嚴。」識者謂汶東賢於歌《鹿鳴》矣。距此踰二十年，汶東始往教於崇明。噫！何

其暮也。駱峰子、子希時，並需天曹，汶東諸昆季也，若為汶東不忘情於一售者，且曰：「當時年相，若材藝相將，率翩翩朱紫，抑功成返初服矣。造物老乃獨斯人靳哉！」予解之曰：「象山不云技為耳。繫有司之好惡，而非所以為君子、小人別也。諸君非梅邊裔孫耶？梅邊以忠義流芳，聲聞三百年，精光著斗牛之墟。二十魏科，四十將相，誠不必似文山，然而知文山者，輒梅邊知矣。文山有言：『歿不俎豆，非夫也。』乃今梅邊子，非夫也耶？」

聖天子五典三綱，畀諸師儒，不謂其弗重也。汶東遵其夙履，將崇明之效收矣。嘗慨之英盛者急功，索寞者怠事，急則猛，怠則懦，繇是民無措手足，而士罔取于型範。故吏道率深，教事多蠹，今天下患也，焉得老成長者，率明作有為，舉斯道而幟之。譬諸惰伍驕兵，代以英雄之將，鼓風雷之憤于一朝，端不偉與？此誠足望於汶東，亦豈無宏遠之器出乎？海濱者足以受之，槩不為樂因循，憚繩墨也哉！崇明涉鯨波，乃至汶東之矣，無幾微見顏面。或曰：「孔子思浮海，而勇其能，從之者，汶東晚矣。又何其壯也！」予嘆曰：「先瀘溪以直忤，時居荒徼，年八十矣。猶曰：『人言我老，不知我殊未老。』手筆猶博。予嘗閱而壯之。汶東，瀘溪雲仍也，老而不衰，猶存先子之風乎？

## 書月會錄

東湖之會歲再舉，予既序之，竭予之衷以礪諸君矣。王生靜夫猶以為踈也，又與其同輩為月會，則凡一歲之中，十有二舉。斯誠見夫業之悠悠不如汲汲者與，居之索不如樂群者與，合之踈也，又不如數數者與。故會也，將以勸焉，規焉，稽焉。而數其會也，乃圖數其勸，數於規，數於相稽而不踈者也。諸君之志亦勤也，嗣當月異而歲不同。予樂睹之。然孰為進於善而敏者？孰為聞其過而不逆者？孰為受其稽而不愧者？孰為空言？孰為實行？孰為不月攘？里中父老不有評諸君如月旦者乎？當懼也哉！《詩》曰：「我日斯邁，而月斯征。」為諸君再誦之。

## 黃竹別朱汝治

是歲乙卯，朱以相、朱汝治留武功山中，尋幽人深林窈壑之間。既予獨黃竹，汝治又造予黃竹。時火雲赤日，黃竹清涼境也，若不知人間有伏火者。山中苦菜，日共啖之，汝治乃又賦《苦菜》之詩。東廓公寓書山中，謂予辟地。予病軀靡調攝爾，非有辟。蓋嘗有辟世者矣，地次之，色次之，言又次

之，乃古之賢者也。予也無所逃者，患不能自慊予心爾，夫庸知境逆順、身得喪，而庸有辟焉者乎？故物無可厭，厭物者不能格物。因與汝治談之。日暑薄矣，白露零矣，將出山，與汝治別，而復言曰：「歸而與家人對，如朋友對可也；明日之競陰也，亦如今日之競陰焉可也。」

## 題潛軒義方圖

昔石奮氏父子五人，仕各二千石，號萬石君，史稱萬石君家。子孫勝冠者在側，雖燕居必冠。子孫有過失，不譙讓，對案不食，然後諸子相責，因長老肉袒，固謝罪改之乃許。故萬石君家以孝謹聞乎郡國，雖齊魯諸儒質行，皆自以爲不及也。當時世主絀儒術，以爲儒者文多質少，萬石君不言而躬行，乃獨多萬石君家。予嘗嘆之，以爲當時儒者不真儒，使人主輕天下儒，萬石君篤行矣，然不儒學，乃人主安得不輕儒矣？

潛軒王子之學儒也，柳川子倡之，石泉子翼之，蓋兄弟皆儒學也。柳一時師友，過萬石君師友。今以兄弟之學詔之後之人，後之人其無有不能自已者乎？其尚思先生長者之所詒，奚啻素封之產、世卿之錄之爲厚也？而復懼曰：「今之患於儒也，亦猶夫古與？夫豈無言之可作，而文之爲多者與？」且文多質少者，文也非行也。彼所謂縉也，臧也，不儒之學；而行之篤者，行也，非署且察也。彼所謂石氏者也，君子之學，其德不孤，敬以直內，義以方外。蓋仲尼之訓學也，吾省吾衷，其空言與？其弗空言與？足懼也哉！石碏曰：「愛子教之以義方，弗納於邪。」爲斯圖者，其亦聞斯義者與？

## 賓陽堂銘

平湖舅翁先廬北嚮，新堂今南嚮，題曰賓涼，而自著其說。何言乎涼也？西南陰方，後天之《易》乎？予乃易之以先天，以陽易涼，曰賓陽云。夫乾南坤北，先天也。乾，陽也，天也。賓言乎敬，是謂所敬在天，「終日乾乾，夕惕若」者。夫乾、坤定上下之位，坎、離列左右之門。先天之學，萬化之原，蓋伏羲氏心法也。平湖又號惕菴，字贊乾。夫賓也，亦贊之之道存焉，作《賓陽銘》曰：「昊天明明，惟邇匪遙，豈堂之監矣，惟室孔昭。昊天明明，匪夕匪朝，豈晝之畏矣，毋貳爾宵。昊天明明，靡嚮靡方，豈居廬矣，毋怠于出王。」

## 南皋、南甫字說

舅平湖翁命二子，名曰士，曰生，客字之，字士曰南高，生曰南甫云。予究之曰：「南州之高士也云乎？」曰：「然。」「嶽降甫生之謂乎？」曰：「然。」曰：「賢如孺子，誠無忝於令名，獨非所以爲後生訓者。孺子，隱者也。漢季世，何時也？亦非望其遭際于異日者矣。予盖仰思千古，而慕於虞周之盛者，請以「皋」易「高」，其望於二子者則俱厚，而愛二子者均也。」翁曰：「可也。唯二子其何以堪之？」曰：「君子之教其子者，責之以難，非過也。桑弧蓬矢，懸之始生，自始生而固責之難矣，射亦如之，指其正鵠，俾其勉於至焉，其不謬所之矣。《書》稱『皋陶邁種德』；《詩》曰『德輶如毛』，『唯〔註3〕仲山甫舉之』。夫九德之言，柔剛也，其要唯中，而不吐不茹，越千載同德焉，盖育德者之正鵠也。二子圖之，無徒爲誦其詩，讀其書者，亦異日身逢隆盛之秋，其無負於時哉。《詩》曰：『教誨爾子，式穀似之。』似之之責，在二子矣。」

## 彭子載文字說

簡菴中書冠其子惟紹于阼，謬予賓焉。予也當有加之字者，乃祝而字，字曰載文，說曰：「父也於其子，無弗愛焉，而期之者必厚；賓也於其友之子，無弗愛焉，乃期之者弗厚乎？先文憲公遺澤遠厚；紹，公孫也。夫紹，莫美於紹先公；先公之德，固莫踰於文矣。先公以文贊列聖休明之業，變調元化，在當代莫如專且久者。周公之法曰：『行出於己，名生於人。』先公之行光于世，是以謂之文也。法學勤好問，道德博聞，錫民爵位，皆文也，而並苞于緯地而經天。然文天地者，先其家國天下；文家國天下，先其身者也。匪學弗文，其不悅學者，雖有美也，南山之竹，弗羽弗鏃焉耳。此仲尼之訓也。仲尼之自任茲文也，以純亦不已爲至，以化成天下爲責，以博文約禮爲學。盖文也，道之著焉者也。故學之爲智，爲仁，爲聖，爲義，爲中，爲和者，德之文也；學之爲孝，爲友，爲睦，爲嫺，爲任，爲恤者，行之文也；學之禮，學之樂，學之書、數、射、御者，藝之文也。故君子之文，由其身而達之國家天下，爲天之經，爲地之緯，舉學之所至也。君子之愛其子，愛人之子，而弗期之學焉，厚者耶？矧其爲裘、爲箕，足望焉者。其謂載者，載也，《易》『大車以載』，載而勝之之謂也；又載，再也，趾美重光，固紹之之業

---

〔註3〕唯：《詩經·大雅·烝民》原文作「維」。

云。」

## 孝可字說

孟子曰:「事親若曾子者,可也。」孟子可曾子,豈謂其猶有未盡耶?夫孟子不曾子評也,示學者學曾子學也。然有餘請,與曾子一班耳。乃所願於後之學者,顧此規規焉,而遂以為可哉。夫至德要道,舉先王之教,當時親受於孔子者,曾子也。淵冰之懼,豈直愛其髮膚,而以不虧其性者在是;豈直近接孔子,而遠承竢業於堯、舜者在是。舉三千三百,罔非所以為孝,而天地明察焉,其至矣乎!言孝者,必言曾子,故曰:「孟子不曾子評也,示學者學曾子也。」孟子以曾子願學者,後之賢者躬其願之,而以願其後之人,茲其心能自已乎?張子戀曾,字孝可,為吾友秋渠宗孫,乃為申之,抑予復致勤焉。曰子也,世大夫之宗也,傳曰有君道家,將型之孝之為德,則舉道之全并苞焉。曾子曰:「時有所弗及,學之謂哉。」自必曰戀焉,可也。

## 端表國樹字說

見白彭子與予仰峰之栖,携其子至,曰:「表也自童子嘗辱命之,乃今賓字之矣。字之國樹,然未有繹其義而進之者,其終惠之。」予謂國樹,君子莫大乎自樹,將自樹而亦樹人矣。古之君子,其自樹于天下者曰德,惟德之樹風天下,為天下表,天下之人舉望焉,亦靡不奮而思德。故虞舜之德樹乎孝,周公之德樹乎忠,夷齊之德樹乎讓,後之為人子、為人臣、為人兄弟者,至于今,感聖人之德而振焉者不衰。夫虞舜、周公、伯夷、叔齊,自樹者也,而因以樹天下。天下後世因之自樹,而又為民之表,是固古聖人所望於天下後世。而後之人之自樹也,其必由學乎?夫樹,猶樹也,樹其樹者,樹其根,而華而實日可見之成也。故曰:「學猶植也,不學將落。」古之人將患之,又曰:「君子順德,積小而高大。」蓋地中生木,敏樹之道也,且樹之謂敏,學亦敏也,無謂其難,吾見子樹雲霄矣。

## 柱卿字說

台也醮賓,祝而字台曰柱卿。大微魁下六星,起文昌,歷招搖之次曰台,其象為邦家柱。古語有之,地八柱,天九柱,天地精通,神明列序,言邦家柱,其義一也。古說文家曰:「柱者,楮也。」是故楮地之維,楮天之紀,楮邦家之基一也。雖然,柱我者而後足以柱天下,未有不自柱我而天下柱者也。

夫柱也，不遷者也。河出崑崙，奔萬里，屹中流而障之者曰砥柱。是足爲不遷者觀也。是故不遷于貴，不遷于富，不遷于欲，不遷于惡，不遷于風，不遷于俗，受中以生，執德而固，是謂立我，是謂立人之道。而地維正，而天紀尊，其於邦家也何有？師翁梅溪先生教天下以立人道者，台也，其宗孫也，弗聞之與？

## 所白字說

吾友半塢彭源宗，昔名其冢子曰采，字以所白。茲予過之，謂予當以白之義告所白，豈以予爲知白者？予無所知也，然不可嘿矣，曰：「半塢善言《詩》，絢素之義，其取諸《詩》乎？故善言《詩》者，莫如子夏，後繪於素，聖人卒與之，與其知禮之爲後也。夫人學禮，必有忠信以爲基，基之忠信，禮不僞矣。彼其可雕，與可以施其污，皆其質之存者也。皮之不存，毛將附焉，斯亦可以喻矣。是故有父子之文，有君臣之文，有兄弟之文，有朋友之文，愛親之誠則先之，愛君之誠則先之，愛兄弟之誠則先之，愛朋友之誠則先之。三千三百，先之仁，故學必知所先後。夫文或不足而質有餘，君子寧處其野，而不可以文浮。然唯份份焉，君子居之，或野或史，舉不足望於天下也。商周隆矣，而所尚未同繫之時焉耳，然非罔禮之質，亦非減實之文。所白其志於學也，而深究之，異時言禮言《詩》，必長者之望副云。」

## 所清字說

吾友半塢名其仲子曰櫟，予字之所和。半塢曰：「和蓋有無窮意，而有諱者，其以清易之。惠和夷清，吾以伯夷道，教之何如？」予曰：「君學伯夷平生者，宜以授櫟。予獨念孟子之言也，孟子隘伯夷。隘非弘人之度，不可由者，然又念之後之人，有異乎孟子之論者矣。劉靜脩言之：『柳下惠隘，夷不隘。』由是觀之，清也可矣。論者蓋謂大人之道不獨成，而欲成天下。夷有所不事，有所不使，有所不與言，蓋欲人皆歸於善，則我固事之、使之、與之言；至如朝衣朝冠坐塗炭，又何其欲人之善之心之急者。彼爾爲爾，我爲我，自潔焉耳，無恤於天下之人。然則，惠何足以望伯夷之不隘，故曰柳下惠隘。雖然，不易其介，唯清者能；而不念舊惡，雖和何以加諸。語聖則不偏，故爲教於天下者，和可也，清可也，學者學聖，人之清，其無疑乎或偏矣。因書之簡授櫟云。」

## 子肖字說

吾友聽齋命其子曰夢弼，予字之子肖云。昔在商王夢賚良弼，而說惟肖。蓋數千年中，獨一希闊奇偉之事，乃以祝於吾友之子，然又不獨肖形云爾。古今人稱肖子，蓋似其父之謂也。然嘗言之父而齊聖，子肖焉可也，否則，其弗如也，不亦可乎？厲夜生子，遽而求火，汲汲焉恐其似己，夫非是之謂乎？聽齋之肖也，善矣，然又進而祝之築岩之老。無謂數千年中，獨一希闊奇偉之事，而過望於小子後生。小子誠學焉，則誰禦之？命曰：「學于古。」諷曰：「知之非艱，行之惟艱。」夫古之學，不徒知也，而必行乃其知也不虛；而其行非不著者也，唯奮而學之焉爾。螟蛉之為蜾蠃也，七日而肖之，何至人而疑之？

## 書家乘餘錄後

是冊登封君三崖先生家藏者，胡可泉氏為題之曰《家乘餘錄》，冊凡數十葉，每画半詩半画，筆高古。詩皆先輩名縉紳之筆，李忠文公賦《白雲》，劉忠愍公賦《古樹》，一峰先生賦《茅屋清秋》，東白先生賦《江皋白鷗》，晉軒先生之賦曰《水花風葉》。諸公玉署金閨，而於烟崖雲壑、蘿屋松堂、草蟲江鳥之屬，見其圖画，且喜之，得非厭於鼎俎尊罍，而資甌犧之茗為解醒者乎？然而諸公，越之人似也。越人去國，見似人者喜；諸公去山林，見山林之圖画者亦喜也。三崖先生棄登封，如彭澤之棄者矣，飄然故山，予亦從之。所謂烟雲崖壑、蘿屋松堂、草蟲江鳥之屬，我輩何日不親也，其髣髴於画史者，可無觀矣。是圖其付令子諸孫，甄藏之以俟異時轀轕榮路，書而玩之於簪裳珪俎之間，亦以為解醒者可也。

## 書存吾堂　為平湖舅

吾真吾也，人皆有之，弗知存之爾；聖人者，存吾而已矣。求為聖人者，亦曰存吾而已，無不足也，求之於人乎哉？吾嘗幸夫更歷千萬年，利海名波，邪說橫流之阨，而吾真吾之不死也；吾嘗幸夫更歷千萬端，物誘情牽，風摧變撓，而吾真吾之不死也。吾幸夫有所恃，足以生乎萬變而不窮者，斯真吾也；吾幸夫有所恃，足以宰乎萬變而不亂者，斯真吾也；吾幸夫有所恃，足以察乎萬變而不昧者，斯真吾也；吾幸夫天地鬼神可以臨之，而亡所愧焉者，斯真吾也；吾幸夫先聖後聖之心可以同乎我，天下萬世之人可以信乎我，而不惑焉者，斯真吾也。是故流行而不已，吾之動也，謂之命；真純而不易，

吾之静也，謂之性。感物而無方也，吾之神；應物而無迹也，吾之化。著且察而無或遺者，吾之無所不知也；行且習而無不勝焉者，吾之無所不能也。是故親焉以竭其力，吾之能子也；君焉以致其身，吾之能臣也；其刑也出于家，其化也徵于邇，吾之能夫婦也；其常也式相好，其乖也無相猶，吾之能昆弟也；其聚也切偲，其絕也忠厚，吾之能朋友也；禮以相親，讓以相安，惠以相濟，慈以相恤，吾之能九族鄉黨也；饑寒疾痛莫非我，草木蟲魚若其性，吾之家天地而體萬物也。

嗚呼！至矣哉！至矣哉！吾也存吾而已矣，未能或益之者也。未能益之，孰得而少之？然吾見夫少之者矣，然吾未見夫求爲聖人者之嘗疑其少也，而惟見夫弗之求之者之嘗疑其爲少也。嗚呼！存之而已，存而不已，將有不待存之而自無不存者矣。孟子曰：「其爲人也寡欲，雖有不存焉者寡矣；其爲人也多欲，雖有存焉者寡矣。」此存亡之幾也，辨其幾者存乎名，決其幾者存乎勇，致其明且勇者存乎志，三者皆吾也，吾存吾爾，而由人乎哉？吾弗存吾，吾末如之何也已矣。

## 復古書院志小序

### 訓述

師友之義甚重焉，有訓有述，胥以成我者也，不重乎哉！古典前經，疇非指喻，乃著於斯者，於我戚焉。志《訓述》。

### 書箚

書箚之相貽也，脩好焉爾耶，是鳥足傳？《定性書》《無極》諸書，發精蘊，嚴辨析，而或少損於和平，亦後之人有警焉。道南之脉孰存，西河之旨或失，不於斯有可稽者與？志《書箚》。

### 咏歌

志之所至，詩亦至焉，登斯堂有咏歌者矣，而亦有寓懷於千里者，無非教也。志《咏歌》。

### 經籍

古人之心不盡于載籍也，而實有寄於斯者，顧弗稽焉，學者當如是乎？矧有之，句讀未成，先語精粕，蓋儜然獲罪矣。茲諸經諸史，未俻也，而其要者率具焉。志《經籍》。

### 碑刻

游焉息焉，思其始之者矣，百世其存，將百世其思之。維石可磨，先生長者之德不可磨也。志《碑刻》。

### 堂宇

拮据者難，守之者非難，故家居室有過而興嗟，嗣人之落寞者爾。洛陽苑囿，人以觀天下盛衰。道之興衰，得無因之有可觀者乎？惟茲堂宇，關于我鄉邦，不細故也。志《堂宇》。

### 界止

古有讓，後世有侵畔。黌序之區，且睹規圖者矣，忍言哉？昔者讓私弟以爲儒宮，何其偉與！巢、許讓天下，而市井之間，競刀錐人，品之相懸也如此，斯不能無慨焉者。志《界止》。

### 田池

田畝不多而瘠，不賴于授粲也，賴歲積爲補茸謀爾。主入與出，其慎之，其將弗慎，可與共學者乎？然以是逆之，不長者矣。志《田池》。

### 社倉記

鄉中乙巳饑，余竊祿于外。辛酉之饑，親覯之：鄉大夫私其境出霸者，下有廩者閉，乘急欲嚙人骨髓，無賴者結其黨，奪饑人之穀於要路，生路塞矣。余嘗作《議引辛公嚴於奪穀閉糴者》之令，以廣傳之，亦請於官以禁，而稍稍得活。因思古社倉常平之法，爲最善者。蓋人得斗米以延於青黃不接之際，即生路矣。夫散之急斂之秋，荒歲若遭什一之息，亦不取此常平法也。雖不如官家之賑，而助於官者爲多。《周官》上有荒政，下復有閭黨相收，卹以通贏乏，故里鄰相救。古之厚俗，君子之大義，心之不容已者也。使嗷嗷焉唯待哺於官，官不病哉？是歲，勸我鄉中各出所餘，多寡因其力，而共成此義。遂得穀若干石，仍散之收之。因議社中有宴會者免繁費，自是折半買穀，議作倉二區，一東湖，一廣明寺，以便近者。積之年久，或雖荒歲，亦吾里有賴矣。願我社中同秉此議，久久行之，無復得有梗者。夫往往善法不得行之久者，不善之人梗之耳。梗善法，敗善俗，其在嘉草爲荊棘，其在嘉禾爲稂莠。古種田之歌曰：「非其種者，鋤而去之。」語此輩也。願吾社無不善之人，以敗我善俗哉。昔者晦菴先生行於五夫之里，其後上疏，欲行之天下。今東廓先生社有之，湖山之社有之。吾社世守焉而復廣之也，吾

之望也。

## 書吳汶峰鄉約後

予過麟峰伯仲，見鄉約，喜之。既而汶峰出視一編，又悉其所著條規者。喜汶峰之鄉多君子，能合志也。昔者道院之會，嘗與諸君有規勸之雅，茲不得與諸君共談之，而綴鄙言於末簡，曰：「鄉有約，所以善一鄉，此一鄉之人，皆趨於善者之所爲也。一鄉之人皆爲善，盖將和日積，禎祥日召。所謂風雨時，年穀登，疵癘不作，當有之。然規不難言而貴行，初不難合而貴久，倡之不難而皆同心焉貴也。盖嘗有之，規徒存而行輒礙，銳於初而怠隨之。此無他，心不皆同，有亂之者耳，譬之田也，有稂莠，彼稂莠亂嘉禾者也。君之鄉，詩書禮義，家範各存，其孰甘於爲人所嫉，如稂莠之害苗者乎？惟復有告爲者約之，爲義未止，齊眾結盟之謂耳。約也者，檢也，制也，檢情而制欲，約之先者也。人情約則嚴，不約則放。伊川先生曰：『情既熾而益蕩。』覺之者，約其情，使合於中，正其心，養其性。故約之一言，君子成身之要道。鄉之君子無徒疎淺之求，必也約其情以進於聖人，約之以禮之微言，夫然後約之一言不淺淺視矣。斯又與諸君昔者道院之會之所以爲規切者也。」

## 獲信錄序

蒼石先生之鄉以講學爲會，盖先生主。往者見先生年八十矣，坐每夜分，欲爲諸後輩先，諸後輩則益感奮。逮旬有五日而罷，先生騎青騾，躍山徑而去，壯者弗如也，皆目送之。其後傳唐漁石公稱晉、唐無文章，惟《歸去》一辭、《盤谷》一序之說，乃爲先生致其事歸，最其風而揚之，以警發瞶瞶者。予盖因之歎先生得出處云。又林見素公稱簡古之政，金石肝腸，且德其精兵攘寇，莆賴以帖，而曰「功于仙，亦功于莆」，而曰「行李索寞，攀送不忍去」。予盖因之歎先生去後之碑不孤，人堕淚也。逮東廓誌先生墓，則言老劬，聖學主於不自欺，而驗於實踐。斯又見先生垂老而得所歸者矣。先生仙而僊而娑，二十年宦蹟，縉紳文翰，言人人殊，然要不出於二三大老謦欬者。二三君子夙自重言，乃爲先生，皆傾心道之。惟碩老宗工不朽之言，已足琬琰于後世，矧又上下遠邇胥協哉。先生之子伯常能於所受者重之，不隻字遺伯魯，盖愧焉。茲復裒而錄之，仰昭宸命，下存巷哥，遠從海徼，邇不以家論爲私。族子復之題曰《獲信》，繹之且詳，復欲予言其端。予盖思先生有不忘者，自

不已於多言矣。

## 家譜序

宋開國南昌郡男運使府君，舊《譜》為一世祖。舊《譜》草創於十八世春魁翁，校於十九世學士文安公，時景泰之癸酉，於今百年，陽也為之曰《家譜》云。舊自各派而言之，曰《族譜》；今自一派而為之，故曰《家譜》。《家譜》之詳，自我南溪府君。府君為南溪始遷之祖，府君而上，固詳于舊《譜》者。府君諸弟居荊山，諸從兄弟居全椒，詳固次之。靖節之詩曰：「同源分流，人易世疎。感彼行路，眷焉踟躕。」陽讀是詩，嘗歎焉曰：「古之人，何其厚也！」支分派別，昉諸一人，陽也顧薄也與哉！惟夫或畧或詳，勢不得不爾也。夫《譜》之作也，有不容已焉者，凡以訓孝也。是故原其所自，思一本也；明其宗與支，嚴祭饗也；名系以字，謹諱也；生系以卒，謹終也；葬必備誌，憂遠也；賢者之蹟特詳焉，子道也，臣道也，妻道也，示其則之不遠也；或存夫不言之戒焉，義也，恩不容掩者也。夫惟一本之思，親睦斯厚矣；祭饗之嚴，非禮不黷矣；諱之謹，雖疏無犯矣；終之謹，有終身之喪矣；遠之憂者，松楸不斬矣；則之不遠者，勵其脩履矣；儆戒是虞者，擇地而蹈矣。夫若是孝其先祖而人道立，而無忝於所生，故不容已於訓焉者也。故《譜》之作也，苟無關於訓焉，不作可也；後之觀於《譜》者，苟無取於斯訓，雖無觀焉可也。抑《譜》於家也，家自為之，而或乞言以為華，其志侈焉，亦謬於為訓者也，弗之爾為也。

## 碭山修城記

土城舊削，予始至，危之，乃周閱，至嚴險虜，諸文學先生偕行者，或惴惴，僅容步履。邑父老進曰：「先是有偷者，夜驅馬驢，越城既去，而守者亡覺也，門鍵蓋徒設爾。」予憂甚，以民將何恃？爰審度焉，其卑用崇，其削用豐，惟負郭之地多鹵，簣土為艱，事因弗集。乃申于眾，使計畝出夫，而役仍有免者。我諸士若諸鄉先生則相率進曰：「城以庇我，將子孫保之，請各以所隸從事。」予曰：「義哉！」乃簡於鄉勤事者，得二十有五人，使各率其版鍤，畫地分程，且諭之曰：「役罷必無忘爾勞，永爾姓名于石，俾世有聞。」既越月而城成，欲新諸門規畫矣。會年不登，又勤於河役，乃勸于眾曰：「險不足恃，恃惟人和。人非嚮義，無以和衷也。我民其嚮義哉！古所謂制梃以撻堅甲利兵者，必親上死長，修孝弟忠信之民也。令也不德，將奉以夙夜，

敢忘乎所以勸於民者？」

## 碭山鄉賢祠記

鄉賢祠，天下之達典也，其在是邦者，闕而未舉。予始稽往載，得八人焉，若申屠丞相嘉，劉逸民紆，《易》博士丁生寬、焦生延壽，御史大夫曹伯啓、黃正，張荊州宏章，孝子信。或以孝聞廉著，或直聲抗于朝，或清修遯山澤，或以死勤事，或通天人之賾，而不詭元聖之道。夫孝也悖者感之，廉也黷者羞之，直也匡乎邪，清也貞乎俗，以神其道，以瘁其躬，振彝倫，翊風教，盖崇報之所先也。其在我皇明也二人，在元者二，在漢者四，周秦以往，無徵焉。夫自漢迄今，豈無史失其傳，而故老失其相告，幽而不章者乎？陽也寡聞，殆舉其所知而嗣之者，以俟于後之君子。抑嘗閱諸人表，而有感夫班生之所述也，宇宙寥廓，揭日月而行者，可以數計焉。嗟乎！上焉者弗移於善，下焉者弗移於不善，其惟中人，可懼也夫！而亦可激也夫！

## 碭山燕喜臺題壁

山人登燕喜之臺，憑四方以觀，而色臞焉，而辭吁焉。其友柳川王子曰：「吾子有遐曠之懷，而顧登臨之嘆也，何居？」山人曰：「嘻！今昔其異感矣。昔者斯臺之作也，其當歲康生阜，民之既和矣乎，以豫以游，盖不失其度者。山人之爲役也，三秋再歉，而場有蕭艾也；黃流日汨，而野有沈竈也。調遣征需，督責之檄旁午也。里門擊柝，山澤多亡命也；游民習竄，競梟盧以相傾也；辯訐繁興，骨肉有犴訟也。夫天地之中生人，均受民之好辟，厥咎有繇矣。夫陰陽愆其和，鬼神嗇其祚，感之者忒而弭之者乖，舉師帥之失其道也。予方赧于《官箴》，弗寧于處，而從事于燕于逸，追調咲於昔賢，豈惟議焉，有詛之者矣。誠使予見夫士遵于道，民服于訓也，子共婦貞義，足以死信，可以立國，中無愆禮也，狡僞者樸，暴悍者柔，鈞金束矢不入也，萑苻勿戒，野無狐兔之窟也，水泉螟螣，不沸不生也，囷廩厚入，機杼其有積也，病者休，勞者息，野老其恬熙也。而予與客挈尊壘，覽雲物，援琴而歌之也，可也，斯非予所懷而未之逮焉者乎？君子所以樂其友而信其道，以匡其不逮也，子有以迪我矣。」

## 黃河祝

昔者天泉失經，爰有新渠。渠邇泛溢，疲甿患之。禾麥不秋，蕩析室

廬。子婦㷀色，愁嘆悲啼。赧予不職，求牧與蒭。有心如疚，嗟計靡施。惟古汴河，勿浚勿隄。由韓家道，以達于徐。民情孔順，國計寔宜。咫尺不通，瞻望踟躕。夙惟神工，變動不居。祈神愍德，北指南移。倏忽風霆，地脉潛疏。所欲與聚，繄神之慈。民溺我溺，民饑我饑。緬懷先人，夢協金書。嘿足贊玄，誠可通微。省惟素愆，神明寔睽。庸修齋戒，藻瑕雪污。神其格宥，及我烝黎。時荒物薄，沉璧乏儀。于繁于藻，以達冥思。肅將民庶，俟河之隅。

> 邑嘗河患，陽乃齋于黃河之濱。越七日，率邑人禱之，踰月而河果疏如所禱者，蓋自疏者二十七里。感神惠，不敢忘也，敬識云。

## 蠍虎

蠍有虎，予未之前識也，見四足而昂首，怪之，欲急擊，呼童子視。童子曰：「蠍虎也，性良，嚙蠍不嚙人。」予聞而惻然。夫吾識不童子若也，未前識也，而幾以急暴傷其生，即悔何及焉。嗚呼！佴者，成也，一成而不可變，故君子慎焉。予茲深有感也夫！

## 巢烏

烏止于庭樹，始巢，既而群烏並巢，吏人交憎之，請逐。予曰：「聽之，何逐為？」明日客復以為言，且曰：「烏之所止，人知忌之，獨好惡爾殊也，何居？」予曰：「不然也。予無好焉，而亦誠無所惡者，請竟其說。嘗聞西南人事烏為鬼，謂其智足為禍福，烏集則凶，故忌之。信斯言也，逐之免乎？降於天，當順而不違；作於人，因懼而知修，雖愛烏焉可也。又不然也，鵲聲接接，以為吉，而烏以為凶，南人則爾，北人反之，故曰『崑崙之下，以玉璞抵鵲』，蓋惡之也。然則，愛惡不生於烏，而沿於五方之習，使南人也惡之，北人也愛。君子曰：『某也，東西南北之人也。』將愛之也，惡之也與？太公曰：『愛人者愛其屋上烏，憎人者憎其儲胥。』夫儲峙以為須，所宜愛也，而憎人者并憎之；烏之不祥，所宜憎，而愛人者并愛之。是愛惡不生於烏，而遷於情也。且復聞之始生，母哺其子，至子稍長，則母慮而子反哺，故曰孝烏。詩曰：『嗷嗷林烏，受哺于子。』然則人之見之，不有感於斯烏者乎？憎之云乎哉？雖然，予始無所用吾情也，烏栖于木，托以孳生焉，固其所也，毀之忍乎？如斯而已矣。」

# 卷三

## 人倫外史

陽不肖，邇者侍飲家君，家君飲而歡，既而愀然視不肖曰：「兒衰白矣，何乃為人役心思於筆墨之間？」既又言之：「孝弟之行，若忠義、若貞節，人倫之大者，為人述之，猶無辭可也。」陽謹受教，因閱舊藁，往者述孝弟，若忠義、若貞節諸篇，摘取錄之，別為一冊，題曰《人倫外史》。言工拙非……
（按：此後闕頁）

### 書忠孝增光冊後

往自少時，知慕李石峰先生朝貢，蓋聞諸長者曰李孝子云，蓋喜忠文公後有世其賢者。君子之澤為不斬，君子之風被於物者不熄也。亦嘗一接先生，見古貌矣，昂然野鶴，自不群俗。蓋兢兢修履，而求於不替其世者。蚤歲廬墓山中，茅茨於巖竇之間，癯癯苦節，感奮輿情，一時以孝行歸之矣。虎蛇之見，俗又喜談。荒栖野止，茲非異者，然而均蛇王虎，元子頌之，蓋有惠讓于猗玕之谷者矣。簪石之山，石巉巉，孤在水濱，有如孤貞之士，抱獨行，秉奇節，敻出于物表者。予每一過茲山，必興起念于先哲，企想遐蹤，乃予自知者也。先生志有所期，而遠業未竟，然其為政有不愧先公之廉，其為教有不愧於先公古道。感先公者以忠鯁，感先生者以孝愛，又何歉乎？

汝諫，先生仲子也，過予山中，乃予喜接之，然自敘孤寒，謂無以光先世者。予謂：「富貴不聞光其前，而必曰賢；貧賤不必辱其先，而必曰不肖子。惟謹服於先公之訓，而後為能子也。」又曰：「邑中鄉先生祠，有父子，有祖孫，獨悲先人泯而未章，不遂得從於先人。」予謂：「遇弗遇，知弗知，無損益于君子之德。苟無私愛憎焉，三代之直不磨也。不有游於鄉校而議者乎，曰某也倖，曰某也遺。遺有遺光，倖有遺辱，死者有知，亦寧孰居之？先子之光，蓋欲掩而不能者，子毋鬱鬱。」因書以歸之。

### 書吾汝藁後

梅邊先生所著《吾汝藁》，七世孫懋碻氏始梓以傳，後族孫勉菴嘗刪之，至九世孫世俊，猶以為未盡者，將入梓，以質於予。予謂先集之傳，率病繁而貴得其大者。君子之言稱不朽，蓋補於世教者也。梅邊先生言多世教，而

莫大於爲丞相言者，丞相之功不朽，先生之言亦不朽矣。傳先生之言，誠無貴乎多也。孔明之書稱《將苑》者五十篇，其稱《心書》者凡二十六，而出師二《表》不與焉。即二《表》既傳，而七十六篇者卒不傳也，亦何少於孔明？不惟不少，而其間詐力、仁義或並稱焉，非知言者，知其不出於諸葛氏，顧孔明病矣。先生《祭丞相》二篇，炳炳大義，傳百世可也；即二篇傳而略其它，亦何少於先生？李忠文公又爲先生表孝行，先生孝愛見於《答趙青山》。若《苫祭》《禫祭》諸篇，異時讀之，足使人流涕者，皆不可不傳也。

## 印山先生劉公墓誌銘

印山劉公以潮貳遷知臨安，因去潮，次于橫山磯，卒，蓋嘉靖庚寅九月八日。歸葬所居之里，曰社陂，厥嚮坤申，先塋附云。今二十九年矣，子芃悲之，曰：「勿之有悔，乃今而後能知也。」卜是年冬，有事于公墓，用闋者修，而《銘》以屬子。

公諱秉監，字遵教，世家三舍。南唐時，有工部尚書適，爲始祖。至十七世諱孟勤，十八世諱祖昭，俱贈太常卿，爲曾祖，爲祖。自翰林歷南工部尚書，贈資政大夫，謚文懿，諱宣，爲考。太夫人王氏爲嫡母，太安人王氏爲生母。文懿公舉京闈第一。正德丁卯，公亦舉京闈，戊辰進士。授寧津令，再刑部主事，尋以署員外郎，出爲河南僉事，兵備大名，遷副使，以忤閹人，謫判韶州，量移太平，復貳潮，起知臨安，未臨安至，卒。

公未三十而從政，不五十而歿，艱難宦路，阨其身，獨收名爾。往瑾亂政，群盜亂三輔之地，民不保室家，郡邑長吏朝暮不能有其身，延十數年不熄，先後險巇，率公蹈之。初筮仕，賊號萬數，圍寧津，乃率城中人堅壁增堞，作勇敢，焚其布梯，賊不得逞，其後騷河南境，公以兵憲身介胄，會兵擒取，公所部斬首五百級，生得賊首。先是夜逐賊，賊呼：「我等良民被驅者。」公曰：「賊紿我，然寧失不殺。」翌日，被賊攻官軍。言者以失事論公，■辨自列功過，卒受銀幣之賚，又俸加一級。宸濠叛，武皇帝南征，暨今上繼統，經所治境，皆不違顏咫尺，先後供億，身勤而下不擾，公欲卹下，素鯁鯁不自擇於利海。會部使監，兌剝其下，攻之急，因相搆致，廷遣鞫勘，乃各就繫，而公得直。其後巨閹過境，縱其下，酷索驛傳，適公巡歷，急沮之，致擁其眾陵轢無顧忌。公疏入，不報，逮繫韶獄，得不死，謫韶州判。先河南之俗，惑鬼福祀，多不經，公禁之，境內之祠，毀至千數區。初爲文諭之曰：「滛

鬼焉能作福禍？惟天降災祥在德，其就繫時。」又寓書僚長曰：「監不能事權閹，今就械。滛祠一事，愚黔首，敗風化，毀之初，非得已，監今行矣，奸人惑眾，必指為報應之說，非良有司執義之堅，鮮不動搖。」

公壯節奇氣，後世想之。乃居家鄉，又婉婉退巽人也。蚤十歲，喪文懿公，又太夫人喪。獨事生母，百方婉順，或不喜，輒免冠跪，俟解乃起。伯兄太守秉常，仲秉善。仲卒，治其喪，過哀。其事伯兄，如事父母，雖撻一僮僕，以取決焉，曰：「家有長。」仕宦二十年，無私橐，俸餘以歸伯兄，兄讓弗居，曰：「家有長。」竟貯伯兄。有所與，則請之。芃生遺腹，至二十年有室，太守始以其先產析而授諸子與芃。當時縉紳雖不孝弟缺，而求一一如公，未得其人也。初，公學甘泉先生。及家鄉講學之會，疋馬奚童，往往山谷之間，約如寒士。太安人勞之，曰：「子孝且弟，又何必學？」曰：「人見其外，未見其內，蓋將求吾真爾。」時篤信陽明先生，而於親受於先生者，恂恂下之，日孳孳，抑恐人之不急於斯求者。及之潮，以所學勵潮之人。蓋自執彌下，而布忱懇惻，潮人感之深，而學者眾。思其去，哀其歿，乃至于今不衰。先寧津人，思而生祠。頃學憲諸公聽輿議檄，郡若邑令皆以鄉賢祀公。先劉恭襄公，以祖孫相繼而祀，乃繼以父子，張簡肅公與公二人見也。宮諭晉軒公先祀，今一堂之上，劉氏一門三人矣。公之不留，陽往往悲歎，語諸同輩曰：「天不厚我鄉邦也。印山先生即今日存，微獨竟所自至，而儒者興，疎者知嚴，不善者有憚不為。其補我鄉邦若家族，至今日不少也。」又曰：「先輩有言，名節一變而至道。印山蚤勵節行，烈烈不挫，至臨死生而靡惑。乃其變而之道，視他人果收功倍矣。」

銘曰：「煌煌厥世，趾有華秩。金帶是傳，素絲為節。人謂書生，間關戎壘。以守則完，以擒則取。有多而觸，天授其貞。寧知骯髒，吾義獨行。明有讒夫，幽則滛鬼。縱可禍予，秉心不悔。微孝夔夔，維敬雍雍。維衷率之，神明可通。先覺有承，抉微啟秘。豈曰晚聞，一變而至。功在覺人，終古遺思。企彼韓山，或云過之。俎豆其馨，慨焉夙志。父登子從，鄉國趍儷。豈惟錄世，言世其芳。有歸茲山，松柏蒼蒼。」

### 訥齋先生墓誌銘

高山長谷，靈淑協萃，多名賢，存長者之風，莫如劉氏矣。劉氏居三舍者，訥齋之世有可仰焉。訥齋先生諱如琰，字叔貴。其先樵野先生，寔有□

德，所著有《樵野集》，是爲先生高祖。憲夫甫君，性豪邁，而能植孤弱，爲先生曾祖。魁禮甫君，卒年二十四，其配高氏，苦節以終，劉氏爲先生祖妣。艮輝甫君，有孝行，質直而好禮，俗不可移，自號文七君子，先生其季子也。先生治家，有忠厚餘風，和樂坦易，而介然可畏。其爲詩，有所感觸，輒發之，而不爲苦吟。其爲舉子業，邃於《易》說。早厭進取，好嵓壑水石之觀，竟日忘歸，與世泊如也。配王氏，稱君子之德，門內肅肅，識者知家道之必隆矣。先生既伏枕，回祿甚熾，旁無遺椽，逼先生之廬，即返風。先生顧謂文敏曰：「率諸弟益篤爲善，汝責也。」文敏夙志于學，事陽明先生，有聞。初往，先生令諸子皆往，復勵之以詩曰：「安貧不厭嘉顏子，聞義必行喜仲由。」及先生歿，文敏不復應舉，人深惜之，顧以母命強，母曰：「兒自有志，吾無他求。」於乎！知父母之愛其子者矣。孔門之學，其緒不傳，嘿欲求之，自竭其力，吾黨屬望焉。先生之子，異時報德，當有知源委之說者矣。先生二子，長文敏，次文快。師泉子狀其世德爲悉，庸述其槩云。

銘曰：「外勤內修，惟賢惟德。山峙淵深，世培世積。脂也不殼，虞兮不傷。其璞未雕，其性則良。孰不有子，弗爲道謀。人亦有言，先生無憂。」

## 書孝義錄後

南陵吳公，忠孝人也，又文學，往者令吾邑時，聞王懋碻氏所刻有《孝義錄》，因賓禮之。又取其《錄》閱之，曰：「《錄》當有芟，而予未暇。安成足文獻，異日必有爲我所欲爲者。」乃至今閱數十年，虛南陵公意。翁有宗孫，茲謁予山中，曰：「世俊昔親受南陵公語者，而遲久孤其盛心。今始得舉舊刻，而理之芟之半矣，意少塞嗣人之責。」予謂：「子臣之道根諸天。君子之履道也，自盡吾心，非有蘄於傳後世，然自不泯，然不必累千百言而始傳。世之以爲信史者，固于其人焉爾。苟出君子，一言已足。故孔子『孝哉』一語，閔子有餘馥；文中子『義人』一語，田氏子如生矣。此非南陵公意耶？今慰之矣。」

## 孝德祠記

氷蘗王公，性至孝，九歲而失恃，事父果齋翁其善，自少至老無間，信於宗人，若里之人，乃自昔稱孝子云。陽以通家子向得悉公孝履，而每內歉，自謂不先生長者能及也。人嘗誦之，果翁病足，而寐中伸足榻外，公蹲榻傍，以肩乘之，翁寤始驚，問之，曰：「兒也漏下二皷矣。」無難耶？然非異者，

然侍疾往往若此。陽念之，一時駭俗非難，左右服勤、周還歲月者難。孝子深愛根於心，隨事而見曲而中焉，《曲禮》之所傳是已。《禮》之所傳，率君子之庸行，于以貞教，無矜獨異。公之勤於羊湖者，得之也。

君子正家主乎嚴，故曰嚴君。君子嚴家，孝子嚴以事父。和生於禮，嗃終而吉，乃得於公見之。公杯酌跪，啓告跪，諗慶跪，見噍讓跪，冀欲必回其意者跪，或廣座跪，或委巷跪，或夜寐前跪，靡一日而敢弗肅弗嚴也。幾見如公者乎？養體者小，必先必承。昔者翁厚宗人，公乃於宗靡不單厚。推翁之心而薦弟，弟欲分析，則惟所欲取而聽之。又以承祖之田百石，均二從叔之子孫，而曰：「吾父意，非我意也。」翁欲賑，則索姻戚若里之饑者賑之。自是歲以爲常，不必歲荒。而匱者有必卹，急人之急，每欲扶之，乃素心如此。

初，翁倦稠族，喜洋湖逸，公爲營洋湖，室宇園池，樹藝足適，翁忻忻以嬉，至年八十有九。蓋事翁洋湖者久，乃洋田之社因之惠深也。社中人嘗相謀曰：「異日當共報之，其在社乎？」及公歿，附於土祠，題曰孝子，而社祭則祭。其不稱惠而稱孝，不忘所從也。既又傍置一祠，曰孝德堂，專矣。夫君子所自致者，事親也，有爲乎哉？然乃植人心，匡世化，功必歸之；尸祝于歿，祚延于世，報亦必歸之。古今隆報，率歸孝友之世、德星之社。崔氏所居，兄弟子孫之盛可論焉。語曰種蘭得香，亦言報也，報若德影若形乎？君子語德，不語報，而亦因報以知德矣。

冢宰長公司空大廓，時游洋湖之野，陽也得從。蓋是歲之孟夏，適祠再葺，謹爲土人述之，復系之辭，俾以侑神，辭曰：「■■兮芊芊，占風雨兮望年。我枌我榆兮我公我憐，存我粒我兮雨我田。公庭擊石兮蹌蹌金紫，余襦適骭兮咢而土皷。酒村觚兮魚溪俎，直侗傇兮不鷺舞，公不余菲兮眷茲土。眇不公忘兮公余忘，儵來不見兮不留斯堂。往雲軿兮旆張，流下土兮風長。悵天門兮帝鄉，日云暮兮山蒼蒼。」

## 李寤室傳

李寤室，純孝人也。居常晨昏禮勤，循古人矩度爲手，自濯足，自浣衣，非無可使者，而自欲勞力，往往若此。予嘗作《寤室傳》，而於此未悉，念之猶若缺然，因再識之，并錄《寤室傳》云。〔註4〕

---

〔註4〕按：此段文字，底本原置于文題前，現改放文題後。

予聞鄉先輩，有李窟室，家武功山下，好古而善學，年止三十二云。意其所遺，當有論述者。因朱汝治，訪其子仭，得所遺《日錄》一冊。攷其歲月，而惜不完，然手蹟宛然，持以知窟室可矣。窟室日隨事有述，如取則思義，怒則思懲，尤謹於昏晨之禮，若欲自攷其至與未至，與其心之微者，彷彿《康齋日記》，大都學康齋學。而於文公「格物」九條，所謂察之念慮、攷之事為二者居多焉。予謂是《錄》可傳，傳之有補今日學者。蓋訓非空言，乃厥蹈履，真衷之感人，將不自覺而有所入也。

張石磐早歲受學窟室，予嘗念之，石磐有文章望，若於窟室表撰為闕。逮訪其家，得所為《狀》遺藁半紙，曰：「先師幼穎異，比游泮，即自嘆曰：『先王設庠序，以復性明倫，豈徒科舉發迹？』即思近裏着己，以求放心為宗，潛深伏奧，自容止、食息、倫理，必以古聖賢為則。每學臺試，輒見異辭。廩不就，躁進者多訾其迂，師益堅，兢兢然，唯獨是畏，曰：『放心之求，自謹獨始云可。』」不卒簡，得窟室之大者矣。老輩猶能道之。窟室童子時，已不凡。六七歲，與群兒戲，父不懌，因取紙一幅，畫為百空格，跪之祠下，責之曰：「汝即不願學，則遣汝農，願則書百『願』字。」兒乃蒲伏握筆，作九十九字，而書其尾曰：「學未造就，不敢盡書。」諸父見者，皆奇之。逮成童時，自題讀書之處，曰：「單鎗疋馬做去，無靠他人；烈火紅爐煉出，方為己物。」蓋治心語也，有夙智矣。

李氏世治儒術。宋南渡，有布衣獻中興頌者。慶元間，有太學生以史評以懷古賦，受知益國公者。至元間，有辛翁父子構禮殿，奉先聖先師，為義塾，而膳以百畝者，得之草盧先生《記》云。劉忠愍公為李氏記上田舊業，其後以太學生育有賢行，而以其子妻之。育於宗杙為大父，父稱長者，母張為簡肅公女弟。窟室名宗杙，字敬甫，石磐云系出延平先生。

論曰：「窟室在往昔，獨學無友，乃志勤而行篤，殊不空言。異時彬彬，然可語樂群；論說要眇，或度越先輩矣。然語篤行不欺，求之顧難也。予蓋悲之：窟室不並遊於今日，窟室並遊於今日，必有益吾黨，必有益窟室者。嗟乎！人不競年，未少耆耄，譬如為山，往而不輟，顧中路而摧之，何其似斬於斯歟？使人有茫茫之嗟也夫！」

## 柳川先生墓誌銘

嘉靖三十四年四月三日，柳川先生卒于正寢。垂瞑時，二弟泣以請先生，

曰：「琢磨琢磨。」其子泣以請先生，曰：「讀我書。」蓋言學其所學云。于是四方朋友，各奔走往哭於其家。

　　柳川學聖人之學，三十年來，未嘗一日不勤懇於心，亦未嘗一日不切切於朋友，而欲共底於成者。朋友之善，喜成之。有未善，則規規不諷而直，而不忌於廣座眾人。然其相成之意，懇惻由衷，雖拂人耳，而人心服不怨。鄉黨之間，人有學不學，學者有至與未至，至論今之講學，不空談，必歸柳川。又曰：「柳川孝子也，其事伯兄，又如事父，篤於天常不勉也。」先是康南村性耿耿，樂人善，而嫉惡切齒焉，酌古禮為圖，撝善行為規。歲時獨拄杖，造鄉中諸大家之門，至則心真語欵，蓋與人子言，依於孝，與人弟言，依於弟；而人亦倒屣以迎，知尊信之，視柳川如一人，乃其學未至，柳川之所至則有矣。南村貧，柳川亦貧，顧終身不留情生產之計，食取免饑，衣取免於凍，而不恥糲與敝者，中固泊然，非矯為爾也。柳川亦嘗為諸生，角藝文，既而棄之，而喜于山巔水涯，寂寞之鄉留戀焉。而隱隱其衷，思堯、舜君民之世之盛，視天下人病於時之政者如己病，而其負於職業者如己負也。

　　往予簿書之役，易子以教，致柳川於官舍者三年，欲予規也。時出對簿書，入對柳川，乃或責予怠，責予踈，責予士民講業為未急，規我不一，我何能忘德哉？柳川之學，不善文詞，而於應酬時有之，得於心傳之筆札亦時有之，而非其所汲汲。予既哭之，而索於諸子，俾其手墨無散失焉，得論學之語若干條，乃欲裒以成帙，以傳同志。雖不能執此盡知柳川，亦大都可以稽焉。柳川之受學也，受於梅源先生，受於東廓先生，受於陽明先生。蓋聞而輒信，信而輒學，學而輒不已，輒欲及人，願人人學也。今天下學者眾矣，即未論所至，即未論古聖人之相傳者，必毫髮肖與否；而不悖不違，行修慮謹，求不辱師門，亦足吾儕幸也。若我柳川，豈直不師門辱已哉！

　　柳川王氏，字子懋，諱釧，伯兄釣，叔鏡，季鑄。鏡、鑄為同志，家庭有切偲之風，予每慶柳川之家矣。配書岡張氏，繼劉氏，張氏有子，曰汝龍、汝文，劉氏有子，曰汝會。龍之子曰貴、曰傅，文之子曰賦，會之子曰道、曰萃。張氏之女歸石橋左，劉之女歸三舍劉、朱村曠、槎源朱。初，劉氏歿，柳川曰：「予老矣，里風薄，論財不免劉子應辰，篤行者曠子天樞、朱子克佐，亦間於斯義者，無母之子以歸之於其子。」乃卒，歸之里虎形之山，先塋也，柳川葬焉。石泉子子成曰鑄也，於先兄義兼師友，乃自為《狀》，狀

柳川爲悉，而屬予《銘》，師泉子爲之《誄》。

銘曰：「命者嗇，性者美矣，惟自力其所能，卒未嘗爲子止也。志弗售，言有旨矣，潤於其身，而波於人者，亦偉也。存可以修，瞑則已矣，有觀於斯，弗及爲人人語也。魂游於生，莫知鬼矣，知子之能凝，足知子之能不死也。」

## 姚孝子卷

予嘗序《姚氏宗譜》，善其宗範，重於孝子慈孫。若節若義者，姚子惟德，竟能以孝聞，光姚氏矣。予嘗講學姚氏之里，少長胥集，姚子獨顒顒焉，不逆聽受，而其神斂聚，卒乃徵之，非口耳矣。所謂「行有枝葉者，不我同志」，足勵耶？姚子癯癯然，嘗卜其先君之宅，予爲審視可否，而與尋壑經丘，究論古今卜兆之義。乃今姚子之丘有宿草矣，蕳摧蕙折，俾不竟其業，不悲也耶？雖然，黃髮無聞，奚若姚子之夭？君子所以稱不朽者，年不得而與也。□□□□富，亦自解也夫！

## 張子割股議 〔註 5〕

朱以相□□張子割股事，又出視一卷。諸縉紳、文學之士以割股事褒美者，因索予詩。予謂割，苦行也，□□□□格之，予無作可也。獨念未張子一接，□□□□之，君子之孝不一，行而滿。語曰：「百行莫先於孝。」予謂萬善百行，皆所以爲孝，遺一善孝虧，遺一行孝虧，君子無一念而非爲孝，故□□□而已。故知事父之孝，當知事天之爲孝；事天之爲孝，當知居處不莊爲非孝，臨民不敬爲非孝。知可見者之割膚，當知不可見者之割情，勇以爲決，凡舍其所難舍，皆割者也。故夫損一欲，非割不能；損一忿，非割不能。故勇以爲決者，爲義，爲果，爲斷制，爲天德之剛，可辭爵祿，可蹈白刃，可進而中庸，是爲君子之大孝。

## 紀孝子

碭生紀旻自少質粹，年十二三時，常佩一青囊，落一瓜髮必囊，盖髮膚不毀傷之說。居家率服行成訓，氣貌藹然德器者。母喪，廬於墓側。每早起，三負土加於冢上。日午，負如初。積三年，冢高大矣。其後鄉人不名字之，

---

〔註 5〕 按：文題底本原損毀無字，據文意補上。另文中亦多處損毀無字，以□代替，而能以意推者，則補之。

但稱紀孝子云。

## 趙孝子

碭趙紳爲濟源訓導，鄉黨皆稱有孝行。平生不苟取，至無以給，而卒不移其所守。在官，常徒行，或一蹇驢，從諸僚友之後。其廉有如此者。及歿，其子光霽，亦以孝稱於其鄉云。

## 表趙光霽文移署

勘得趙光霽，先世儒官，人稱孝行。作法雖善，繼志爲難。據墓廬，雖非經禮，在人子寋迫至情。匪徒執喪之苦，尤勤奉母之歡。況見氣貌樸顯，非近名之輩，且知世業清寒，無交游之託。居末俗，鄉評多忌，於斯人，口碑盡諧，應得表揚，以崇風教。

## 劉北華終養歸潛江餞別都門

千鍾輕愛日，萬里悵孤雲。疏上深恩下，人歸薄海開。白華應再補，烏鳥爲誰勤。予攬風塵涕，長吟空羨君。

## 童孝 　爲夢岡殿下作

孝羹驚白叟，童譽播黃扉。滕閣文誰後，梁園客未稀。金枝歌秀發，玉牒頌光輝。遥夜占星彩，明參傍紫微。

## 孝子叔祖墓下

孝子，先方伯介菴公弟也，成化間，旌表門閭。墓在三峰之東，今雲霞之館去三二里。許公愛兹山，昔豫築焉。登之一覽，千峰爲吾家先丘雄觀者。

公丘東閟千年室，我館南開讀《周易》。後先同此愛山心，東南各俯千峰碧。猿蹊鶴逕雲中挂，秋風携客青鞋侶。白日青天一瓣香，有懷那得公聞語。伊川門戶向堅持，曾嘆人家孝敬衰。風俗年來猶靡靡，公在山中公豈知。

## 書王梧岡冊

邑少尹王梧岡相見金陵，爲予語南陵吳公事。予昔以童子見吳公，尚憶其氣貌魁梧奇偉，盖烈大夫之風者。比吾邑以名宦祀公而入祠之時，風靁大震域中。公神英傑，尚或眷兹土乎？昔吳公去吾邑時，獨繫舟螺山，盖文山

祠下也，裒徊祠宇，題其柱曰：「讀聖賢書，存兩間之正氣；全臣子節，留萬古之香名。」果去此而再涖江津死矣。蜀人以死節祀，鄉人以鄉先生祀，今吾邑以名宦祀，卒不負其初心。先文山游鄉校之語，人固至今誦之。古今豪傑，其素志預養，槩如此者。梧岡語江津事，尚發憤楊眉，津津然嚮慕之，謂當時目擊慷慨，他人不知也。梧岡亦奇矣哉！雖然，危不苟免，君子之節而喜於事功不可也，梧岡以爲何如？

## 伍氏褒忠冊

往予校《諭德劉晉軒公遺稿》，至《褒忠祠記》，三復焉。其所稱公之忠，不在滅賊，而在招賊以身自試於不測，固全軀擇利害者之所深避，而公不恤，確論也。既而於奉使還自閩者，詢伍公廟貌不落寞否，則爲予悉其創置，舉當人心。至言丁侯與公肖像並南嚮，則予以爲瀆也。桂福、丁全俱守偹茲土者，公方督戰，福稍却，公拔劍叱之，福爲失魄，及遣全以行，竟乃違公軍戒，至落賊穽。使全生歸，公按劍誅之矣，幸而力戰能死，則舉而配公可也，何至並公南嚮？既而閱李西涯公《祠記》，序祠中功次大小，以爲等，又判然與■心合。穹碑具存，乃至今未聞舉而正之者。公與先公同景泰甲戌進士。公孫應宸因出長篇大冊，述公忠勤之蹟者，得盡閱之，乃於往昔所見二公之文舉在焉。乃復憶予所未安於禮之瀆者，漫識冊後，以俟後之人涖上杭者，舉而釐正焉。

## 書張履翁死義卷後

丞相提孤旅勤王，首自故鄉，鄉井之間，一時感奮，或歸兵給餉，或以計投，或言相激勉，或戮力相扞守。或搢紳學士，或山藪齊民。其素名位，或崇或微。其究，或死或不死。要之，皆不負宋心，耿耿終千古而不磨者，後數百年，光之史冊，崇之俎豆。或顯晦，或後先，則又繫乎繼世者之知所重焉否也。張履翁、彭震龍、顏司理血盟城守，同日死，乃彭公配信國公祠，而公若司理久遺闕典也。裔孫天官少宰治、文學崧岩，乃二公始章章焉，乃今輿論始一快矣。然嘗思之，當時蹟或隱幽，其嗣人或落寞不振，又豈無淪沒不聞者哉？海上之變，颶風揚波，攀鼎湖駕，不知凡幾千萬人，有非田橫之客五百人可並言者。今大厓之山，慈元、大忠列廟，並祀秀夫、世傑諸公，固與文信國輝光相映，而餘共死者，其皆歷歷不泯于後世否乎？三思至此，千古一慨。

### 祀姚義士議

山中閱《石初先生遺集》，感姚義士正叔云。義士元人也，元末天下盜起，義士憤之，率鄉閭擊賊，爵賞不受，卒父子遇害。先諸賊連歲不得逞志，我安成皆義士力也。至正乙未夏五月，袁賊悉銳進，衡頭背義士者，潛與賊通，引賊直抵砦下，義士麾所部力戰，知不能支，舉旗招援。時監普剌同知脫歡、答失蠻擁兵，咫尺不救，其眾踴躍，求自効，二人者忌正叔，顧力沮之。姚死，賊遂根盤姚所居川東小橋頭，過者無不流涕云。石初弔之，詩曰：「吾州姚氏城東營，四年殺賊不爲名。一門忠義死相繼，報國何重身何輕。」又曰：「老姚忠血赤貫天，江南野史何人傳？殞身三世匪官守，異日合寘忠臣先。」予蓋誦而壯之，謂正叔秉義至死，功在邑中者厚，願得郭東淨土一區，爲義士祠，以其子配，補百年闕，伸後人崇報之義。今不祀。所謂能捍大患以死勤事者，非耶？永新，吾鄰也，先宋丞相義兵時，彭震龍、顏司理、張履翁血盟城守，其後同日死，近以議者從丞相祀。正叔豈少三人耶？異丞相時爾。同時廬陵有劉義士，曰宗權、曰如初，保玉城砦，里人賴之者五年，卒亦遇害。今祀之玉城，彼其皆以嗣人。乃獨姚氏寂寞，而無所於歸也。伯有爲厲，子產卒立之。及公孫洩正叔義，魄不爲厲，不當念耶？

### 正德間，賊陷碭山，張氏、武氏同日死，予訪得之，因爲文以祭，表其墓云

烈哉二靈，死於一日。越三十年，而載詢載謀，乃得其蹟。慨聲響之漸微，而墓門已棘；惜褒典之未伸，而群情尚鬱。譬之夜光之珠，明月之璧，卒委之溝瀆，而莫之或恤，豈不附於青雲而身與名俱滅？自古離亂之秋，乃見垂窮之節。彼豺與虎，咆嘷凶桀，虐燄方張，橫鋒四逼。以若所爲，又何異於段丞相之笏、顏常山之舌？偉偉堂堂，不隨死而亡，不依形而立也。酌彼澗泉，言采其蕨，以招爾魂，皎如霜月。

### 碭生毛九韶婦段氏，年纔十六，九韶死即欲自死以從，其家防之，予既聞矣，越數月竟自經死，乃給帛爲殮，祭之以牲帛云

嗚呼！爲臣死忠，爲子死孝，此固大丈夫之所爲，而寔幸聞乎名教爾。生笄褌，未覩詩書，庸詎知輕鴻毛於舍生，重泰山而取義？乃能與古今貞烈名流，暨諸丈夫磊落奇偉者耿輝光，其並著。方其揆事變之將乖也，即心許其不二，既回天之靡及也，竟莫回其所志。知成我者之或寡也，將迫我者至。

奚煩冤以自抱也？寧識微而早計，決地下以相從也。且猶周還乎丘隴之醉，雖窮而禮，既勇且智。吾見爾親，見爾鄰，見爾鄉人，既悲且喜，而咸若增乎其氣；而又見夫老者、尊者、賢者、貴者、遠者、疎者，舉裴徊于寒烟衰艸之鄉，若覯乎月華星彩，而親於瓊枝玉樹。予喜夫好善者之多也，曰俗之美而寔由乎爾。感之者致國典，且存風教攸繫，播而傳之，責實在予，而非爾所與者矣。

## 貞烈二劉氏傳

嘉靖三十年二月二十五日，苗破思州，鈔殺慘毒，二劉氏倉猝，相携赴璒塘水自沉。越五日，浮璒塘，面如生，仍兩手相携，始收斂之。初，劉蘊球，吾邑吉村人，久客沅州，又思州。二劉氏，俱球女，長爲金田正邦潮妻，次未嫁未歸者，年十六。潮妻年二十五，乳兒纔二歲，時自度勢亟，裹兒幏布，置石崖中，乃死。已而賊去，女僕得其子，投張指揮家，張指揮松爲購死者，於璒塘得之。遂以其事白軍門，致移文蘷州郡，令大書其門，褒嘉之，祭以牲帛，又驛給歸襯，潮妻得歸葬吾鄉，惜其妹仍客葬云。時思州經歷盧蕙妻寧氏，亦倉皇與蕙訣，赴傅塘水死。

論曰：「貴苗之禍，既閱數年，官軍費不訾，乃復破州郡，殺長吏，往往縛良家子去，要贖□□之。然如蔡文姬，始不自裁，而再還故國，無顏色羞愧者多矣。義不可辱，寧有死，僅三二人，而二人者出我鄉邑云。」

## 周節婦傳

周節婦者，永新厚田周潘氏婦，龍田賀經歷徵□子也。潘有室，僅五年，然半拘狌犴，有子曰曉，二歲而孤，曰晚，遺腹也。節婦居三數年，外氏或憐之，因使人致微諷者，乃痛憤哭不絕，厚田距龍田十里而近，然自是不外氏返矣。獨一室，几閣蕭然，而終歲不易常所。簡言咲，竟日嘿嘿，性好潔，室中日洒掃，地無纖塵。蓋十五而嫁，二十而寡，辛苦艱難三十年，今五十矣。碭山邑博虛我君於曉爲世父，予過之，談里風士習，而得節婦云。予曰：「先生有倫教責也，當俾其有聞。」曰：「二子力綿，僅僅可朝夕謀爾，其何足以謀於斯？」予曰：「嗟乎！久矣！予之傷此也。」窮反僻遐，職風教者求之與？而使其人求與？好人之善，乃其心自耿耿爾耶？必其親戚子弟有交游之託耶？故曰：「久矣，予之傷此也。」

論曰：「史稱巴寡婦清，世有丹穴，擅不訾。乃秦皇帝客之，至爲築女懷

清臺，顯名天下。夫秦皇帝雄視海宇，舉天下詩書、學士而蔑之，顧獨巴寡婦禮也，又何其禮之至也。當其時，環四海之庶，秉節抗義，無一巴寡婦若耶？然不足自達於鄉郡之吏。此其說何也？富靡不讋焉爾。太史公述烏氏倮及巴寡婦，語津津若感焉者。予蓋傷之云爾。」

## 彭氏

賢良君字尚琢，先方伯介菴公從兄，舉■■菴公伯兄也。天順間，以賢良薦，將拜官，卒於京邸，年三十二而無子。歸匶於鄉，配彭氏哀苦襄事，剪髮誓不嫁，曰：「君為賢良，我獨不能為賢良婦耶？」自是處一室，幃布龐惡，不與宴會，自勤布縷以為給，寡四十三年而終。每聞先大母言，蓋述其窮苦，難其志節，又曰吾家內外長幼皆重之，其死也，倍哀之。蓋里中彭禮岳公之女，其祖母□亦以守節稱者。人謂無忝賢良君，亦無忝其先云。

## 建德張氏褒忠錄

磊落抱壯心，間關歷戎伍。胡馬健秋風，飄零入草莽。餘生苟未捐，涓滴還須補。慇懃寄雁書，志欲殲胡虜。男兒萬古身，肯作腥臕腐？歸來見天子，榮名不足取。將軍珥貂蟬，奕葉聯珪組。豈不受深恩，何以報明主？

## 碭山得劉晴川獄中寄來詩用韻

我道今從患難行，天涯知爾未傷明。白雲流水身還在，鬼火陰方夢亦清。心許授書傳舊業，悲堪作賦寫離情。吾皇仁聖應無恙，一操相思曲又成。

## 鯉魚曲　寄周訥谿獄中

思君不可見，書寄鯉魚雙。若問腹中書，只是九迴腸。

## 沛中顏伯偉先生墓下

春烟孤碣草茫茫，回首天南憶故鄉。故山雲木迄蒼蒼，青螺之水遙天長。首陽風流夙未忘，蕨薇不食惟剛腸。叫閽取日欲回光，一時英輩先吾邦。天摧地折非祥狂，不存舌柔舌亦剛。回看衣帶血成行，玦分莩羃奚悲傷？公扶鰲極尊天綱，孤城萬死真能當。身隨抔土盖冠裳，氣為河嶽壯封疆。三百年中不可忘，鞭騎龍豹遙相望。千章松柏餘芬芳，辛楗桂宇群公堂，公兮歸去俱徜徉。

先運使公以義兵保障，功成歸宋藝祖，爵至開國男。裔孫宗權、如初保元季，鄉閭賴之者五年，竟死之。今祀玉城山中。因講學玉城，又中洲昭義之堂，賦死義云

岩薛嶺松秋露零，千年燈火一龕青。古今成敗公休論，開國須同祖武銘。義爽英風凜社枌，知公遺恨對斜曛。年來鄉國昌文教，應喜雲仍俎豆聞。

## 衡山山麓光岳道院餞別周訥谿，往吊楊斛山臺長

萬里徐君酌，千秋薦斛山。夢馳秦塞月，心共楚江蘭。英槩元無死，芳碑信不刊。莫將牛斗氣，愁嘆過西關。

## 閱鍾氏《忠孝傳》為鍾子棟作

終古西山有恨深，青燈一卷骨毛森。緒山老筆崢嶸在，傳得忠臣孝子心。說玄終不是逢真，名節何辭累此身。有道欲傳誰可託，須從東漢覓高人。

## 簡劉伯亮　嘗廬墓山中六年

孝愛知君感慨多，無端心苦鬢生皤。向來猶憶淒涼處，松柏蕭森近若何？

## 故江彭節婦劉氏　黃門之子、忠愍公孫

寂寞燈前影，蜚騰身後名。周還多歲月，辛苦自平生。家有忠良傳，人聞諫議聲。傳來風骨勁，閨閣亦崢嶸。

## 貞婦歐陽氏　彭子顯甫之母

高評久許附青藜，華髮生光照晚閨。紫閣蘭臺門地峻，丹青却羨入新題。

## 又題彭氏堂中勉顯甫、約甫

鳳去不還有鳳雛，白雲消得怨蒼梧。天憐辛苦應相報，自古人豪半是孤。

## 旌節　王良甫大母

千年黃鵠史官知，百丈高原我續詩。幾許文章風骨健，平生節槩瓣香馳。丹青門戶秋雲麗，蕭颯松楸暮雨垂。奕葉清風仍未泯，年來著節又成碑。

## 貞節　朱兩川大母

白髮蕭蕭幾十年，未亡蛋已誓歸全。朱陳為俗猶存古，冰雪如心也自憐。藜閣有書今為補，草堂得句後須傳。向來文字多名輩，無限青山石可鐫。

### 閱毛子《敍休寧雙節》，爲金古城賦

寂寞柏舟詠，毛生又有戔。一燈青兩世，雙璧白千年。曒日何曾負，清臺惜未憐。平生先節槩，況爲古城傳。

### 曲江蕭氏三節堂

三世相傳守一燈，故家人物重閨門。誰知風雨淒涼恨，終作鴒凰羽翼橫。浮世未須驚短夢，秋江還與共長清。山窻半夜吟魂動，滴露貞書對月明。

### 劉節婦遺像經火不毀

誰把丹書寫幻身，氷霜傳得十分真。千年劫火曾無賴，一片輕綃獨有神。丹爐掃除青琬出，流霞消散素梅春。八磚文殿依然在，長與劉家作近鄰。

### 貞則篇用瓊山先生舊韻李可安大母

鼎鼎百年身，孤節風天下。丈夫非所難，堪誦笄褘者。寡栖焉所憂，所憂憂行寡。向來饑死微，不謬熊魚舍。何處弔寒蕪，雲中舀一把。谷松傲晚青，疇能霜雪假。有鳥多夜啼，枯木林丘啞。欲語聽烏人，承家思弓冶。霜月共寒鐙，清光長未炧。此身不可虧，憂墜如憂瓦。

### 彭古愚子婦王氏守節

老我平生節義憐，堂中貞節誦長篇。堪誇吾里流風厚，端爲君家世澤延。寂寞寒燈如白日，崢嶸殘髮對青天。古翁口口談青史，不愧人間史氏編。

### 守節　彭子孟充之母茨溪劉氏

呱呱八月幾傷心，欲話逢人淚滿襟。五十堪聞今六十，那能丹穴有黃金。年來節著故江彭，也出茨溪忠義門。無子終教心未滿，君家有子又諸孫。

### 雙節爲謝子應龍賦，謝母，予媾家彭白溪君侯女兄也，予女今守於彭氏，因念之

白璧雙雙重，清光照可乘。眼前從落寞，身後有飛騰。餓死真堪小，男兒幾見能？憐予彭氏女，今亦守寒鐙。

鄉約有章善糾過之籍，是日舉周則文妻劉氏，書其守節。予喜之，非獨喜其出吾門也。則文學古人，實勤勵而不得壽，乃其室人得以貞節重於鄉之評也，死者有知，不慰也夫

白頭猶自誦《關雎》，家法王風首在《詩》。安得逢人皆誦古，幾行風教為鄉題。

### 族子時朴母陳氏貞節

廬陵風氣中洲古，傳來節義光先譜。雪操冰心八九人，二百年中歷歷數。丹青不得耀門閭，朴也含淒心獨苦。我言不必望官家，無墜家聲即報母。吾家先輩校書郎，曾為人間裁女史。山人筆禿不堪拈，殘編猶自山中補。

### 朱汝治居喪守禮，題《萱草圖》贈之

如今安得忘憂草，說着忘憂淚滿襟。莫到人間花落處，一枝淡墨也傷心。

### 王內虞為繼母居喪守禮

辛苦身為世教坊，草花零落見空堂。睢陵遺宅昔年過，曾濕征衣淚幾行。

### 刲股議

山中諸子議刲股事，或不與，或與。予嘆之也，曰：「甚矣！著書者之過也。」《本草》陳藏器云人肉治療。子於父母之疾者，因謂人肉可療，而於誰取之？此其心隱痛，誠足愍者，然過聽其書，或以傷生。是書雖無傳，可也。鄰人有為此者，旌其門，復其家。而昌黎韓子不與，亦以非人人可行之常道也，至謂不腰於市，謂黷於政，何其甚耶！予讀是說，有若傷予心者。是說也，不傳亦可。甚矣！著書者之過也，醫家、儒者鈞矣。

### 貴祥者，予家僮也，嘗為其母割股。自童子日予左右，不葷酒。其死也，葬之於其母傍，為之懷愴

千山暝雨寒松滴，扶杖高原視汝穴。為憐刲股昔年心，置之母傍令心愜。山前親欲一梧傾，十年前已除葷血。無端他日記陳踪，回首雲深忽袂濕。

### 南昌舉子獨孤氏夭，僕傷主母不守節，哭於獨孤氏之墳三日夜，自刎而死。予過南昌，聞之同志諸子云

諸老先年劍氣收，英風今得滿南州。書生豈有田橫槩，也得人從地下遊。

# 卷四

## 〔四言詩〕

### 度海圖　　爲張玄谷

有雲霙霙，有山青青。有天浩浩，有水瀛瀛。無雙飛翼，挾一函經。不騎赤鯉，可度東溟。目若望洋，望而未見。穆穆我文，先登于岸。至眇至淵，疇曰未玄。孤岑寒館，期竟斯言。

### 梅雀圖

綽約娟娟，梅花之仙。寒巖氷月，別館自憐。懷彼孤清，守我素玄。遠誰相訊，青鳥書傳。

### 海山四章　　爲胡公柏泉總憲

于海于山，作妖生霜。神物燭天，立消醜族。烈火鴻毛，迅雷蟲戶。遄底廓清，駿勞軍務。

方叔壯猷，百代殊絕。亦覘車戎，旋歸六月。國有旂常，野藏石室。予以誦之，不磨者績。

維幾有先，維國有勢。遠猷敷告，君子夙智。文儒之宗，兵甲宿備。豈不四夷，詹公懾懼。

公未來只，予室靡定。公既來只，倚公爲命。遠渠用殲，餘氛綏靖。我田我秋，朋呼酒慶。

### 本仁三章　　爲襄王殿下

明明我祖，單厚于宗。駢之福澤，以莫不崇。何以醻之，秉德于躬。亦惟自厚，延世無窮。

袞衣金芾，其重而身。華尊豐鼎，其侈而生。彼心或怍，德歉福盈。予答于天，廣有仁聲。

生生者衷，受于上帝。于以保之，競其獨畏。如執予圭，而虞或墜。式廓于觀，允矣忘勢。

### 與半雲

半雲作山閣完，諸弟子爲筍蔬之會，館中鄰翁曰：「予聞之荀子云：

西方有木焉，名曰射干，莖長四寸，生於高山之上，而臨百仞之淵。
木莖非能長也，然能所處如此，故貴乎其自立者哉！」

山閣有屋，閣静無塵。千峰之杪，一榻秋雯。鶴生朱頂，松長蒼鱗。僧
同不老，翁有東鄰。

## 〔五言絕句〕

### 萬壽道院

桂苑靈泉度，松楸皓月深。空山明紫炁，獨夜抱瑤琴。

### 湘洲采杞

隨意拈芳草，青青早可飱。朝來逢遠客，傳與惜朱顏。

### 過闕吟

宮漏夜沉沉，宮月光如晝。平生寡過心，誰謂莫予覯。

### 石屋二首

#### 竹坡

子有孤高節，高處宜棲子。客來吾且去，客去還相倚。

#### 梅崖

月照天犀冷，參橫疏影低。時人憎貌古，吾將鐵笛吹。

### 周肖川樓中

坐對群峰紫，閑觀芳樹青。尊中物不少，卻自主人惺。
昨夜樓中夢，還登十二樓。夢廻清不寐，華月上簾鉤。

### 簡平湖舅

老來何所夢，夜夢青山曲。曲舍樹連湖，盈盈湖水綠。
老來何所夢，夜夢老翁亭。亭邊一道士，摘橘橘猶青。
夜夢老翁畦，澆花仍採藥。有客抱琴來，爲予談別鶴。
夜夢元君厓，厓畔青松枝。松枝掛月明，照見舊題詩。

### 內翰張子以孚暑坐山齋四首

#### 汲泉

何以獻佳客，村沽不可覽。山下有寒泉，呼童深處汲。酌以風中瓢，似有凌風翼。

#### 破瓜

種得山中瓜，瓜田無十畝。杖兒戒把鋤，有瓜大如斗。碧碗絳池漿，未說大華藕。

#### 謝仙書

多謝瀛洲仙，貽我真仙訣。琅琅誦千周，函之青霞室。感君思報瓊，對床語《周易》。

#### 謝蘇箋

山中多木葉，聊取記幽悰。何意楮先生，來自勾吳東。所思人千里，遠訊可飛鴻。

## 〔五言律詩〕

### 九龍池

鳳輦親經制，龍池美奐輪。仙源從九帝，皇澤茂千春。殿覆巖花細，臺依岸柳新。乾乾齋沐地，應喜采芳蘋。

### 復古書院

城南會春衣，翩翩來遠客。林塘尚早春，滿目融春色。青郊歸暮遊，片月臨堦白。諸子更慇懃，手樹庭前柏。

### 與閩中丘子時讓

新閣開雲月，巖花照九秋。自憐生是寓，賴以道為謀。四海同襟在，千年真緒留。山規無用著，相與對清流。

### 豐田山莊　和兩洲翁大冢宰

花發春山暖，鶯啼清晝長。江村連樹色，潭壁占雲光。綠野開元宰，瀼泉喜漫郎。謬容隨杖舄，敢語共行藏。

## 黃竹山中

青山憐我僻，隨處榻堪移。月下吟黃竹，雲中歌紫芝。神仙閑與借，天地靜微窺。浮世孤蹤處，嵓雲松鶴知。

## 婺友余弘齋　別名純似

至日懽朋合，山深謝枉尋。我哀聊閉戶，君見自天心。江闊頻難棹，音希幾聽琴。梅花須折贈，還寄紫陽岑。

## 九亭題索雲鶴之圖

風翼足高舉，雲踪頗自由。聲長聞碧落，影隻見清秋。蜀客琴攜處，甶僊藥煉丘。昔年曾作伴，今只九霄遊。

## 病足

猒我頻遊走，天教老足跚。只今知臥味，不復歎行難。書卷時多廢，藥爐近亦閑。獨懷松下客，一語契如蘭。

## 文學楊槐亭受獎

山郡君殊績，風高士習移。向無知己望，但有古人期。對《易》槐清席。鉤玄月浸池。幾年猶可借，翻恨薦書馳。

## 送朱潛夫司訓

君德人皆咏，難忘幾載淹。眾囂時獨嘿，物峻道彌謙。舊業猶尋典，新書亦好潛。官箴隨處在，仍想似今廉。

## 簡劉平野

幾年闊見面，虛枉客中廬。消息君雖大，前知我自疎。箕峰雲曉白，絕頂月秋孤。安得重攜手，題詩又大書。

## 與胡隻厓

風雪隻厓至，歲寒慰我期。恂恂如舊日，默默得新知。只喜心如鑑，都忘鬢有絲。梅花同索處，帶月看橫枝。

## 謝陳侯寅齋枉復真書院

山深疎禮法，秋澹駐旌旆。極枉榮丘壑，聊攀覽翠微。坐澄涼月上，語

洽曙星稀。此夜圖書府，人占萬丈輝。

長憶扶溝宰，親裁句讀師。何期求砥礪，今得碩箴規。鹿洞漸名輩，龍門感誤知。所經他日勝，微獨野棠遺。

### 又謝枉復古書院

先民傳遠緒，拙士負師承。松院橋園水，芸房閣有燈。明懸秋漢月，清逼玉壺冰。已荷身為教，仍須法席凭。

### 原山還視予疾

十載仙舟泛，寒棲左顧三。輸君神炯炯，病我髮毿毿。孤嘆心良苦，空言道又南。老應躬是易，無在畫中參。

### 病枕傷訥谿周少司成

千載公評在，孤懷我道憂。靈均淵可赴，季子劍能酬。盧阜書空喜，黃山夢又秋。今誰堪作伴，攜手到蓬丘。

### 謝邵文宗禛藪枉顧

東璧文章主，西江法豸臺。遙瞻光斗嶽，何意枉蒿萊。衰落難重遘，高明切有懷。手持元氣柄，天地賴君裁。

### 懷朱遜泉先生

德厚沾屋愛，謙尊邇霽顏。因懷大老訓，卻負一生慙。歲月驅人易，乾坤知己難。清宵猶作夢，遙到萬花山。

### 曾立夫問格物致知同異

格致千年竅，神明啓我師。黃鍾田嶰谷，白日洗咸池。塵世迷難指，良工苦自知。惓惓郝國冑，切莫紊宗支。

### 元年元旦卜者為予得大壯卦因之試筆

大壯大者壯，正大天地情。非禮弗容履，玄聖無餘精。古象初惟一，一得萬緒生。因之獨深省，齋戒答神明。

### 清明先隴

三月鶯花齊，千秋歡愴異。老扶八十杖，虔奉松椒酹。舊樹倍芳菲，遙

峰仍紫翠。悠悠念欲從，不灑廻翔淚。

## 〔五言古體〕

### 文石篇

碣以文石稱，延望入青雯。文石不可斲，林中父老云。頃來工伐石，有隧聲磢磢。械發驚人絕，利鍬與長穜。幽玄中叵測，但聞金貝分。民蚩競野兔，屠販日千群。近山因剿掠，時月動官軍。嗟誰留此矍，見說朱溫墳。溫也干天紀，染指竊餘芬。有子如豚犬，身後計徒勤。豈須六百載，方悲狐兔窖。機智會未窮，倖存非所欣。操疑終盡發，魋椁勞斧斤。誤矣秦人俑，後轍仍紛紛。魚燈翻白日，銀海墮斜曛。冬青哭杜宇，錢塘事愴聞。聖人道貴嗇，豈獨防初獝。玄嘿真可師，千年拜漢文。漢家素長者，雲氣昔氤氳。寬仁流海宇，堂堂帝者勳。茲山載神氣，終古仰山君。在山為文石，出山作瑞雲。

### 青松篇　壽松屏表弟

眼見種青松，今喜高百尺。歲歲長龍鱗，青青子又結。冰霜無改顏，賦材元正直。他年生茯苓，玄兔蒼虬蟄。老我歲寒心，頗愛青松鬱。而亦愛赤松，為有長生訣。對酒拂松髯，豪吟雙耳熱。

### 九鷥圖

君子修其身，聰明知所先。溫恭宜可象，忠敬參吾前。蓄疑恥好詢，焉能識泮然？岔山不痛損，萁豆亦成煎。利海動人溺，直以義為權。九德原一思，時出沛淵泉。所以君子學，思與學須全。對君終日語，乃為仲尼宣。千古寔同心，無謂述陳編。有圖不盡意，有書不盡言。願言恒所思，思通日造玄。

### 和王聽齋丈書院獨坐

淘沙日已多，沙裏金何少。吾省自吾躬，坐寒東窗曉。宛然憶青陽，白髮今俱老。所急日光斜，尤應及時了。真境匪寂寥，此誤深自考。不有靜中心，疇能知要眇？閣上有篇章，餘音傳嫋嫋。山長舊非輕，未止庭中掃。

## 書永年永命扇

二孫持扇乞詩，因其兄弟習《尚書》，書以示之，使他日有知，知危微精一爲傳心之要，不村童子粗通章句已爾。

二儀幽且嘿，二典賴傳心。魯叟揚其鐸，人文蔚古今。壁中存琬琰，火後見南金。獨嗟腐儒口，九十徒呻砰。安得千年後，再聽五絃琴。鳴鳥何時至，無爲戢遥岑。會當生王佐，明明奉帝欽。大運覯循環，韶韶有嗣音。

## 王大參塘南寓金牛寺，書至山中，賦金牛泉奉答

青螺佳氣殷，靈寶金牛趾。區中此靈源，未遷大地始。銘之不可窮，啜之芳如醴。瀛瀛沁客心，骨毛亦鑒止。我亦聽滄浪，豈不聞自取。生有泉石綠，當爲泉上史。白日開翠玄，高對金鰲峙。往憶金牛山，今羨金牛水。

## 老樀篇

老人豫木無顧於禮之不豫者，中古之厚弗得，王孫之裸弗爲也，作《老樀篇》。

紫樀千仞岡，被在玄厓側。尚憶磨青天，直幹逾松柏。豈不爾多綠，而乃先違闊。竟爲骨肉親，俱枕雲霞窟。春酒且良友，共談逆旅客。有生但知生，未至無勞測。

## 大運篇

太宰王公再接存問，大行謝君肅將上命，予綴詩百有十句，曰《大運篇》。

大運邁靈長，萬年占寶曆。少主馭青陽，神聰當紫極。亶矣周王英，奇哉漢帝哲。不疑周公旦，豈容上官傑？寐寐眷忠勤，耆龜尊耆碩。往■山中人，深衷寄桐葉。情知痼煙霞，未始忘匡弼。蒲輪不可召，綠野安能即？人應歸大老，國豈愛殊錫。鳳綸下九霄，馹牡關河急。天望西江青，星指南狐赤。禮數朝廷盛，恩華鄉縣溢。黃髮理簪裾，緋玉聯赤鳥。稽首瞻大微，天顏肅咫尺。拜表思縣縣，向已馳丹闕。九十又二春，爭觀仍畫接。袞袞多朝簪，遠稽鄉園牒。寥寥二百秋，一指唯公屈。只今四海求，疇與公爲匹。元豐舊侶稀，老鶴南飛隻。寵增君子畏，滿戒兒孫抑。公生詎偶然，微獨槐宿植。山嶽降而申，晨星降而說。煌煌斗牛墟，神光光我吉。黃龍夢邦君，前幾真宰洩。風雲夙在田，雨我三農稷。謙謙居上善，鰓鰓懷遺直。孝肅門無

苴，伯起夜如日。宮錦賚華繡，羔羊守素絨。緩步星辰履，斟酌天喉舌。氷鑑天官書，雷霆司馬鉞。足止柱下言，高賢介于石。不因季主卜，浮雲在一決。自愛一歸身，兩叩蓬萊乞。青門侈供帳，白華吟滿帙。春風動故林，仍抱隆中膝。肖得丁家貌，時爲萊子泣。共愛棣華暉，芳洲蘅杜碧。未斸松根苓，不煮南山石。何物紫金經，自得朱顏訣。鳥邊丱奚童，翻見頭顱雪。蒼松傲寒颸，弱草先鶗鴂。漫言漢侍臣，瑤圃桃三竊。侈聞黃竹吟，空有白雲跡。周家先世隆，我百爾九十。帝壽越重華，重華百代越。道唯取諸身，身外他無術。思爲報主環，對書陳宥密。二后握乾坤，一言唯允執。誕漫不敢陳，老惛逾兢惕。司馬衣裳古，林間讀《周易》。喜觀泰拔茅，快覩漸鴻翼。陰夬王庭揚，悖解高墉射。翩翩屬後賢，蹇蹇躬臣節。恩波四朝深，知公千感激。

### 書永年扇

喜汝投明師，兼多良友聚。且承松麓翁，時將儀刑示。戒汝氣貌粗，戒汝語言易。戒汝貪梧酌，戒汝兒童戲。課業尚茫然，當如負芒刺。千里始登車，爲山纔一簣。春刻不換金，容將疎惰費。燈火代春光，恐只昏昏睡。講席固端莊，退亦當如是。硯友無相狎，當面相砥礪。爲人好子孫，能思前人繼。常恐此生虛，常恐家門墮。豈予得盡言，期汝自求志。毋若伯魯簡，求之簡已棄。

### 代簡平湖舅

八月月在湖，湖中魚網集。當追舊時歡，不管頭如雪。豐歲喜多魚，秋風聽魚笛。齒疎獨奈何，細取銀絲鯽。有酒不百觚，尚可堯夫襞。有詩不驚人，尚可夔州律。老子坐輕舟，颭颭泛蓮葉。不如騎赤鯉，瀛中觀紫闕。先期興已騫，老狂逾曩昔。書報湖南君，并寄湖東日。

### 書永靖扇

靖孫持白扇，言乞老翁寫。汝謹聽吾言，莫將爲戲耍。教汝多讀書，不多聞見寡。教汝當知禮，無禮人村野。存心要誠實，待人勿虛假。孝親與敬兄，此又第一者。耕者必教牛，騎者必教馬。人不教子孫，其家必衰也。學則是珪璋，不學不如瓦。一生惜光陰，勿將少年詫。試觀川上流，晝夜未曾舍。此是作聖功，養之自拱把。《詩》雖教小童，其義則《大雅》。

## 王翰母

十八而嫠居，七月兒呱呱。寂寞愴寒燈，辛勤泣病苦。昔年剪青髮，今朝見白顱。貧家無丹穴，安得耀門閭。自畢一生心，何求千載書？翰乎唯孝母，無用逢人吁。

## 廖仙巖　次平湖舅

四十年如昨，松聲月下聞。手扶八十杖，再謁廖元君。秋岑踈老木，蕭爽對青雯。共我湖上翁，脩然遺世棼。元君賦靈骨，丹鑪更策勳。儒家亦語脩，精脩愧未勤。嗟予懷此山，咫尺江之濆。手裁舊松楸，秋露又春雲。夙誕青山曲，白髮今紛紛。骨肉情如海，遲迴戀晚曛。

## 贈曠中岑赴南宮

大對金門客，紫扉信宿留。不將丘壑獻，渾以肺肝投。賈董言雖瞻，夔龍上所求。廬陵魁一斗，幾可重南州。

## 贈彭虡易

睡予拙自理，有病名吃逆。由我青華君，不守平和職。昨朝有老仙，投我水沉屑。今朝有老仙，投我青橘葉。種性俱芬芳，宜治山人癖。竟評二老翁，後來功第一。況不向人求，呼童小圃覓，多謝離騷翁，先予誦嘉橘。

## 贈曠心齋

淮海有心齋，求心心獨真。曾救真州荒，天下高其人。君亦憐荒歲，心同淮海春。早拜梅源師，口授只求仁。好仁不好學，有治無親民。好究《西銘》旨，且傳賢嗣君。

## 古槐吟

仙經讚老槐，上與星辰應。有實碧纍纍，飡之延壽命。君槐樹滄江，鬱鬱松如盛。願君粒如丹，壽與松喬並。昏昏嗟世間，仙藥人希信。豈獨汩性靈，有生誰肯慎？古說朱陳村，今煩君表正。更勿秘仙傳，千歲溪槐蔭。

〔六言詩〕

## 青原

江杜遙連遠近，野梅半落青黃。幾日軸轤聲斷，青山不管流光。

白鳥不驚遊客，清江共坐歸樵。最是無情有意，橋西竹影相招。

## 過濟寧

河水悠悠東逝，風烟處處柴扃。一種世情難斷，青青回首榛苓。

# 卷五

〔七言絕句〕

### 過象山祠下
扁舟無語對潺湲，悵望青崖不可攀。今古悠悠誰道眼，令人長憶趙東山。

### 静谷第一關
縣在雲山水竹心，更從流水入雲深。風塵誰識關門戶，明月丹霞自抱琴。

### 翠微館
等閑朱墨郡中稀，勾管風花入翠微。幾度月高琴未了，一江清對謝玄暉。

### 元旦
縹緲崇岡見曉暾，堯天舜土望中原。豈須食祿乘軒去，寸地烟霞是主恩。

### 禪別朱山墓下
孤猿吟斷水聲來，籬落烟生首怕廻。獨有芙蓉江上伴，一支涼露未曾開。
蕭蕭衰草白花迷，囬首秋風又點衣。何處是家何處旅，于今縱跡片雲飛。
東流已度垂陽去，依舊寒聲在耳邊。天地何年滄海塞，愁人心緒落風前。
蠻雲暗柳月未遲，花落啼鳥謾遶指。聽罷黃昏秋樹老，千年結縷自家知。

### 丙午仲夏以御史督獄西城漏下三鼓奉恤刑旨
睿旨傳來總好生，中宵無寐傍嚴城。懸依貫索占天象，猶恐幽拘累聖明。
   時楊斛山、劉晴川、周訥谿尚在詔獄。

### 漂母祠
功高四海壯橫戈，一飯還酬石尙磨。鳥盡良弓皆報主，淮陰元不負恩多。

### 盜跖里
睢陽西去大堤平，堤柳猶存盜跖名。一種春風郊野地，芝蘭荊棘每同生。

### 懷石蓮　簡羅念菴年長
青霞壁絕多題字，應長碧蘿歲歲新。那在人家可憐並，遥遥清夢倚嶙峋。

迢迢清夕望中懸，遠有星華麗上天。知有桐皋知雪浪，是誰鼓瑟倚青蓮。
亦學深山有敝廬，蕭蕭空自愧頭顱。無端應我低頭拜，獨愛人懸拜石圖。
古今先覺指人迷，何處蓮花更有溪。無過老翁無欲教，喜看閣上手親題。
庭中芳樹鳥關關，屋上山青雲在山，靜裏先生忘喜靜，天教閉戶不纓冠。
石堂還掃石爲床，一睡人間未有雙。病也感公傳睡法，睡紅程子日東窓。

### 復真書院　東廓翁有「南望復真多瑞氣」句

門對千峰作舍堪，圖書高庋古今函。閣中客到供魚鳥，川泳雲飛檻倚南。
密雨行春澗草深，柔風送暖江花放。一水迢迢日夜東，從君極目滄溟望。
春山晝靜鶯啼竹，人閉竹房《周易》讀。自昔高談孔子韋，何應輸却顏
生復。

殘髮搔搔可未真，竟從何處覓真人。空中幽暗憑誰燭，但把靈臺付鬼神。
古來精舍亦雲蘿，傳多青山勝不磨。一曲河流山萬疊，海陵人道得山多。
圖書東壁天人契，耆告龜陳皆砥礪。石室文章琬琰傳，無虛太史稱靈瑞。
山高曲阜思壇樹，清洛澄河仍寤寐。十二萬年今欲半，幾回川嶽徵完氣。

### 黃子用、高思學、王義卿、朱康夫諸子勤勞義倉，書留湖上

楓葉蕭疎湖水涯，寒村霜月照梅花。諸君豈爲身家計？歲晚辛勤不在家。
無端疎懶愧吾曹，實學須從實事操。欲覓一尊如聖酒，湖邊對月酌賢勞。
自古堯湯亦水旱，可無桑土作先謀。囑君牢作他年計，吾社年年望有秋。
張子井田無畫處，晦菴社穀可爲之。吾鄉但願多賢者，自見人饑若我饑。

### 答吳麟峰　兼謝繼峰、汶峰、雲峰共助金買田復真書院

流水高山結構緣，吾鄉精舍儘堪傳。君家兄弟篤同好，同畫山田試井田。
小車花外莫辭難，風日佳須數往還。此會堂中多白髮，老年人共惜心丹。

### 癸丑秋八月社日飲棗林

社酒今年樂歲康，山人對酒話偏長。清平世界同君享，切莫相牽鬼魅場。
堂中共說里中仁，挽得人家盡返淳。他日應傳秋社飲，吾鄉和氣藹如春。

### 李忠文公畫竹換穀

留得金瓜不死身，歸來誰似老身貧。數竿夜雨湘川竹，還似湘川放逐人。
學士歸來寫竹時，傳來換穀事堪疑。全將金谷人間換，難換清風幾瘦枝。

珍重吳中夏太常，姓名那似古廉香。鳳毛麟角人藏得，山館溪堂夜有光。

## 誦東廓翁輓晉壇愴然有懷

我狂何敢倚門歌，大老篇篇祇細哦。黃洞春深無舊伴，不禁題鳥落紅多。
老足青山未廢登，連山猶可問殘僧。如今誰作連山主，那得詩懷似少陵。

## 馬侍御問菴題畫

西塞山前黃韋折，駥弓誰挂天邊月。冥思三窟不相容，直欲凌霄橫秋翼。

## 社飲吟　寓朱山墓下

簾幌深沉舊燕寒，閣門斜日曉風酸。老臣記得春風語，社飯年年淚忍乾。

## 吳汶峰訪雲館

萬壑千崖處士居，汶峰今不小吾廬。道人了盡人間債，好在雲霄臥太虛。

## 寄陳磐石

菊殘猶看早秋衣，孤對寒山日翠微。十載朱陵松逕雪，壞人千里雁來稀。
紫芝歌聽又漁歌，溪雲磐月棹晚過。長憶孤舟烟水伴，瀟湘花發帶春多。
年來山閣自堪凭，客到諸峰也幾層。石館相攜如可再，老筇還可似遊僧。
家學江門書幾函，青山不獨枕圖南。如今只對攸江水，莫用黃雲紫水參。

## 聞都諫周訥谿避地陽羨山中

遙夜山傍椒斗墟，春星芒動入東吳。不知兩洞雲深處，還有神仙作伴無？

## 雪蓬毀縉紳之籍，以御史姓名二紙裹筆見惠山高士，示其輕藐縉紳之意乎？山林使人傲固如此矣，戲一絕云

豸冠姓名著皇州，簪筆當年侍冕旒。此日青山麋鹿伴，猶懷白筆補《春秋》。

## 贈貞菴王內正

作舍難如鳥作窠，綢繆風雨賴君多。于今括据何曾了，猶對青山詩共哦。

## 題魚　為蕭子君化

春浪三江撼太虛，乾坤真有化龍魚。金丹還我神仙骨，猶對譚生覽化書。

### 萬古愚公九十

九十康強六十如，古稱愚者豈真愚。雙瞳炯炯千鍾醉，只拂長髯不用扶。

### 古愚公懷舊襄徊先隴陽感而涕因記之

一泓流水萬山青，共說桃林地有靈。九十翁垂松柏淚，還將恩德誦平生。

### 書九十翁梁石谿便面

一得良方齒病消，石膏功勝霍驃姚。區區欲療人間病，愧我呶呶口舌焦。

### 贈半岡王蒼甫

半岡功似緣僧苦，三載經營尚未休。還對青山盟後日，白頭端的此中修。

### 簡劉省齋

舊林殘葉帶棲鴉，一畝儒宮處士家。歲宴不來知己客，開窗讀《易》對梅花。

山人少結俗人緣，詩思臞臞聳獨肩。惟有林間一病鶴，與君俱瘦故相憐。

### 龜山

石作肝腸食不烟，千秋一息靜通玄。《易》中寫作靈龜象，隻鶴山人玩古編。

### 九石

遙遙何處是蓬丘？翠壁丹崖碧水秋。時見青霄出羽蓋，谷中白日九仙遊。

### 雪峽

雪濤飛點遊人冠，趙壑如雷客自閑。片石枕頭眠不起，任他人謗是陳搏。

### 紫巖

西巖未掃東巖淨，古木春深挂紫蘿。清晝茶烟浮石鼎，陰連道士桂松多。

### 答張玄谷

瘦藜繞到古梅邊，歎息靈龜食不烟。何日成仙皆恐誕，如今須信是神仙。

## 婺友語弘齋訪雲館

洞梅幾點月橫斜，歲晚寒山未斷花。誰料齊雲峰頂客，我峰亦到臥雲霞。

## 砂盃贈舅翁

丹砂作盃道人家，酣對青山漫自誇。持贈老翁春酒熟，欸峰亭泛紫金霞。

## 寄軍山派

　　族人居朱村者曰國軒在宋敘爲兄弟輩，爲予言常德之龍陽有軍山劉蕃二三千人，洪武二十四年自予荊山分而居者，稽之與予共十一世祖，而平生不相聞，爲之悵嘆。軒又將行，詫致予意，因書一絕云。

軍山見說派緜緜，二百年來世有賢。汝到軍山如問詢，祖塋松柏翠參天。

## 尹郡伯湖山生日

黃花香勝洛中丹，海結山盟老共閒。高閣踈櫺開九月，一尊春酒對南山。
風來圃上帶花香，池上鉤簾納細涼。千朵芙蓉秋水畔，水仙半采曙霞光。
謬喜心同庚又同，結茅思傍草堂松。松根同取千年兔，老子雙雙健若龍。

## 答周原山別駕

病解紫桑舊日腰，又愁酒病未曾消。夜來諸病魔皆掃，獨抱虛皇五炁朝。

## 喜訥溪出山

幾年畫井只黃山，山出山靈也笑顏。帶去山中雲兩袖，滿將甘雨布人寰。

## 謝惠白鯿

山鑪今夜不烹茶，白日鯿來酒興賒。自笑老饞饞未已，有家嘆不近漁家。
每懷雪浪俯桐皋，日日江頭喚釣航。湖上老翁遙念我，縮鯿分得到茅堂。
蝦菜忘歸范蠡舟，野人分薄只林丘。年年得作湖翁伴，膾鯉烹鯿不用鈎。

## 訊易菴獨坐雲館

三月山頭紫蕨新，一編古《易》洞中春。詩中聊書堯夫影，誰伴人間自在身？

### 留欸峰亭

欸峰亭掃不生塵，秋月秋風足快人。樹色濃於春二月，此亭偏得四時春。
山色湖光入翠微，爲誰亭子占芳菲。仙家欸我難得消，貪戀清秋不肯歸。
茅龍大寫右軍亭，四面窗開面面青。青眼當於何處放，千瓢百榼亦惺惺。

### 答彭雙峰

幾度齋居自閉局，前峰雙入白雲青。人生難得相投處，何日蘭言席上聽。

### 八駿圖

騎鶴仙人度石橋，亦乘赤鯉上青霄。君王欲作長生計，八駿如龍萬里遥。
烟白莎青海上歸，曾同仗馬日邊斯。九方皋識驪黄外，那向秋風問瘦肥。
鳳臆龍媒力未殘，玉池瑤草訝歸閑。當時若遣沙場去，定取西戎繫頸還。

### 病中　　以「天地陰晴病骨知」句

千古如棋局局傳，曾將雙眼倦遺編。閑中識得興亡柄，全屬吾人不屬天。
古先神后厚生民，慇懃五教勤五藝。可奈人間岩子多，荒蕪多少中原地。
天津昔日杜鵑心，愁聽先生静裡吟。瑞日和風程御史，但言天際是輕陰。
一年幾度見春晴，花竹欣欣各自營。十二萬年剛到午，瞻雲望日快平生。
難報聖主憫微生，乞與青山從野性。感我新知與舊朋，不憐身病憐心病。
短藜閑伴青山榻，何物可將扶瘦骨。日取清泉溉石蒲，一莖九穗黄金色。
殘髮系系病轉欸，藥鑪宿火未教離。備嘗燥熱温涼味，嬴得神農味頗知。

### 仙姑圖

草衣木石神仙侶，野鶴孤雲霄漢蹤。我亦守身如處子，長看秋月照芙蓉。

### 康兩岡

西盼一岡東又岡，宛然二子老翁傍。相期學我程家學，莫羨蘇家兄弟行。

### 趙清獻圖

只帶孤琴携獨鶴，寸心千古有餘芳。平生只願如清獻，不用焚香告紫皇。

### 飲松麓堂　　次原山

三五山人一畝宮，輸君高閣倚晴空。醉翁自返滁陽駕，久似雲霄不繫鴻。

欲造儒家數仞宮，清秋碧落鏡如空。專心正鵠追尼父，切莫援弓又射鴻。

## 蓬島　為湖山題

島石瓏瓏第一宮，白頭腔子萬緣空。人間豈有蓬山島，我即神仙島即蓬。

## 九月之望飲湖山臺中，小桃放兩三花

握筆高題處最高，年年被酒縱詩豪。醉來催我黃金菊，何事當秋讓碧桃。
只對桃花醉莫休，花枝莫插老人頭。慙予不及家兄處，一味春風到九秋。

## 吊劉竹岡

修竹凋傷詎忍聞，師門未忝臥懷君。山前兩淚何時灑，百炷香先一篆焚。
家運全須道運扶，陸家兄弟幾家如。兩峰應抱孤竹慟，歲晚齋寒木葉踈。

## 四仙圖

薛洞芝巖歲月長，一鉼春色瀉瑤芳。山中木葉堪題寄，傳與人間不死方。
一雙赤脚遍人間，塵世紛紛咲老頑。覓我法身何處在，青霞之杪紫雲端。
三千年又碧桃新，天上摘來海上春。乞與朱顏消白髮，人間誰是有緣人？
家在蓬山第幾岑，青松深又紫蘿深。人看袖却風雲手，我識傳來混沌心。

## 東園三詠　為督府鷺洲

　　往造東園，同劉郡丞師泉、王郡伯方南年丈登高臺，話竟日。踰
十年，宛陵周訥谿都諫同坐長松之下。又十年，獲同王吾厓大中丞、
方衡別駕歲寒之歡，而園林勝於曩昔，恍然人寰一無塵界也。

### 東園
九里山長半有扃，萬株松閱歲寒青。東園公惠難瑝報，許我衰殘覓茯苓。

### 衡門步趣
城市清陰輸澗阿，侯門童子管雲蘿。如今誰共陶元亮，日陟林園得趣多。

### 荊扉深處
人家着紫着金緋，處處高門大字題。解盡宿醒雙眼靜，標題却獨羨荊扉。

## 答少司成周訥谿

何曾修業自修辭，三復瑤械重白圭。鐵漢從來無謾語，一誠肝膈九天知。
　有論巧言令色唐虞所畏云云。

吾鄉正氣宋文丞，日詠文山氣日增。晚後漫流爲客氣，知君笑我笑廬陵。
　　有論客氣云云。

## 王都運肖齋別館

舊業浮觀一點雲，舊山塵絕對秋雯。青函錦軸多文字，碧砌朱闌草種芸。
洪鈞一竅自聰明，千古慇懃語殘形。我肖乾坤誰肖我，有人西館讀《西銘》。

## 聖胙

舊杏花紅又薦春，文壇嘉饌及山人。山鐺歲領芬芳味，愧我何曾味道真。

## 訪吳令尹雲莊

高眠何處想公深，公欲避人窈費尋。一逕綠楊秋水碧，幾家城郭也山林。
主翁盡日閉重關，先得階前芳樹看。見容不爲時俗禮，蕭蕭短褐似無官。
浮名真亦被人瞞，早歲相娛筆硯間。頭白與公須作伴，青霞之杪紫雲端。

## 清修竹院　爲鄧自齋

長安何事歸來早，郭外田肥好種瓜。前聖後人皆可學，兒童莫唱過城沙。
眼中多少清修侶，古蹟千秋未草萊。每過蘇徐亭子去，裴徊湖水憶澹臺。

## 謁石屋先師山館

雲中依舊拜高臺，夜晝何曾有去來。二月春風入洞口，翠崔嵬處碧桃開。

## 慰劉子唐逸

一粥聊將活此生，驚看憔悴日傷神。年踰五十無當毀，囑咐當年讀禮人。
　　唐逸執喪過毀諷之以禮制云云。

## 寄後湖張中舍

病裡春深未見化，柴門何幸枉星槎。獨憐野外家風陋，只有山鑪一味茶。
遙望青山峙紫烟，水雲深處憶鷥仙。鳳凰池上山人羨，更羨皇霄滾滾泉。

## 爲伍州守九亭賦磐石

我狂不獨拜崔嵬，是釣臺疑非釣臺。料得主翁時獨坐，玄思都在水雲隈。
水生花落誰張主，石癖泉盲是漫言。鴻在水涯今衎衎，何曾素飽詠懸狟。

好懷那得客相携，晚得林塘勝故溪。唯有數枝竹作伴，還堪三五醉留題。

## 講學明倫堂

古人歲月不虛過，白鹿登堂共切磨。愧我不如陸子靜，一談義利感人多。
壇杏花紅七十子，不須長嘆不同時。仲尼日月中天麗，稽首宮墻即見師。
前輩慇懃歲月深，吾鄉不是乍論心。顯然喜見臨師保，幽獨當如師保臨。
猩猩空得如人語，果羸螟蛉笑若何。言教應觀身教者，從來功績較誰多？

## 答周有之　訥谿令弟

囬首都門十二春，與君蕭寺各傷神。圓扉當日如天上，共憶卜居作賦人。
陸家兄弟程家樣，蘇家風味又如何？知君高第無難取，莫讓人間第一科。
溪丈無心出虎溪，今應騎馬聽朝鷄。囑君且爲風和月，權署都峰判水西。
乞得三峰感睡恩，老衰無力報乾坤。瑤函過借懇虛忝，何地相携得細論。

## 別鄧潛谷　有懷羅憲副近溪

十年空作雲霞夢，千里重過骨肉憐。爲我揮戈囬薄日，晴天白首一昂然。
山中宰割又刪詩，家法河汾魯吏爲，莫嘆貞風千載邈，有風自我共誰知。
一囊璀璨文章府，到處遙占斗氣紅，人在西方君莫憶，如今鳳鳥可嘽嘽。
秋深伴月欲無眠，惆悵寒岑後日緣。此別遙遙瞻獨往，應酬舊許泰山巔。

## 張道甫、傅公善、夏和卿、李秀卿、姚國昌、羅章甫、曾道隆、彭載文諸子招會東山

春服今朝共灑然，雩風和在莫春先。廛中亦有閑人住，垂手廛中不挂廛。
此話東山不記年，何曾人笑是空言。魯中先日無君子，安得多如宓子賢？
何事胸中戰又輸，紛華仁義兩成癯。能將世味都消盡，纔不人間愧丈夫。
新住東門補舊廬，小畦亦理種瓜鋤。一鋤翻得東風轉，願我瓜如五石匏。

## 哭大行皇帝　和王兩洲歐約菴二家宰公

寸念無須六典稽，三生覆載與天齊。身孤久矣無純采，菅■竹枝色又凄。
林間得近尚書履，一話前朝一愴神。石室他年傳竹史，史臣安得有耆臣？
庭中幽草亦幽思，每日清齋折露葵。此夕孤燈渾不寐，僊蹤那得夢瑤池。
九龍池藻薦靈封，嗬命昔年饗報從。今憶玄宮形勝地，紫雲深履萬年松。
殷邦中靜後來稽，獨攬乾綱百度齊。萬里愁雲龍馭遠，湖天杳杳蟻懷凄。

容得林間樗散身，乾坤莫報自傷神。文經武緯何曾述，空說當年柱下臣。
自容指佞庭中草，何處公儀不拔葵。雲近蓬萊剛五色，誰教風雨到昆池？
盛世心期比屋封，涓塵未補負雲從。湘江有竹空沾淚，臣泌無緣獻壽松。

## 曹蒙泉擢建德文學

兩岸青山七里雄。此行應拜釣臺翁。雖將經世為師範，要獎羊裘一線風。

## 彭雪蓬、朱易菴喜我小丘與三峰對

舊愛王峰不石群，新居仍對舊峰雲。天恩亦似君恩厚，總把三峰乞與君。

宋皇帝與陳華山詩，「如今若肯從徵召，總把三峰乞與君」云云。

## 劉兩峰翁屢日丘中見惠籐杖

秋風未耳鬢颼颼，枉占雲山作睡侯。憨愧石翁風骨健，一筇挑到古泥丘。

## 獨坐丘中

春深未酌背巖花，小摘深山第一茶。幾日林丘閑料理，離宮別館道人家。

## 豫築閱

山人小小製眠窩，門外諸峰仍自莪。一似洞門無鎖鑰，霞光月色護松蘿。

## 門題「雲山石室」四字

白石青松望不迷，遙扉應指道人棲。蘭臺石室多憨負，貶作雲山石室題。

## 賀周石泉封君

朱鷺煌煌拜紫宸，曙華雲彩賁絲綸。老泉泉石輕軒冕，翻憶羊裘自在身。
萬里趨庭松壽梧，九天遙謝鳳函開。金閨玉署傍人羨，君實何曾換秀才？
萬兩黃金不賣閑，老天官是老僊官。自懸清節光斗牛，也與人間作樣看。

## 衡山許子參前倚衡冊

忽若在前若在輿，斯言未許悖斯須。聖門鞭辟無多語，心領何勞帶上書。

## 與曾子道隆

湖山老丈館道隆於松麓，為《尚書》師。《尚書》傳心之典也，《大
學》傳《尚書》者也，予以遠業期道隆云。

箱牛生汗簡生魚，古訓無如孔壁書。字字傳心堯舜典，不將箋註小師儒。
學從格致迷宗旨，宗嫡無傳庶孽傳。誰是當年鄗國後，須知白日取虞淵。

### 訥谿卦至　適南嶽僧如清至，感懷墮淚

昔年西華訪武夷，萬里孤蹤汝獨隨。今日黃山音信斷，難將青鳥寄吾思。
寄語南臺諸舊識，名賢千載幾人過？黃門留得穹碑在，莫道蒼苔字畫訛。

### 和卿秀、卿公善、王弘夫、朱康夫、劉仲允、尹覺夫諸子枉我茅齋，且與兩峰翁對榻九峰山樓

蘭情松韻枉衰翁，三五峰憐又九峰。一味窮山聊欵客，清秋孤月照疎桐。
山家種樹有場翁，家在深林紫翠峰。傳得橐駝春在手，肯甘樲棘不梧桐。

### 閱和卿新句喜而漫書

小圃看花句句新，未須百鍊亦驚人。大崖自有全丘壑，不濯江門始絕塵。
萬紫千紅又年芳，老滿揮毫也幾行。春到鳥啼花自放，何曾大塊不文章？

### 公善別之春官

憐我衰殘到竹扉，對君有語不玄微。數千里外相懷念，曾許平生願莫違。
不把離情為子吟，好將江漢濯凡襟。只懷舊日耕莘老，曾■春陵一片心。

### 劉如箕招會斗南洞館

鶯到園林深處啼，棠棣花欲洞前飛。與君須作留春計，春在人間莫放歸。
乾坤時一露精華，紫氷黃雲未漫誇。八字高題南斗下，如今清夢望誰家？

### 黃一明七十

佳客清歡處士家，墻頭莫用濁醪賒。雲卿樣子君須記，湖上松風只點茶。
座中那可無無可，每憶侯君我媿多。鯁鯁似魚長不老，古來遺直肯消磨。
詩家多在連山社，誰似逸民逸抱真。老子欲言長自詠，囊中可許不沾塵。
清宵又夢長髯翁，四百峰遙憶舊蹤。黃老仙人臺咫尺，杖藜何日訪青松？

### 校王玉峰稿

篇篇心話可言刪，不用留情著述間。春到鶯啼花自放，各留真影在區寰。

### 束周三泉天官

竹間掃石結紅塵，松下呼兒拾紫菌。池面青荷堪折簡，慇懃欲迓愛蓮人。

金牛今似眼中無，龍馬圖真兔也圖。一榻松風千古《易》，人間何處不清都？　時三泉玩《易》清都道院。

不羨塩梅早絮羹，山芝能共道人鐺。子開豈少周公夢，猶自春風點也情。

### 原山過我第五度矣，兼得歐少參三溪

九節筇扶翁又來，竹樓病起力如孩。山家淡泊歡留客，爲有黃花欲盛開。

白頭相對謝乾坤，挑盡秋燈細細論。只爲蘭心香不斷，扁舟五度出花源。

### 朱子任卿以《詩三百》一言之義訓二小孩，予喜之

棠棣初黃臨檻水，紫荊開又傍柴門。舞雩童子那堪教，也得先生鼓瑟聞。

詩篇刪後語猶繁，三百篇誰悟一言。庭教未能懇老子，勞君爲我訓雛孫。

### 答高鶩峰送菊

年年秋老倩君扶，又入山亭伴我孤。且汲清泉相慰勞，黃枝半吐白全舒。

洞口之桃葉正飛，去年子去今還歸。千山萬山不憔悴，客到山中香滿衣。

### 喜高松泉種松

洞口青憐一逕松，他時千尺撫蒼龍。雲間僊吏書僊簡，分付高題種樹功。

# 卷六

## 〔七言絕句〕

### 元日有懷劉郡丞師泉　度歲復真書院

真境何人伴老僊，講堂寒席未虛氊。椒盤不共人間鬧，只誦商盤換舊年。
老樹光騰豈未真，白龍曾見鐵橋身。如今又作長髯老，囊得羅浮欲度人。
瓣香隨處表吾心，遺貌堂中儼若臨。十二洞天千里長，碧霞池畔紫雲深。

### 答曾紫崖令尹

夢裡仙尨幾費尋，雲中秋雁過寒岑。昔年蘭好何曾負，歲晚松盟又自今。
嗣君早出樊籠去，千仞欲飛覽四方。多病也開籬畔甕，孤琴為解月中囊。
雲裡高人食不烟，松間孤榻聽鳴蟬。華山儘我芝田種，彭澤何須種秫田。
萬壑千崖鳥迳迷，平生孤癖喜攀躋。紫玄洞有僊人住，老足還思一杖藜。

### 兩峰翁八十

七十丰神海鶴姿，丹青却盡石蓮詩。十年堦進門墻峻，描畫須無一髮遺。
曩念菴作詩壽翁七十，今不能追步，為翁八十壽，才固不逮，亦如病何？

### 贈甘子應溥

甘子之捷，消息甚大，百鳥鳴金鷄山里，聞先傳、振公孫之祥也，
為蓮坪大老賀為若虛、賀致勉郎君。
谷鳥聲高至自喬，金鷄欲報鳳鳴朝。莫孤史外傳心典，當為虞廷叶九韶。
何當英俊致慇懃，好爵同縻我望君。鳴鶴在陰嘉有子，一聲高和九天聞。

### 贈劉子國基赴春官

盛事欲觀老眼懸，鄉書深快捷多賢。對揚須有匡時策，莫讓羅家兩殿元。
磊磊文章關氣運，堂堂事業陋輕肥。衰殘能幾懂相對，許我平生願莫違。

### 三弟憐予瘦損對客潸然，因書之

愁見少陵太瘦生，潸然對客倍含情。囑調燒藥爐中火，還對山鐺囑善羹。
青牛紫炁話遙遙，秋至葉黃不我饒。病裏自知聊自幸，尚留志氣未曾消。
經年簟枕鬢雙殘，覽鏡休嗟老醜顏。欲對碧梧和翠竹，狂開酒禁松春寒。

## 簡周三泉擢憲僉報至

思君君輒杖柴扉，何幸衰殘願不違。憶昨茅堂燈下語，清明在手識先幾。
除目從來損道心，幾宵月下未彈琴。他時君執鈞衡日，囑付休休嗣好音。
南北東西任所之，一肩風月到天涯。長吟抱膝山翁静，蛇鳥風雲也静時。
老眼猶能書卷親，伯淳讀史也傷神。廟堂人物關休運，如渠如茅總在身。

## 雪蓬饋鯉而索詩，限以湖山雷字韻

雙魚入膾可千杯，尺素情多讀幾回。春晚小畦蔬寂寞，老人虛腹響如雷。
雨中捕鯉辦春杯，我欲披簑也不回。自古漁家名亦著，灘傳七里澤傳雷。
溪翁貪鯉更貪杯，戒汝逢鈞去莫回。七澤三江烟水闊，好崢頭角駕風雷。

## 書永翊扇

　　翊孫持扇乞詩，因其兄弟習《春秋》，書此教之，童子豈知吾輩深
意，望其他日思予之言，不跟隨俗話，日安福《春秋》得傳也。
《春秋》史外傳心典，喜汝琅琅夜讀聲。他年不知吾所教，祗將糟粕釣
虛名。
素王褒貶古今閑，春日秋霜一字間。左氏浮誇詳紀載，壞人心術導人奸。

## 劉子調甫策忤元輔被落歸而講學里中，信從日眾，詩以代簡

三策觸時四海聞，少年風節也劉蕡。劉家更說元城鯁，鐵漢他日尚待君。
石渠金馬且遲君，谷鳥相求政樂群。見說里門移故習，法堂開處勝如雲。

## 贈劉南所邑博

何時移棹泛清流，長嘆風高落木秋。子静船中千古意，與君話處十分投。

## 畫魚

千秋野史等閑書，一事令人恨有餘。莫遣史魚知檜語，鰲魚原不是鯖魚。

## 韶郡伯李同野示予《紀夢》一篇，夢與陽明先生講學，先生以「明德親民」扁其郡前之坊云云，予異其夢，寫以四絕

清宵白日總惺然，覿面何如夢裡緣。不費一言為註脚，嘿將千古印相傳。
取得虞淵日再光，乾坤闔闢自龍場。金聲蘭氣相逢地，猶是西周夢未忘。
只將家作韶州樣，天地為家詎有涯。明不離親明始盡，二家未許亂吾家。

微言能中鄭生然，嶺海休風莫廢傳。八字久虛南斗夢，如今四字合高懸。

### 曠東泉教授翁日柱遊仙會中

秋山落木欲生涼，大老春風避草堂。多語不須傳後輩，儀刑今說鄭公鄉。
珍重三綱五典身，歸來松菊倍精神。膠西大傳平生學，不是藜園作賦人。
九十不須鳩杖扶，昂昂鶴步包玄都。天台向日虹橋度，傳得僊人五氣爐。
平生怕讀陳情表，一對殘編一涕零。何日秋江還短棹，故城戀戀下秋汀。

### 劉念釜日濯亭

過我柴扉競晚陰，題君亭子動孤吟。仲尼未隱傳心訣，藏往知來但洗心。

### 偶書

無名公有道裝吟，我亦申如道者巾。脫却人間官樣子，不妨疎野對嘉賓。
芰製荷衣似大奇，反於裁剪費心機。年來雪鬢霜髯白，老子只宜着白衣。
赤舄公曾几几聞，只今雲舄見紛紛。青鞋線襪看山去，也有飄飄足下雲。

### 元夕

山館年年不買燈，病軀不必酒微醺。地爐親理茶餅火，笑領諸孫芋栗分。

### 夏和卿、李秀卿、王弘夫、聞甫、伯啟、歐成卿、胡必醇諸子夜坐小圃

學海從來無畔岸，心官元自位乾坤。何應不喜程門坐，擾擾場中孰與論？
翩翩何事過林扉，不向人間不解圍。華落歸根秋色靜，碧蓮池畔月生輝。
人間豈少奇男子，偶不相逢針芥投。拚得一生唯學道，鵬搏鷗運更何求？
名節藩籬大老言，求名心在却天淵。千年汗簡何勞問，一寸虛靈答上玄。

### 諸孫慣肉味，患之，予每清齋，令一家如老子，使知遠庖之意

不誦《金剛》似彥明，清齋自愜老人情。時將童子溪邊去，洗過江門蜆子鐺。

紫芥青松味味甘，蔬經欲著兩三函。年來雙着雲卿屨，不住東湖謝紫巖。

### 傅子公善將之零陵，同宿蒙岡書屋

新硎欲發試南州，不爲身謀爲道謀。作縣從來那有譜，一宵心話十分投。

如今不作班舟想，且渡黃鸝澗草春。他日風波逢老手，大川舟楫傅巖人。
何物當秋贈遠程，只將秋月伴君行。零陵咫尺舂陵月，一竅高懸萬象明。
經年簞枕掩柴扃，纔得扶藜步晚汀。幾度長安空作夢，喜同江館夜燈青。

## 予以姚氏孝友貞節聞於李侯，侯遂嘉獎，大書「萃美之門」

官家大扁賁桃溪，喜見移風易俗爲。老興不禁豪對客，君陳高誦又《關
雎》。

### 簡萃所鄒進士

雙眼無將隘九垓，幾家人結聖胚胎。子開已可乘軒去，猶共春風鼓瑟懷。
俎豆春芹二月香，文莊宮邇杏宮墻。後賢豈獨能芳薦，一卷《中庸》抱
未忘。

東山講席近如何，病枕離思感嘆多。道在我鄉天欲厚，迢迢故遣使槎過。

### 寄湯定峰掌教

小逤桃花也洞天，何如梅洞有神仙。洞邊欲覓仙人伴，敲火雲中煮石泉。
林臥詩篇擅定山，浦雲江月重人間。定峰林下詩多少，那得傳來洞裏看。

### 朱子中甫別之春官　　同伍効之、劉靜之、孔懷、調甫、甘應溥諸子

且對青山縶白駒，不妨臨去又攤書。朱輪華轂紛紛地，莫遣緇塵染素裾。
宦途險阻舊曾嘗，今羨神工鑿呂梁。子靜船中秋月伴，懷君葭水正蒼蒼。
碧桃紅杏麗皇州，松友蘭朋幾分投。書札異時先報我，莫先除目到林丘。

### 朱山墓下

春殘江水去堂堂，花發朱山舊夢香。茅屋雞聲寒隴畔，至今那得坐更衣。
橋畔新流出兩湖，殘林依舊有啼鳥。年年剪紙悲寒食，淚到泉臺酒到無。
靈椒有實見垂垂，芳醑多遺薦母慈。四十五廻春草綠，那堪兒鬢白如絲。
晉陵大老難環報，橡筆山亭傍夢歸。石室元君知此夢，世人那知有前幾。

### 告周原山

　　五日之間，哭湖山，又哭原山，不久即聞歸青山矣。羸軀喘喘，不
能躬隻絮於墓門，獨潸潸簞枕爾。近承寄詩，尚遲奉答，今得再歔欷
聞耶，漫次四絕，惟尊靈鑒。

花源減却舊時春，不見虔州作倅人。身後自留心案在，丹青莫用漫傳神。
袖拂急流也姓錢，歸田却笑不多田。年來見客無他語，但說先天與後天。
陸家兄弟有家規，主管庭中今是誰？身健尚留伯子在，依然門戶自光輝。
老眼連朝拭未乾，不禁清淚滴原山。僊舟過我那能再，空有黃花小圃殘。

## 謝唐侯立齋

老病人扶拜使君，春風旌斾枉柴門。山鐺笋蕨那堪獻，向有人曾獻野芹。

## 勾軍嘆

勾得逃軍紙上多，解軍人又奈愁何？月糧歲襖年年辦，殺賊何曾見荷戈？

## 多虎嘆

相食猶嗟醜類兇，食人那忍訴蒼穹。周公德被生民厚，可少驅除虎豹功。

## 上親諭群臣愛養百姓，穎泉鄒方伯傳宣德意，賦詩勵其屬，郡邑長吏陽誦而欣忭也

萬國歡呼覿聖顏，曈曈曙日五雲端。丁寧天語懷蒸庶，帝軌王圖百代觀。
續詩輕莫誚王通，何代無詩美刺公。見說有麟仁厚趾，采風端合補王風。
西山杯酒慰長沙，南伯詩傳百萬家。荒谷寒陬新六管，黃雲紫水舊天涯。
天子乘風布太和，老癃扶杖太平歌。粟沾帛領恩雖厚，石枕蓑眠賜更多。

## 〔七言律詩〕

### 宿劉汝繼兩溪書院

兩溪之水秋無底，照見人間瘦骨清。月色夜來天地掃，花枝開與肺肝親。
千年此話青山舍，一榻夫君出世身。容易莫教騎馬去，白雲終是斷紅塵。

### 青原

前度西堂客又來，東風依舊碧桃開。幾年別駕松前榻，靜日濯龍溪上臺。
遙憶美人烟水隔，愁看春風亂紅催。乾坤一卷江門老，歌盡千峰月未囬。

### 出郭寫懷

瘦馬青郊緩渡橋，問農偶與話終朝。孤村雨過茅茨靜，十里陰連桑柘遙。
野性未應嘲笑改，詩懷全向簿書消。看雲看樹多懷想，南北音書正寂寥。

### 伍州牧九亭夜話

羨魚時可山人飽，瘦骨無須到老肥。臥久積陰寒草閣，客來秋月照林扉。
雙眸喜共乾坤大，千古愁探治忽微。塞上風雲兼海上，音塵遙憶故交違。

### 九亭見過爲予大書門額

病軀先作灌園歸，畛畝區區藥未肥。山鳥傳呼驚客斾，茅龍揮霍灑吾扉。
文章每嘆人輸古，天地誰堪語入微。歲晚蓮臺仍許伴，水竹風月肯君違。

### 簡彭半塢

半塢不來秋又來，百年當共好懷開。青宵昨夢同看竹，小院呼童爲掃苔。
野具莫須憐我乏，新詩還欲待君裁。山居漫訝堪留客，不染塵中一點埃。

### 萃花樓　　次東廓翁鄒司成

孤閣凭溪溪水深，群山青削萃如簪。烟霞花鳥俱幽意，廟廊江湖也舊心。
歲入三秋驚木葉，朋來千里喜椰音。宛然記得山陰棹，大老慇懃大禹陰。
九月溪風入袂清，倚樓人數去鴻鳴。獨懷隆古人難似，翻媿年來語已精。
柱下豈曾藏真史，林間時亦賦秋聲。感公示我春陽度，瑞日和風識大程。

### 伍令尹晉壇有「無價乾坤一閑是」之句，誦而賞之

無價乾坤一閑是，共君此外更何求？焚魚已愛碧山客，策杖但宜黃洞秋。
敢以看山遺世故，自緣多病息交遊。詩篇信口亦閒計，語不驚人總不憂。

### 朱令尹西溪翁林中夜坐

溪邊門巷富雲蘿，塵世逢君欲浩歌。閑並古人歸更早，介從先子性偏多。
幾當高論狂言處，無奈傷今感舊時。此夕林間秋色净，月中移榻傍銀河。

### 寄朱幼貞醒心　　遜泉先生伯子

相對蒙泉知醒心，南關霜月憶清吟。只今懸我雲霄夢，無計來君寂寞岑。
空嘆歲華搔短髮，幾將幽思付孤琴。程家伯子溫如玉，莫負當年話斷金。

### 寄貢受軒文學

白鹿先生千里過，千年蹤跡石應磨。寒棲忽復三秋隔，老子其如百歲何？
妙得賞溪新著作，光看廬阜舊雲蘿。望中江水迢迢闊，湖上軒高祇夢多。

### 清明憩朱山社下　次西峰舅

朝露焄蒿夕幾冥，春風一酹也祈靈。千行珠淚東流曲，兩度朱山芳草青。
斜日苑邊歸舊鳥，孤雲江上閉柴扃。梧盤荊棘皆零亂，獨有傷心豈世情？

### 答劉兩峰翁

晚來攜手多清夢，曉起尋詩憶好賢。汀鳥避人何處去，春烟隔水望中懸。
一場好是蕉邊鹿，千古誰參道眼鳶。慰我西峰峰上客，也隨花柳過前川。

### 過上城簡劉象峰工部

霜葉殘吹古木蟠，梅花清放獨高原。未須美酒橫青眼，同得閒身健故園。
晚至詩篇工部細，年來德性象山尊。過君門巷占風俗，擬賦朱陳舊日村。

### 趙啟菴別駕惠筆索詩索鶴沙書院扁

念我毛家禿髮餘，鳳棲分遣太倉鬚。不箋經史朱元晦，聊校醫方陸敬輿。
雙眼雖嫌春霧似，十行猶可細蠅如。鶴沙庭院滄洲勝，別有毛君斗大書。

### 劉克齋寄孝思吟

清世人嗟有遺賢，水雲蹤跡自翻然。那須白髮華簪繫，嬴得青霄老鶴騫。
松桂花陰神可寫，池塘草色句堪傳。無端荒隴淒涼跡，惠我瓊瑤枉大篇。

### 輓梧養

長見人間白髮忙，憶君歲晚競年光。時從思索探書卷，日對神明矢瓣香。
雙眼豈無仍老在，百年端許未俱亡。祇今梧葉秋風後，留得靈根不墮霜。

### 東山文會

花發如丹五月亭，東門瓜熟滿畦青。頻來別館聞啼鳥，又話新知理舊盟。
宰有言游君子範，師如安定古人型。千年共賴扶貞運，喜對同心不獨醒。
　　時陳寅齋為宰。

### 午日　和兩洲翁

煉得靈砂絳作盃，幾年遥自赤松來。並頭瓜熟東門獻，九節蒲香碧甕開。
何幸上公從社飲，却慙詞客出仙才。鳳盤梟炙多恩舊，浪說雲臺羨釣臺。
　　是日翁酌以絳砂盃。

### 戊辰二月，同宗兄弟掃開國公墓，見南兄《口占一首》，用「南北山頭多墓田」之韻，因次答云

一望溪邊種玉田，千秋虹氣自依然。青松正蔦堪歸鶴，紫蕨方拳未聽鵑。
鄉國祗親荊桂後，河汾高論漢唐前。共君滿酌春山甕，勾得詩思倒峽泉。

### 贈石碁宗弟

江館一枰伴老身，平沙淺水布星辰。從教國士登壇壯，我得生機結局新。
橘內玄黃忘二鼠，松間日月自千春。如今須識天游趣，碧落蛛絲動有神。

### 答朱易菴

日日雲生柱杖前，茲棲今我已忘年。閑如邵子知無補，睡似陳家也自憐。
苦荼正留春裏客，桃花曾結洞中緣。君詩不是王維畫，畫出山居亦宛然。
峰霞作伴洞扉前，頭雪紛紛不筭年。一榻乾坤誰在手，幾家惺醉可無憐。
陽明夫子專言志，東廓先生不語緣。何事法堂三尺草，滿山風月獨愀然。
紫莧黃葵種舍前，清齋却是慕長年。迢迢石逕雲還戀，落落柴扉客孰憐。
老至翻多朋舊念，生來未少聖賢緣。三春花盡君休嘆，五月山榴又爛然。
莫道聰明不及前，老翁還假絕韋年。烟霞到手人輕擲，日月如波漫語憐。
敢以高談為世教，聊將卑蹈了身緣。蕭蕭白髮今何見，忽對青山一喟然。

### 觀荷　用前韻

天放青荷小圖前，老貪長夏晝如年。騰騰香至風剛喜，點點珠流露絕憐。
保汝不將竹葉染，因君全割牡丹緣。水宮仙子難描畫，拈出清標又爽然。

### 謝雪蓬

又共青尊一度斟，老人味不少蘭金。茅堂已隔塵中遠，高士何須傳裏尋。
鷗鷺豈曾疑彩鷁，鴛鴦誰可度金針？眼前在處陽春曲，信手拈來入我岑。

### 謝內翰張鳳林

玉堂偃客枉柴扉，柴瘠索冠健欲飛。慰我雲霄時入夢，何期燈火夜探微。
銘傳子厚乾坤肖，功合曲江嶺海輝。一代金閨憑彩筆，莫遲銀漢使槎歸。

### 謝周僉憲三泉

老多風清海霧消，芳春接武更霜飇。豈忘雲漢懷親舍，曾把丹心許帝堯。

肝膈獨期堅重荷，裊殘頻得枉輕軺。思君只願天台夢，雙足飛雲度□橋。

## 李子秀卿誦歐陽子子煥孝行甚悉，且知其學古之志不以寒而少損，憂道憂貧蓋知所擇者也

文字翩翩不廢公，吾儕又補孝廉風。身勞且把心尤苦，家薄何曾養未豐？
堂北夢隨零露草，鄰西愁傍老雲松。此懷一讀瀧岡表，便與陳情灑淚同。

## 秋夕留王子弘夫書屋　昔予同大廓□榻處

一慨陳蹤五十年，清秋殘月對孤懸。故人鶴背音無返，新閟松間臥有緣。
銘示心源瞻大老，書存手澤重遺編。先公口口程明道，有子年來志道銓。

## 水雲書院留題

勝君黃雲紫水坡，渠渠深院護烟蘿。長爲世室文章府，曾作先生十二窩。
博學約君曾子絜，拙修媿我武公磨。大程十四知吟弄，教子須登第一科。

## 彭子載文斗台書舍

青郊卜僻構林塘，勝接迢迢烟水鄉。抗俗豈憑公姓地，昂霄欲出矮人場。
芝臺薜洞爲賓館，龍象龜書可秘房。能迓先生娛晚暮，端藜光助斗斗光。

## 彭子體弼采芳亭

一接群芳便展眉，池塘風物不霜欺。春陵道眼花經品，楚澤離情草受知。
纔出郭來塵拂袖，獨尋園去短琴隨。老狂漫對東君詫，前日茅龍字字奇。

## 與吳子御龍

克勤家學誰題字，三五山人囑御龍。吾黨友朋雖滿座，君家兄弟喜諸峰。
聖朝頗重康齋□，千古還高季子風。何物卑棲唯咫尺，翶翔千仞有芳蹤。

## 謝洞山尹宗伯惠詩并扇

瑤函曙日曙雲光，紈扇墨香骨也香。茅屋風清時灑灑，松根鶴病欲昂昂。
遙瞻國老星辰履，夢入梅僊紫翠房。願得釣衡天地手，先裁狂簡念吾鄉。

## 石洞四弟六十

銀魚朝罷紫宸袍，五月歸來熟絳桃。子放鵬籠多逸想，予傳睡法少塵勞。
家從累世退年慣，官自先人勇退高。小院荊花元自好，茅屋春酒歲陶陶。

先御史封君近九十，直菴翁踰八望九，山泉翁踰八望九。故云方伯公進《嶺海表》，因而謝歸。直菴公除職以母老辭，不赴任。北山叔祖棄陽朔，令子亦能自廢其官。官有崇卑，均未嘗受辱而歸也。

## 獻兒五十，兩洲王翁賜詩，和卿、秀卿惠顧，秀卿是日不葷酒，因次韻示兒

敢對深杯放老狂，傳家彌謹道彌昌。未嗟晚蔗□光短，聊看春芽小圃芳。
座上清懷甘蕨笋，山中勝友喜裘羊。能湌大老詩中味，許汝從今不面墻。

## 萬文學方塘八十

講堂舊望三綱主，社酒今先八十尊。塘草謝聯時入夢，永嘉陳學不同門。
康侯家授經還傳，畢萬人占子更孫。幸我釣游同盛世，思將風雅答乾坤。

## 尹帶溪六十

白髮一莖到我無，黃花千朵賴相扶。也開春甕延賓客，不落塵階自丈夫。
有子皆能修遠業，無官焉得損吾真。溪邊莫作閑鷗伴，學到龍門始不孤。

## 為劉子壽母

藍袍未訝着緋遲，多客庭中拜母慈。白髮願如青鬢健，南陔又補北堂詩。
旨甘不為鹺塩減，敬謹何妨色笑怡。我輩身為天下樣，未因曾閔自■彝

## 平湖王丈八十

青原猶記西堂話，白首同盟聖作胎。障得江流孤若柱，却將門第重於槐。
春風燁燁芝生畹，晚色青青竹護齋。許我山中官特進，共公還進武公階。

## 輓吳繼峰

福分何人得比公，白頭閑卧曉窗紅。多培松菊高人韻，飽領烟霞處士風。
宣永里門懷語笑，復真文席憶行蹤。諸峰競爽人翹仰，愁見春雲閉一峰。

## 郭侍御松厓公卹典冊　曾為公作傳

曾把丹青漫寫真，愧非良史得丰神。斗間龍氣終生焰，日伴葵心悴又春。
百代金閨存直疏，千秋遺宅煥褒綸。當初祇欲填東海，磊磊何曾計此身？

## 題味閑　爲一思弟

一味平生野老饞，曾將物理細來參。希夷枕上眠初飽，安樂窩中酒半酣。
曉逕堆雲松子熟，秋山零露菊花甘。此芹難可君王獻，只許巢由作漫談。

## 遊偓佺會

孤閣疎櫳道院清，人間夢醒曉鍾〔註6〕聲。翩翩自是雲霞侶，耿耿猶懷
松桂盟。天際鴻冥求翼健，床頭柱杖夜光生。遊偓幾度真偓過，應有山
靈識姓名。

## 答問學簡

開械不是寒溫語，策馬翩翩問路歧。說玄說妙真可惑，時防時檢浪嫌卑。
躬行自昔遵先聖，格物終身守我師。何日城南書萬卷，與君細判古今疑。

## 春岡六十

高軒文字舊懸河，老興祝公又放歌。大父班行瞻席少，名家聲望賴扶多。
秋丹豈必門盈桂，晚翠偏歡舍繞蘿。春酒滿開梅亦放，岡晴佳氣帶雲和。

## 寄劉爲山

兩溪空憶舊山齋，喜有爲山慰此懷。兄弟傳來皆正氣，文章何必幸高才。
有官甘作閑人臥，無事不將古意裁。欲對高談傾肺腑，病藜那得度高臺。

## 周東川八十

恩被三朝八十春，聖明萬曆又春新。正聞天上優年詔，也快山中愛睡臣。
家習文章延世業，川從鷗鷺濯纓塵。老人星彩天南見，早是西江第一人。

## 曠石門見過

石門已息風塵機，十年前話未相違。憐我衰晚枉藍輿，留君不惜醉柴扉。
人間白髮總菲菲，不唯老子迫頹暉。寄語遊仙諸仙侶，先求真實後玄微。

---

〔註6〕鍾：應是「鐘」字之訛。

〔七言古體〕

## 郭郡伯平川年丈歸自羅浮，喻湛甘泉公見憶，并貽《霞外雜俎》一編，寓黃竹山中奉答

平川老杖帶雲飛，一囊盡貽羅浮歸。高蹤遠報谷中人，開械猶見銕橋春。九十朱顏老仙伯，憶我朱陵幾寒榻。何當再拜紫雲麓，夢寐老翁親面目。新編更題《霞外俎》，兼識空舲灘上語。銕脚道人心欲了，九字不虛良不少。平生多少多言過，多言多食曾知怍。感此堪作多言箴，季子當年但許心。自入黃竹掩敝廬，丁寧莫用遣家書。何意忽傳雲鳥字，有懷清夕月明孤。

## 玉城漫興

玉城之登何太遲，青山咲客鬢如系。東溪見南各鳩杖，雙峰贈我青藜枝。白頭諸老躡巉巖，黃州客也難追隨。閱歷山多多山味，老年翻飛少年時。茲山莫話前朝事，石初詩好令人悲。六十七年無事客，只宜高誦《打乖詩》。山寒呼酒杜閒愁，霜管班坐酬金卮。宗家諸少供壺榼，時豐家有豳風嬉。老身贏得看山屐，指點薜崖千丈奇。馬蹄爭訝仙人跡，龍吟萬壑松風吹。

## 和彭碧山公覺哀　用柳柳州舊韻

山人抱《易》青山岑，五月雲深竹色侵。袖拂松蘿棲小閣，山光相對迄千尋。開械細讀原來詩，何虜南山思不任。覺哀自道柳州題，老句翩翩渾壯心。嶺樹江流昔感慨，逐臣遷客信幽沉。百結纏綿多寵辱，四序煎傲無古今。道人見素葆其貞，手把芙蓉元氣斟。紛紛豈少朱顏客，柔情脆骨銷春陰。皴木盤雲鐵爲膚，老劍沖星龍作吟。鳳哀一曲三千春，豈無吾道逸丘林。夜夢天君伴黃鶴，思君日聽流泉音。

## 紀夢

山窓高臥何幽素，梅花碎玉窓前雨。夢魂五度越河關，往往千里多奇寓。海天深處非人寰，崔嵬蜃闕驚殊故。青編玉簡啓重湘，主人端默凝青梧。授予泚筆供書札，不是尋常六經註。列坐行吟不記名，新舊相逢八九數。不覺杖屨又巔崖，板危履棧披冥霧。虬龍虎豹鳥邊馴，野鶴飛雲歡相顧。囘首落霞千里頃，清江竟日無人渡。可是蓬瀛真界境，夢中誰言不識路。起來對月寫清懷，呼兒摘取梅梢露。

**古髻篇** 爲劉子唐逸麗甫作古髻類先慈，因感而泣

劉家老母出名家，幽貞自少薄鉛華。四方新樣髻盈尺，古髻獨存不肯易。一從居寡加寒素，髻也且將藏舊笥。囑付他年送我終，仍當此髻見而翁。四十八田春復冬，只將尺帛蒙其頭。麗甫偶同雪夜深，對予咽咽話傷心。怕聽人談孟母賢，同君有淚到重泉。人間古樣多更改，家法須從古意傳。

## 魚化龍圖

山人飲于萬方塘堂中，酒酣賦此。時俗魚化龍以比榮途遭際者，僕不語也，僕亦有期於化者，語道人事云。

霜綃半作寒塘水，青菰翠荇黃金鯉。桃花矖目暖雲生，赤鱗欲向青霄起。五雲花發聚龍潛，三山飛越能須臾。幾回偪反狎群鯊，饕餮殄鼎曾相須。道人亦訝區中窄，欲仙未仙猶凡骨。黃駒赤驥政相乘，蓬山弱水壯心隔。丹楓竟作羽衣人，紫蝶今非塵中麥。濤山浪屋會春津，夜塘應咲瓊洲客。

## 虀塩歌

君不見虀塩味，一粥朝朝長白寺。又不見咬荃根，一言可師汪信民。薑醢片片武夷茄，曲流依舊山嵯峨。碧玉樓中五炁鑪，不留宿客炰江魚。當秋瘦骨健如龍，絮羹之徒難與俱。

## 謁念菴年長墓舟次玄潭

再拜桐皐松，又拜玄潭月。豈君跨鶴遊青霄，無計山中覓行蹤。相印相求一片心，深秋今作千年憶。江空昨夜倚西樓，尚有光芒留東壁。

## 書族子復明扇

老人六脉又六脉，少石一人能語之。和叔之訣且未載，世人只知膚與皮。子有靈竅當自愛，潛……（按：此後闕文）

## 〔賦〕

**小閣夜雨賦** 時庚寅之秋梅源山中作

梅花丈人，卜居南山。芟荊薙蔓，列閣層軒。峰廻迤窈，水隔雲關。蛟潛別渚，虎嘯東崖。碧霞落沼，青靄浮巒。焚香隱几，掃石漪蘭。集山薑兮爲服，抉明月兮爲環。采芙蓉兮江上，寄碧海兮神仙。閱萬有之顛迷兮，驅

獨駕乎先天。客也杖藜結屨,千里探源。修容月下,出刺梅邊。瀹乎飛泉之冷,欸乎芳菊之妍。開閣兮澄秋,夜雨兮虛簷。踈踈瀟瀟兮,霏霏雰雰。清六合兮游塵,掃八荒兮毒炎。沁肝肺兮冷冷,灑絺綌兮翩翩。感暄涼之代序兮,嗟踈柳之玄蟬。廻風振衣,橘釀新醅。狂客起舞,劍花飛銛。

　　倚長天而歌之,歌曰:「梅花一發三千株,溪水東流月在溪,鶴在西巖歸未歸?一聲笛入三山隅,桐江之老今何如?」和之者曰:「長江烟波暮無際,南去遙遙北更去。一槁撐入蘆花睡,呼斷愁心誰與渡?荷簣之徒難與訴?」蓋異乎其撰也。丈人曰:「嘻!」小簟跏趺,援琴而操之,操曰:「鳴鳥不聞兮,青山幽矣。白雲褭褭兮,水悠悠矣。木落風高兮,雁知秋矣。龍信蠖屈兮,予何求矣。」爰作宮而變羽,倏若忘而若思,縱餘音之嫋嫋,歘彌滿乎太虛。嘿然聽之,松下之臞。

# 卷七

## 〔序〕

### 吉州正氣序

班孟堅稱良史矣，排守節，否正直，而不敘殺身成仁之美，予不知何心也？五典三綱，存亡九鼎，君子履常蹈變不一，而其道一也。我吉多君子，而多蹈於時之艱者。稽之史，若《郡國志》，若諸名家載記，稱死義，稱敢諫，孤忠勁節，數百年後先相望。泊〔註7〕夫感聲氣而附焉者，光日月，麗繁星也。晚流仰止，不誦其詩，讀其書，可乎？嘗求諸家之遺簡，而有不傳者，惜之也。其所得閱十數家，亦數百卷，後有同於予之懷者，俾皆得之，難矣。乃於諸家蒐其大篇，曰忠武侯二《表》、劉諫議《制策》也，傳焉亦足論其世矣，題其簡曰《吉州正氣》。惟諸先輩率會時艱，或披衷而啓沃，或嬰鱗而匡補，或憤壬人，或排邪說，或謹乎冠履之大閑，或嚴於華夷之大限，或烈死，或從容九死而後死，或囚，或奴，無不歸於正者。諸君子豈不欲良時之邁也哉？順其變，行其義，不息其貞焉耳。或以「功名滅性，忠孝勞生」之語，為信國有得於異人者，然乎？吾親吾君，皆不可解於心者也，以能勞生為不滅性，彼斷滅者厭苦之。故大人、異人其卒異也。

### 陽明先生編年序

先師陽明先生，自年十八信聖人為可必學，既而見聖人之學之全，乃卒傳聖人之學而以教天下。而其蒙大難，虞大事，危急存亡之際，所先務者，亦惟學之傳爾。孔門之旨，蔽而復明。或譬之取日虞淵，亦知言者。先生則不自以為至也，謂學者曰「堯舜之上善無盡」，又曰：吾與子「再言之十年、二十年、五十年，未有止也」。逮垂暝時，而曰唯有未得與學者了問學一事，爾道之■也。昔濂溪先生僅五十七，先生五十又七耳。謹奉遺簡，稽諸微言，先生之學，蓋與年而俱進者也。孔子曰假我數年，陽也切有慨夫君子之貴年也。謬為《編年》二卷，以事系年，而有不能悉書者。先生一言一行，固無非教也，偏觀盡識，或少之，而識其大者，可稽矣。

---

〔註7〕泊：疑為「洎」字因形近而誤。

## 宮諭晉軒先生遺稿後序

鄉先生俎豆于廟者，李忠文公、劉忠愍公、劉太守南雄公，繼之者維劉晉軒先生，厥後諸公繼之，縉紳大夫仰止，典刑一也。至殊域風裁，鶩夷懾服，絕岸孤峰，屹立千仞，則先生為難。嗚呼！行己有恥，不辱君命，蓋千古難之，抑孰有士行無愧如先生者哉！一峰先生好剛而每難於同，當其身不容於世，先生危言激論，足使奸諛寒心。先生之心，一峰公之心也。亦安得剛風直氣，憤俗嫉邪，如二公輩，卒伸其志於天下，以挽囯妾婦之餘流，俾知砥礪乎丈夫之節，庶幾可與進於斯道也。遠業不終，謂非天乎？昔者孔明之業，識者謂寡慾清心之助。先生委蛇素絲，有恭叔之行，而至晚不渝。顧其成德，非偶然者矣。生其後者，慨刑儀之弗及，而幸其言之傳焉，亦足慰景仰心哉。梅源子，吾師也，先生之孫以先生之言傳於世。晚後之思，將慰矣夫！

## 石初周先生遺集後序

詩無漫作，寄少陵之憂思，而亦日可補於國史者，我邑中先輩周石初公一人而已。往者豫章吟潯陽歌，若金城之謠，僅得見之於他載記而耿耿焉。既得全編，又如惜敝篦之韓子，嘆其傳之未廣也。乃石泉封君重梓之，慰晚後矣。舊十數家名輩大篇敘之，而梅間老友尤為知故人者，稱孤介，稱奇氣，稱自信堅，稱傲倪一時，非其人，竟席不一談。大抵正直剛大，君子也，然以正直敘亂離，不能不憤嫉於其間者。元子正直，憤俗嫉邪，稱元子者曰：安得百十次山憤俗者？因嘗念之，衡泌清修，乃躬離亂，當時骨肉相見於奔竄之餘，殆無異夜闌秉燭相對而夢之語，有彥明崎谷之艱，而無其戚，其自幸者已多。而詎知其後簪紱世延，抑世其文章，世其所謂正直剛大者，至今日而未涯。畢萬之後，卒符益國之言。老丈騎青騾過故鄉，何如其慰也耶？諸子諡先生曰清節，予為石泉大書而揭之。石泉磊磊宛然，老丈家風，予每誦鍾離子尋思離亂之語，而與石泉盡歡也。曰少陵破萬卷，下筆有神，不使之傳盛時事，而乃感花濺淚，所經傷長者之心。今者歌咏休明，涵濡訴咜，聞鳴鳥於清郊，而佇觀家學之傳者，嗣《大雅》補王風也。

## 何怍菴遷靖江序

文學先生何怍菴氏教敝邑，績茂而年淹，茲乃擢先生以靖江延陵，文獻之大區。靖，水國也，我山城不足淹矣。葑塘、鳴泉二先生，薦僚誼徵，贈言

於山鄙之間，乃諸士致先生勤。予謂文學先生，蔚有華茂，鄙言何足有亡，然數年之誼，亦寧自已於言者？嗟乎！名與實其不相負也久矣。天子以多士付諸師儒，日教之，乃諸弟子親授受，可言成績者，嘗幾獲見？古六藝之師，各有專門，獨《易》之傳，序自孔子，曰商瞿受孔子六傳，而至田何稱《易》道東云。後之君子於師承而有得如古人者，幾嘗見之？

初，先生謂我敝邑《易》荒落，學者不精詣而為義膚，率因為諸士日勤指授。予聞之曰：「虛齋、海峰二先生悟窮領要，指析秋毫，兩門相授，一時《易》勝於溫陵。怍菴為泉望士，得於其先輩者多，乃以《易》而為教，奚負也哉！」既乃弟子輩言先生日譚《易》，而大書其楣曰「學為忠孝」，欲視學者而厲之，惟孝與忠云。予謂《易》之為教，盡性而至命，子道臣道、命與性，孰先焉者？不玄以眇而倫而理，可以語知《易》矣。嚴君平氏無得於《易》者乎？與人子言依於孝，與人臣言依於忠，惟君平以《易》而為隱。怍菴宣天子之教，而施之其所及者，當孰為博而其收績也？孰厚其遭乎？明聖不諱之秋，以無事于逃名而匿跡，又孰為足幸者？予多怍菴，然期之以卒副於實也。古稱齊魯之門，學者獨不廢，年來我敝邑謂其為不廢者，不亦可乎？怍菴，今鄙我邑而靖矣。

昔之教也日分，今得專之靖也，其用之《蒙》乎？養之以正，為聖人之鵠；瀆之不告，為聖人之權。驚而不梏以其寬，包而不拒以其大。不有躬者，觀之以嚴其守；不有寇者，觀之以善其剛。師之善也，莫如《易》矣。怍菴深《易》，予其為瀆也哉！雖然，伊川幾分自道語也，孔子且難之，然唯孔子為獨難，故不已於垂老，而又蘄其年之假，其稱絕韋無論也。先生其進《易》哉！延陵多賢，當有足詣夫《易》之微者。

## 別周三泉序

先達周韋菴公，嘗按東淛嘉善，有冤獄而雪之，活死命者數人。乃今濟甫又以名進士，以豈弟宰嘉善。嘉善之民，何其蒙周氏祖孫之福也！濟甫觀天官政，與海內諸君講學於靈濟，茲與予論學復真之舍，而獨揭「寧靜澹泊」之語，若於孔明性契也。予因大書以為贈，而復申之謬語。

孔明為百代殊絕人物，無繇學耶，語靜語儉，警百代哉！周元公主靜，則以一言并包之。夫以無欲故靜，靜有之，儉有之矣。《記》曰：「人生而靜，天之性。感物而動，性之欲。」蓋諸情先欲，諸不善之端欲為之。故食之爽

也，欲之；服之華也，欲之；宮室之美也，欲之。故曰：「不能反躬，天理滅矣。」欲至於無，性之靜也。學元公，人極立矣。

濟甫將爲嘉善，乃不語政而語學，占遠業哉！嗟乎！不語政而語學，今之從政者幾見之哉？昔者聖人以天下之大相授受，而獨語精語一。元公以一爲要，蓋聖人之相傳者，故曰學元公。昔者聖人之自儉其躬也，語飲食菲，語衣服惡，語宮室卑，語橡不斲，語茅茨不剪，語儀衛供億不煩。故歲遍於群嶽，損其躬，而天下益矣。漢文、唐楊縮後，且有思之者矣。縮相而聲伎損，露臺惜而田租歲損。漢非堯、舜，縮非皋、夔，而投之當機，令人有延頸之思，矧於王者之佐之業，思見也哉！邑，天下則也，六官之法備焉，匡扶遠業，幸試之嘉善。余也往謬領小邑而學不力，有負焉，至今追憶，猶內自歉，然也賢者監焉。

### 郡侯周少魯赴內召序

俐者成也，古詳重之。天子憫一方之命，而寄之司刑之官，無答之，弗易者乎？周少魯先生得進士最蚤，而理吾吉若素製錦，出有餘裕。古折獄之良，其晳之弘遠之器，浚明博大，發硎以試，而輒芡色異歟？乃其厚自檢飭，世溷溷而獨斬斬，豈泥而不滓者乎？今茲內需風裁，特召之急，郡人之慶之也，曰如茅斯拔，喁喁焉，言無攀借計爾。夫自有我吉多名節推，而民間有無已之思者，首莆中陳孝廉公，乃今瞻侯，如當時孝廉瞻矣。惟孝廉崛起孤寒，而侯之門聯絓續組，先憲長公召，憲副公召，茲侯召，咸以疎遠郡邑，受天子知，直世其祿者乎！宣子之語者祿，穆公之語者賢，又世其祿。即江漢之廣，爲名賢區，亦幾濟美，不苟陳之後之嘆者哉！君牙之命，稱「乃祖乃父，世篤忠貞」，其望之纘者，必曰追配，曰由舊典。二先公介特相承，伸節疆幸，直聲在朝廷，功在天下不少。然謂究厥施焉，未也，其在今日，宏布之光於前聞樹完，德垂遠業哉！田野之間，日者相謂，憲長公以御史巡察茲土，憲副公文教於茲，武備於茲，而侯則於茲無冤民也。我邑、我郡、我大江之西，戴於周氏功德，覆冒者三世焉，即何地非甘棠哉？陽也耿耿，又自抱其私者。先人釋褐，嘗宰麻城，績有可紀，而撰述貞珉出憲長公，寔世世懷厚德矣。黑沙先生敦通家誼，嘗枉先人之敝廬，陽在童子，亦辱拊而命之，即眉宇宛然也。茲焉衰殘，又感侯德，何以爲公家報哉？抱痾窮山，雖從諸童，耄而攀借，弗能也。

## 湯侯交川受獎序

翁夢山公以御史大夫行勵官之典，而先我邑侯湯交川先生乃檄至，諸文學先生暨諸士，蓋當致儀物而將辭令者，舉忻忻然相語曰：「我邑侯受公深知也，何像之隆，而辭之特美也。」鄉先生長者則曰：「往見夢山公宰廬陵，受知臺中，亦若侯今日者。乃今自操其柄，以蒞群屬，即齒髮不落，吾猶及見我侯，執是衡以低昂，後之人倫矣。」于是將相率趨公庭，以申邑人交誦之懷。

乃侯先令戒諸往昔，故事所有者一無所許，且若於躬浼焉者。鄉諸先生、文學諸士，則又相與誦美之，蓋未之前睹也。陽也山棲，聞之曰：「君子樂其實，而不侈其名，足乎己而無待於外，其虞心固如是爾，非矯飾為也。」程伯子言曰：「古之學者為己，今之學者為人。古之仕者為人，今之仕之為己。」予始快於其心，既而嘆曰：「非確論，伯子有為而言者也。」夫君子之仕也，以行吾義，雖功加天下，澤流後世，舉吾心欲為者而竭之，獨求夫慊於我者，亦何莫而非為己矣。故催科不自謂拙者，慊吾惠也；蒲鞭不自謂迂者，慊吾慈也；懸魚不自謂峻者，慊吾潔也。戴星之勞，慊吾不怠也；神君之異，慊吾不爽也。吾惟計吾之能與未能，與吾能之盡與未盡，夫庸計人之知不知，與知我者之未盡若未盡矣乎？亦何莫而非為己矣。

夫惟閎遠之器，深厚不伐，寵與辱舉莫能加之，而使動於其中。宓子賤為單父也，陽晝曰：「有釣道二焉，請以送子。落餌投綸，迎餌以吸之者，鱄也；若存若亡，若食若不食物者，魴也。魴厚而美，鱄固不美者也。」蓋未至單父，而冠蓋交接於道，子賤曰：「此陽晝之所謂鱄也。」夫賢師帥以是為邑人，美不美之監我邑人也，亦借是以為賢師帥觀焉，獨不可乎？夫以閎遠深厚，寵與辱莫之動其中者，果於釣道足觀矣。

文學先生與予鄉校之遊，乃復語曰：「我侯嚴戒，頃者使我輩介介於心，無以自申於執事，願有言以伸仲金輩所欲言者，亦豈為瀆乎？」予謂以尊臨屬，固嘗隆其像，美其辭。侯既不以為有無，而奚以邑之人，奚以邑之鄙人如予者之言，為有加也哉？即侯進而廟堂晝日有殊錫焉，當亦忘其為寵且異，蓋覘之其器矣。史稱孫叔敖三得相而不喜，知其材自得之。而予稽其為令尹也，蓋嘗賀之者不加喜，規之者不加不喜，則又信乎其素，而所謂閎遠深厚，寵與辱莫之動於其中也，非耶？直以是聞之我侯，俾無謂君子之心，遂無識之者也。

## 郡侯劉龍陵遷泉州序

仕宦之途，有苦其心而不得自遂焉者：其一欲進，日汲汲望之而不得進；其一欲身退，亦汲汲焉日求之，不得遂其身退。然而以進為喜者，恒多耳。閭閻之間，有苦其情而不得自遂焉耳：其一有幸於弗留，日懸懸焉虞之；其一有幸於弗去，亦懸懸日俟之。然而以弗去為喜者，恒不多耳。

劉龍陵郡公日欲去而不得去，我郡之人日欲留而得留，天其惠茲土耶？蟬潔而露飲，靈草獨宜於瘦石，物性有然者矣。公之好修，不以一毫而污我。推其心，雖終窶且貧，室人交讁而不卹，抑四壁之對，軒然足老，非得之性真者耶？公蒞吾郡凡幾載，而寫其欲去之情以請者，懇懇欵欵，而再而三。乃群公當道知之逾深，而惜其去者之情，有加於樂乎去者之情之萬也，然而公之情拂，而閭閻之情得其所者有矣。

公自蒞任，三遷而判吾吉，然未出豫章之境，而吾郡為多，而吾邑之署者又幾。是吾邑之人之德公者，尤非郡之人之情可同語也。頃年以來，郡父母當有署邑篆我，我父老子弟輒延頸而望之，曰：「我公其來乎。」已而公至，欣欣然相告語，則相對不復前日顏色矣。抑聞郡父母報遷陟者，則又恐恐然相告語曰：「得非遷我公乎？」已而得公不遷，又相對顏色異前日也。乃今公果遷矣，不復可留矣，其將以惠我郡者惠泉之人，抑泉之人之恐公不留，將若我之情矣。惟幸公勿欲去泉，又如其欲去我也哉。

夫民之德公，與公之所以治其民者，非一，誦公而獨於其廉者。夫廉與黷，天下之所以為治亂；而利與義，君子小人之所以辨也。君子之仕，不以一毫自利，則其所及，莫非所以利天下；苟利天下，君子之義成矣。漢史氏循吏稱公儀子，而於拔葵去織，辭饋書之，不以為細，豈不以其利於人國者，乃出於不已自利者乎？陽也德公不後郡人，而獨鄙心自謂有契焉者，交水味蘭，亦惟自知焉耳。病屏之軀，顧安得再承晤語？滄雲溪月，將何如其思也？

## 儒宮德業會序

畢君、曹君二文學，自勵於德業，而以德業勵諸士。諸士感而奮焉，相率而為會，會於明倫之堂，受先生講授。諸士凡五百人，月為一會，會以五十人主之，十會一周。仍始焉，其課藝之會，則他有期；是會也，專德業也。是歲七月，是為初會，諸士登堂，肅而受先生指。邑大夫寅齋先生蒞之，勵

諸士者加切要焉，士益感而奮矣。我同輩在林藪者曰：「我賢師帥鉤諸士，諸士何修而際今日也？」因率而往觀。陽也誌諸士曰：「泮水之宮，二百年登堂，而講業者幾嘗見之？」孫毅菴公自諫垣而出者，往一見焉，程松谿公自詞林而出者，再焉，陳寅齋又再也。往諸文學朱遜泉先生，與二三子切劇於斯者數年，而未得萃於一堂。乃今梅谷蒙泉，則諸士始一堂萃也，蘄我諸士無負哉！

夫倫教之敷自大司徒，所以立兆民之元命，稽諸放勳，憂天下而成其才者，老之來之也，而又匡之直之，而又輔之翼之，而又使自得之，又從而振德之，何其周也！古之爲教也，周士焉得而自疎？今之爲教也，疎士而周於德也。得乎國家群諸秀於泮水之堂，俾其瞻孔子之宮墻，如孔子見瞻七十子，如七十子與遊，付賢師帥指授而督責之，良未疎也，士乃自疎焉耳。士之瞻斯堂也，豈不曰我於大倫，奚闕疎者？而不自察之矣。謹於晨昏有焉，通於神明者毋愧矣乎？爲下不倍有焉，舍命不揄者毋愧矣乎？恭叔之賤偶不爲也，冀缺之相賓毋愧矣乎？斗粟之瑤不聞也，千乘之讓不愧矣乎？盟劑以相結不煩也，挂劍以酬心不愧矣乎？臨下爲高，不盡分者多矣。誦古人書，孰不能借陳言以諷人，而於天下人品低昂之至，反其躬，則疎也。此我諸士不爲也，願無我賢師帥負哉！抑我鄉邦先輩，勵德業於鄉邦者有年。蓋鄉有會，里有會，家有會，諸士聞於斯者不少矣。乃際今日之盛，猶或疎焉，又豈惟負我賢師帥哉！諸士圖會之無，既集群議爲規，而冊紀之，亦紀其名姓以相稽焉。屬予書之，乃次第所以誌於諸士者書之。

## 接善編序

接善之堂，山人之所棲，先人之敝廬，傳四世者。先御史封君、方伯府君、巡檢三河府君、知縣碭山封君，實世爲善，至陽不肖，而亦不敢不善者。因以「接善」而名堂，諭後之人，俾又世接予先人武也。編者，何也？古先聖賢，凡以善諭人者，萃一編也，有微言，有淺近之言，有法言，有巽言，有純德者之言，有擇焉而弗精者之言，均采也。善可一言而盡，而博之何誨諄諄矣，且猶聽之藐藐，不諄諄焉得乎？乃予書之，授予子孫，俾世傳而習焉。予懷切矣，予子孫苟悖予訓，則先世相傳善之一脈，自此人而斬，而天地生生之德泯焉。鳥獸群矣，然而鳥獸有之。鳳不折生草，生於君子之國，而鳴於聖王之時；麟不履生蟲，行中規矩，角有武而不用。神豸觸邪，用端

厭殺，毛羽之蟲，善亦至此。人者，天地之心也，顧無善可述，無媿也耶？
天地，一大家也，魯、鄒、濂、洛，數千年相傳一脉，在豪傑且能繼之。予
僅不敢爲不善爾，乃以望於後之人，而後之人猶或聽藐藐焉，豈予所忍見之？
鄉諸學者學於予，每得與之相切磋，乃於子孫泥不責善之語，而廢教家之道，
不謬也耶？夫斯語也，蓋不善之父以正教子，不善之子以不正而反脣。予非
不善之父，而亦不當逆以不善而待予子與孫也。

## 輔仁會錄再刻序

《輔仁會錄》再刻矣，二王子弘夫、聞甫與予游，而致諸君之勤，欲予
序之。予謂先生長者揭之，蓋至乎三矣，又奚取予之迂談也？然而既不予鄙，
可無答諸君之勤者？

夫學莫先於辨志。志於富貴，蕲子決之矣，曰無所不爲；苟志於仁，孔
子決之矣，曰無惡也。獨嘗嘆夫周子之嘆也，曰：君子之愛，同予者幾人？
富貴之愛者，眾矣。乃兹諸君咸志乎仁，非予快覩哉？顧安得天下士皆志乎
仁，使天下士皆唯仁之是求，無快予平生願耶？獨願諸君居其實，而無徒名
焉爾也。子罕言仁，殆未然者。聖門問酬，言仁不一，而其歸一而已。予雖
未能，所學在是。予獨於孔子富貴貧賤之語而熟思之：富與貴，貧與賤，豈
滅人性者？乃或饗之，乃或苦之，天下之人，決其性命，蓋率繇乎此矣。故
所謂不以其道而不處、不去，幾嘗見之？

先輩有言，取舍之分明，而後存養之功密；予獨謂存養之功密，而後取
舍之分明。蓋必終食不違，必造次不違，必於顛沛亦不違，然後唯道之徇，
而能不去、不處也。顏子飲一瓢而不改其樂，伊尹審一介而不取諸人久矣。
囘之請事於仁，伊尹之以仁爲任者也，足諸君師也。諸君勤而敬業，聚而肅
也，其內察之，苟非其道，能不處乎富與貴耶？不去乎貧與賤耶？歉於心耶？
慊於心耶？能不違於終食，不違於造次，不違於顛沛耶？慊於心耶？抑歉於
心耶？慊則無媿，而歉則愧，慊則求進而無已，歉則求更而無吝，夫然後謂
之居其實而非名之徒徇者矣。予於諸君獨惓惓而致儆者，懼諸君之鄙予而以
爲非輔我者也。

## 冢宰存蕭王公受存問序

嘗讀《詩》至《蓼蕭》《天保》《行葦》《既醉》，而嘆先王之德之盛！當
時眷乃臣工，禮諸耆舊者，何其厚也！嘉之曰「爲龍爲光」，願之曰「以祈黄

耇」，後世有是乎？乃諸耆舊、臣工所以荅之之誠，亦靡所不用其厚者，祝之遐壽，曰「君子萬年」，蘄之明德，曰「介爾昭明」，後世有是乎？後則尠矣。疏附左右，時且疎之，去國之餘，有不遐遺者哉！其在今日，存問盛典也，皇帝遣方岳，賫語耆舊，豈不單厚也哉？惟夫被茲榮光，人快覯之而嘆其希焉爾。夫以階嵬峻者，必稽其年；年頤耄者，必稽其德；德邁種，則備矣。無見之希歟？

我大江之西，見於王冡宰公，其並輝一時者，未之稽矣。公昔敦禮，再上章而請老歸，而懸車踰二十年。是日也，四牡在門，公乃望神京而北稽首，稱萬年壽而感聖天子之德。而因感先皇之有眷注，感兄弟之聯階，感諸子之金緋朱鷺，僾而益恭，有如不自勝者。即日報章馳，陛下敘陳感戀，而齊明有加也。陽也獨耿耿懷有切願者，願皇上無虛禮於名德，不輪召煩，無鼎食拘，而有咨之、信之，如蔡如著，而有若訪箕子之疇，求大公之書，用福生靈，用縣皇緒，用荅於上帝之命。斯同於古先聖王待其耆舊之厚者，而詎知非我皇上膚清也哉？其在大老，則願之居山林無忘於社稷，以倦遷之逸無忘情於求治之勞，不忘畢公四世猶勤之心，不忘潞公知無不言於九十居洛之時，贊之福生靈，贊之縣皇緒，贊之以荅於上帝之命。斯同於古耆舊名德所以報其上之厚者，而詎知非大老自惓惓者哉？

往者瀘溪公平生惓惓於國，踰九十齡，猶趨千里之召。當時虛前席，躝拜跪，敷文階峻，寶串賚蕃，而人誇其希見者。乃數百年，又見於公，詎知公九十餘不尤過今日隆眷哉？公於敷文，祖孫也。噫！蒙山瀘水數千年，鍾和毓秀萃於王氏也哉！

## 別陳侯寅齋赴內召序

君侯寅齋陳先生為我安成，是歲春三月，蓋三年矣。陽矣臥痾於竹樓，夢一道士對榻賦詩，聽其誦「湘潭雲靜暮山出，巴蜀雪消春水來」之句，覺而喜曰：「自有我邑，而邑侯、郡侯皆以古名賢之治而治之，而並在一時未有如今日者。暮山之出，鶴皐公來何暮也？春水之來，君侯其召至矣。如邑老秺何，乃今果爾，夢先之矣。」

初，君侯至，有漫談者謂雖文學而彊仕之年則遠，得周知天下微曖者乎？是未知有間世之才者。既乃發新硎而無全牛，不三年而遺愛百世，而竟為我安成殊絕之政。陽嘗思之，擅文學則他非所長，乃武城之割，不惟無少於冉

季而過之矣。竊念武城得子羽而禮之，誠不失人。如陽衰落，遠不逮古人，乃辱我君侯不齒之眾人之列，負君侯哉，君侯不得而借矣。紀絕殊，勒貞珉，用告於來，欲為者多，而非陽之所以報君侯者。君侯執愛人之禮，優於天下，尚願德之進也，與年而俱，不滿其所有，必增益其所無涯。

孔子稱忠信者，詎嘗不學，而不如孔子之好，則天者厚而學者未至。孔子日孜孜，其自敘十年一階，可稽也。天者厚，學者至矣，故曰孔子我師也，不可背也。薦願學而無讓，切於君侯願之。有談宋學者曰：希文之學，幾性真而不免倚見聞，喜功名無以盡融厥中。君實之學，貫金石而不通於太虛。至純公、元公，曰明道，合內外，一天人。濂溪體用流行，渾乎一貫，又曰曠哉鄒魯，依其在目。二公學孔子而力者也。純公嘗言之：聖雖學作，所貴者資間世之資；在我也，可避重荷而弗力，可使我昭代之隆。學孔子者，顧寥寥也哉！純公又言：人賢不肖，國家治亂，不可以言命。今日群君子進，如茅斯拔，願為二十之朋，共成天地之交泰，宰造化焉，山藪懸瞻也。

## 郡公周鶴皐之貴州文宗序

亙古河嶽精靈，鍾於東魯者為勝。千五百年，又盛於南楚。夫堯、舜之相傳者墜，賴祖述於仲尼，而又啟鄒孟氏。孟子之相傳者墜，嘿契於茂叔，而又啟二程子。乃今洙泗之濱，若寥寥焉；春陵之鄉，彬彬學古。周鶴皐公，其尤拔也。孔子以躬行君子，為未之有得，而不先於文。陽也聞之，公郎署時，縉紳先生有心服者曰：「鶴皐渾身是學。」語躬行也，非耶？既乃不薄我吉而為之。黃太史誦春陵之政曰：「厚於得民，而薄於徼福；菲於奉身，而燕及惇髮；陋於希世，而尚友千古。」春陵先生性諸天，誠諸己，治有其宗，而事循其則。太史誰得而書之？公之為郡，一春陵之精絕也，夫詎得而誦之耶？

然又漫言二百年間，郡多賢大夫。拊循者如公有之，雪澤者如公有之，鎮躁者如公有之，剗宿蠹者如公有之，絕干謁者如公有之，肅群屬者如公有之；炳先幾以消大患，求如公者鮮矣；沉毅而逸，突來而應，求如公者寡矣；持雅道，正人心，不聲以色，如春之陽被於物，而物不知之，公一人而已矣，不可借矣。道之隆也，敢為我邦人私耶？自昔傳古聖人之相傳者，率未見得以專其教人之政，而俾行之躬，傳之往者，復有傳焉。即若孔子，亦且宰爾、司寇爾，元公倅爾、參軍爾、刑獄提點爾矣。從古用才而授之柄者，

有如此夫！

　　茲行也，占國家之元氣矣。獨於是邦，辱公三載。昔傳伯成答元公書，而有「心朋」之論。「心朋」指二程子也，惜我邦人無足以當公「心朋」者，爲邦人媿也。陽也無似，較諸邦人，領叩爲多，爲邦人愧，而尤自愧者多也。

## 朱遜泉先生詩集序

　　遜泉先生之至於道也，蓋三變焉。先生，滁人也，鍾滁清淑，貌臞臞，千頃澄波，九秋霽月，亦若瘦石靈蒲，性無受沃。初不屑求售藝苑，而陶寫性靈，欲於詩焉託之。既而隘之，飄飄凌雲之氣，殆慕於靈均之遠遊者。既又以爲子厚之所逃者也，一歸於聖人之學，然而心神所注，默相感會。於先生每見之初，詩社從，既遺世者從，既而好古之士從。迨先師陽明先生講業於滁，先生受之，一時同遊，可稱法器，疇若先生者哉，先師固器之。我安成二三子學先師而孤也，乃先生教安成，先生於二三子陶冶七年，二三子於先生，亦時有墜露清塵之補，曰助我者，舉非所謂相感者耶？先生去安成，踰四十年，曳逍遙矣。二三子無以伸其報也，述先生之功，請俎豆以爲報，而卒得請焉。時持衡者亦懿德之好，亦相感之幾爾也。頃又思之，先生嘗爲玉巖、竹岡二宗師，聲氣之求，爲白鹿主，陸丈登堂，學者感激先生，蓋有之，然未幾而長沙，而未究於是邦。

　　乃今邵禎藪先生以先生學陶冶大江之西，又非相感之幾之見於今日者耶？先生於禎藪爲外大父，禎藪重先生之詩而傳之。元亮之述孟公也，不曰凱風寒泉之思乎？陽也思之，詩蓋先生之始事，而成德見焉，患非知言者爾。夫聲響畦逕，詩社中語，非所以語先生，而亦非所短者。定山老丈誦江門之句，曰絕無烟火，在先生亦有之，此寡嗜而得之者也，漫焉爾耶？有曰爲經爲訓，在先生亦有之，此蹈道而得之者也，漫焉爾耶？有曰自古聖賢不同調，各留一影落堪輿。定山影子，炳炳丹青，而一床秋月，萬柳春莊，蒲口華陽，若是其邇也。道氣仙風，翹晚後之瞻，不又我先生乎？

## 水雲餞傅子公善序

　　時宰不悅學，縉紳先生韜其跡。山人聞而嘆曰：「無見於原大夫者矣，謂盛時哉！」夫堯、舜、孔子之相傳也，即所學在是，其誰能使予輒耶？然而未可謂無其人也。時甲科之英，山陰張君元忭，新建鄧君以讚，太倉管君志道，麻城劉君守泰、耿君定力，洎吾邑傅子應禎、鄒子德涵輩，講學不輒，

期各宦轍東西，無相負也。予幸有是占君子之道矣。銓曹呂君爲其桑梓計而遴茂宰，而以聲氣之同也，得傅子焉。予爲零陵幸，然又嘆之：百雉之城千二百，顧安皆得零陵哉？予宗弟三錫先爲永春，有去後之思之碑，乃今同時爲東安幸矣。

庚午多十月，同輩餞公善於水雲，予有贈言。既予臥痾，至於八月之秋，偶水雲至，而諸子集公善。是日適北還，入門拜嚴君，輒赴水雲，不期也，因不輒講者三日。茲多十月，諸子仍餞於水雲，若欲屬公善以古循良者，又欲予言。公善不予負矣乎？予復何言？諸子則無廢贈處之，誼也可也。嚮聞公善夢於長安之邸，有告之曰子產有君子之道四焉，占之者曰親民之官也。既拜零陵，徵矣。

昔者冉季以政事名，而在夫子未許之而屢責之。乃於子產則歸之君子之道，且不一者，即孔子家法，其於己，其於上，其於民，其所施不越乎此，而語存主，則別焉。高山仰止，春陵若是其邇也。春陵，孔子之家法也，性諸天，誠諸己，治有其宗，事循其則。試之虔，乃誦之者曰：「厚於得民，而薄於徼福；菲於奉身，而燕及惸嫠；陋於希世，而尙友千古。」是豈使人得以數其事，而稱之、議之鄉之校，而謂其有未至耶？嗟乎！僑以四善相其君，而鄭弱；以存辭命，蔚然列國偉之，而至後世可傳焉。誠以孔子之學相其君者，將傳之簡冊，何如也？

## 世殊恩錄序

夫節有褒者，常典也；殊之，蓋越常矣。有司循令甲，明主通其變焉。夫日者百刻，持法之吏不敢搖守厥官爾，匪固也。禮若度出乎天子，節之苦者不可以無矜，孝之鬱者不可無愍焉，通以宣之道也，匪惑也。然而被之者殊矣。

周母許十九，而嫠四十九而終，自殞者不負其天而已矣，而奚覬于身後？乃朝廷命，竟不限於故常，丹青門戶，麗若璧月珠星，鬱鬱松楸，而亦有餘光矣。殊也，非耶？人子嘶悲而抱鬱，孰不欲披肝膽於閭閻，而未聞得一吐者。《進士》一疏，淒惋囬天，殊於母無綸乎？殊其子耶？再而《中書疏》矣，又報劉情也，金閨不靡，孺慕爲切，乃酎其溫清之願而多歲月。《蓼莪》可該，《南陔》未逸，際明參之在天也，亦可謂之殊矣。

吾邑縉紳藪也，漢秦以往無徵焉。稽于故述，數百年間，褒者常而破常

未見，今始述之太夫人許也；有賴於賢有司而未有得自鳴者，今始述之大宮保弓岡公也；有賜告而未有終養之賜，今始述之大理陽山君也。三世之恩，予故皆殊之矣，匪過也。嘗觀《三窮》之圖，《族節》之錄，傾一時名公卿、賢大夫。宗匠之手，為周氏侈之者富矣。高門之後而復有邁於眾者，蓋當思先世之殊，而當制殊絕之行，立殊絕之功，以仰苔于明聖之世，無徒侈高門也已。

## 東皋朱先生邂邅稿序

朱子以相過予，每言之：「先七世祖東皋府君所遺《邂邅稿》，湮而不章，罪也，調也當錄以傳。」頃乃函以示予，閱之竟也，掩卷而嘆焉，日：「嗟乎！東皋隱君，可使不聞於後者耶？」

自昔我鄉邦韋布先生以詩鳴者，周石初公一人而已。今乃知東皋，又石初也。予嘗論石初矣：「詩無漫作，寄少陵之憂思，亦日可補於當時之史，獨惜其所遭，不得使其鳴國家之盛，而獨寫幽憂，述離亂，使人悲嘆於異時。」東皋蓋同石初之所遭矣。嗟乎！隱君子哉！人少拂逆，鑑塵水波，五情梦如，言且失其倫矣。雲雷之《屯》，三精霧塞，蠛蟄無門，九州為隘，乃履險若夷，神志不搖，所經所寓一於詩焉寫之。孤山豹林，閑適之境；石渠金馬，詞翰之林。願於風塵瀕洞，而為之無遺珠之抱者耶？風雨如晦，雞鳴不已，東皋蓋有之。予於《折臂婦》《斛律妃》《孟才人》諸篇，尤深悼焉。隱君豈暇評騭乎？笲幃之流，陳迹焉爾耶？志可悲也。其《采薇》之思耶，誰則如之？或謂淵明《荊軻》之篇，獨露本相。嗟乎！知淵明者，知東皋矣。張三丰者，人又呼之日邂邅，高皇以仙人召，而其言稱忠孝。文皇再至，莫知所之矣，唯世傳題瓊花之句，日「高樓猶帶古烟霞」。東皋奇遇，有靈均遠遊之思耶？亦托之以自況云。

## 貽庭錄序

嚴青異骨，白沙先生嘗言之。斗坤先生，蓋有異骨者乎？十歲而慕仙，顒顒焉，蘄仙人之一遇也。既嚴君沮之，焚仙書，而猷自不沮。既有感於祀孔子者之致其恭也，日：「天地間得再有孔子者乎？」移慕仙慕孔子矣。既豁然有悟日：有耳有目者不能知我，惟無臭無聲者契予。蓋得矣，然謂之仙人語也，亦可。至日「千聖兩儀同一竅，誰從性上立根基」，不謬乎性道言矣。至日「學在言行合一」，蓋庸信庸謹家法也，一日不菽粟，人枵腹矣。自孔子

歿，二千年〔註8〕間，豈無仁聖之資，往往異途，而不返中原之土，蕪而不秉，用其力播嘉種者，寥寥也。齊之變也不易，魯之變也不難，高人之返，麃穢除，靈畢見矣。殆有如魯之變者，吾道故幸之也。

嗣君夢珠語予曰：「家君慕仙時，每每見異景，抑前知而不敢洩。」予曰：「無用祕者，蓋靜也，董五經且能之。日衣山人昔在唐室，翊多難和，兩宮剪桐葉，裁松枝，南山泉石，東壁圖書，人偉其蹟，而獨以仙貶之，蓋過矣，泌也。童慧七歲而慕仙，無亦有異骨者，若惜其未之返可也，仙何損於奇男子，容貶之耶？」珠曰：「家君問酬師友，暨歷中外諸藥，授不肖以藏者，曰《貽庭錄》，幸有以教不肖。」予曰：「不可藏也，不可不傳於學者。善變得其勇，善悟者得其微，善入者得其靜，善辭者得其達，善博者得其雅，善故者得其神奇，善超諸言語文字者，得其飄飄乎凌雲之氣，不可不學者傳也。子則思之，孔子之庭，貽之《詩》，貽之禮，鯉輒能立而能言，不誦說焉爾？子無孤於庭之貽哉！」

## 王子獎行義序

王子世構爲大司空大廓先生之子，爲太學生，學於予者，善必先於里門，乃里之人以其善舉學臺，邵禎藪先生以行義旌檄縣大夫禮於其廬。夏子和卿輩告於予曰：「王子弘夫徵諸蹈履，同門之喜，然而友誼也，蘄之未涯，願先生進之。」

予曰：「予蘄之者，亦寧今日已耶？漢瀘江毛義、東平鄭均，皆以行義聞於鄉里，大吏檄徵，天子下詔褒嘉焉。即鄉里選舉之法行於今日，而天下天子詔，王子可自足有德色耶？固當自蘄於未涯，而無負於師友之蘄之者也。夫器有弘有狹，有桮盂之容，有豆升之容，有區釜之容，有鍾鼎之容；有蹄涔，有沼潤，有江河，有溟海，至于溟海，若無復有加，而猶未涯也。論學者曰『百川學海而至于海』，以其不自畫也。王子其無自今日畫，斯不負相砥切者蘄之弘且遠也。夫君子之義，無適而不在。邇之事父，義也；遠之事君，義也。分人以財，行吾義也；教人以善，行吾義也。義與利，相對而相反也。儒者義利之辨，莫精於南軒張子，蓋曰：『聖學無所爲而爲。』苟有所爲，義之似，利之實也。斯義也，孟子得之集義所生，則浩然之氣，至大至剛，塞乎天地之間；襲而取之，如宋人然，揠而助苗，則稿矣。詎徒無益而已耶？

---

〔註8〕年：此字原奪，據文意補。

聖學不傳，由仁義行，不可得而見；得見毛子，亦可矣。雖然，未可輕毛子。視昔有慕毛子之義而候之者，見其奉檄而入，喜動顏色，而心賤之。及其親歿，徵辟不就，則知其向之喜者爲親也，乃心服焉。王子從親之令，昔從仕進之途，今既不純采矣。銖軒冕，肥仁義，以眼慕義者之心，而又無但足於毛子而已。予之蘄也，予蘄王子亦諸子蘄予，雖未逮，而所學在是，無謂行不掩言，而弗之信也。」

## 原山心案序

古訓無不可以證吾心，而尤有獨契焉者，自不已於涵泳反復，而或欲學者諭之，則加一轉語，人瞭然入矣。南容誦「白圭」而三復，有獨契者；孔子〔註9〕誦「蒸民」，曰：「爲此詩者，其知道乎？」故有物必有則，民之秉彝也，故好是懿德。善教人莫如此孔子矣。《心案》一編，無亦學孔子與？古今學術，得無知者過與？得無賢者過與？有憂之者矣。儒佛老莊混爲一途，無以立三極大中之矩，橫渠先生亦言之。《心案》一編亦若隱，又有患而欲出其力以正之與？古今學術得無排於不知已者，黯而弗章，乃不隨群口而折之吾心，亦欲出其力以助之與？伊川先生曰：經是案，傳是斷。取譬刑獄家云：古今刑獄不得其情者，爲不少矣。《訟》曰：「利見大人，尙中正也。」大人臨之堂下，無不服之曲直。孟子知言之學，傳孔子也。孔子曰：「人莫不飲食也，鮮能知味也。」先知己之言，而後知人之言，務進於是而後言。「聖人復起，不易吾言也。」可也。此爲原山序《心案》，而盡予切偲之誼者。

## 中洲劉氏七修譜後序

往當末造，錢氏保其境土，既歸藝祖爵王，我祖以寶應令家居，保鄉閭。既歸藝祖爵，轉運使至，食邑三百。至郡男族祖宗權以貢士，奉檄保鄉眾，賴之者五年。既泉絕死之，子鵬遠死之，從子如初暨其配彭氏亦死之。先後幸不幸不一，乃其義、其勇足以帥人，皆有功德于時者。貢士爲運使公十五世孫，蓋居中洲，吾宗居中洲，歷五百年餘。所居清流峭石，古木壽籐，沿溪而屋而異，而聯世詩書以爲業。丈夫率遵德義，而內多節守。其在廬陵，稱故家，稱文獻云。

中洲有譜，始修於國子講書警軒，再都水海峰，三徵士起淵暨太守美岡，

---

〔註9〕子：底本爲「予」字，因形近而誤，據文意改。

四文學先生齊省，五文學先生啓正，六虜士義峰，今爾榆是爲七修之譜。我運使公後安福、盧陵、永新世文獻者，蔓居十數，而家各有譜，然未有至七修者，其唯中洲獨世重乎譜矣。十一世自中洲徙爲東塘之派，十六世自中洲徙爲永新龍門之派。今七修之譜，皆合焉。榆也，年少輒有嚮往，而追先輩美躅藁具，并其舊帙携之，偕爾松過予商確，且先之以景清三錫之論。先是梓南厓先生詩，予喜之，茲又榆喜也，爲出謬見，補一二焉。

宗家兄弟共學者多，乃復告諸兄弟曰：「譜盖家之史也，名姓焉爾耶？有紀述焉，褒嘉見焉，風範存焉，教於家，關於王化焉，斯其爲重焉者。且夫後之述今，亦猶今之述往，其在今日，當俾後之人有足予述，乃不愧於後，而亦不愧吾先也。世不朽者，莫如德，萬行百善，固其德之表見也。是故譜修善矣，德修急焉。柳玭有言：門地高則聲聞易墜，自修不可以不至。人或言之：修於家，壞於天子之庭；我未之見。盖未有修焉者爾，誠修於家，天子之庭忍背之？是故君用之，則安富尊榮；子弟從之，則孝弟忠信：一也。其務修之家哉！以事先祖，必有慈孝之真；以親九族，必有敦睦之實。譜也，不虛車也。」陽也，幸與宗諸老、諸兄弟子姓共勵焉。

## 密湖劉氏族譜序

文中子曰：「崔、盧、任、薛、王、劉之婚，非古也，何以視譜？」其言遠，其心厚，其於譜也，重也。我邑多劉氏，而皆宗漢室，遙遙帝冑，若誇詡者，然而子父相承，百世可知，孰自誣其天親也哉？密湖之派出景帝，至季唐時，安成令像有征討功，封至王，有遺棠之思於茲土，歿而葬白馬之峰。後十傳，曰偁，又自蜀爲安成簿，念白馬之松楸，而眷茲湖山之勝，遂留家湖水之濱，密湖今以爲基祖。又十傳，曰克都，自湖而分南溪。又十一傳，曰俊甫，自南溪而分魚石；曰儀叟，自南溪而分永新之良方。又十二傳，曰與信，自南溪而分永新之楊梘。十八傳，曰恒齋，自湖分永新之月里。譜舊合而爲一，既乃各分，今又復合。合之者，宜也。前湖上六傳，中書檢正曰元凱，自序於宋熙寧間矣。其後名縉紳多大篇，學士歐陽圭齋先生玄、進士李雲陽先生祈，徵世系，徵簪紱矣。少宗伯李拙菴公紹、大司空劉文懿公宣，先於訓也。豈不以門第繇人，人繇修履，乃稱三不朽，稱先王盛時之風，而蘄孝友仁讓，挽之以入於先王之道。先王、長者之言，人當佩者。

今譜之成，倡之庠士秉亮、經衛一龍。其子弟從之者，庠士仁卿、名卿，

鄉進士元卿，洎〔註10〕諸俊也。亮也，龍也，嘗學於東廓先生，仁卿、名卿、元卿三子者，學於予，語心質性，不俗學也。《湖譜》自昔，詩書有之，簪紱有之，求心性學，則見於今日。予願諸君率成厥德，且以淑諸後人，則今日之冊，垂世世芳矣。

　　高山仰止，予於數千年間，凡我劉氏先輩，思之也。劉子曰：「民受天地之中以生，古立言君子也，不亦道性善乎？」漢光祿大夫向持經術，竭忠讜，三十年不遷，而不遷其匡扶之志。唐諫議大夫薲觸時不諱，秉直不囘，不希苟進，何傷擯落？至語心性，莫如有宋：元城先生安世，受之涑水，自不妄語而入，殿虎鐵漢，死生不動其心；白水先生勉之，師元城也；静春先生清之，動不違也；屏山先生子翬，《聖傳十論》，足布底裏，不遠之復日三字符，允廸者也。元静修先生駰，有由之勇，有點之咏。我弘治間，閩布衣閔，恭惟純粹，孝行高古，日無二粥，身無完衣，時以道風德宇薦侍東宮。且稽其所未盡述者，可爲劉氏一賢者譜也，數千年間，炳炳列星，然亦嘆其稀矣。其在今日，不自奮焉，可乎？忠輸於主，孝竭於親，盡吾心性以答于天。予蘄諸嗣光先輩之譜，豈直蘄於光《湖譜》哉？

## 梅溪張氏族譜序

　　梅溪有譜，數修矣，而又修云。諸長者，曰儒珪、曰僎、曰儒昂、曰儒誦、曰儒守、曰㟍山、曰晴山、曰崑山、曰君山、曰箕山、曰奎山、曰祉、曰子静，乃徵序其端，而以書抵陽，曰：「是舉也，程也。」程謁春官歸，因謁祠而舉之，而諸長者胥協也。程之言曰：「先簡肅公言譜，輒言孝友。」又曰：「三十年爲世，世一修之。今距先子之筆，既三十年，敢忘先公之訓？仲兄居詞苑，固未暇者。乃舛者釐，紊者敍，未詳者詳，而仍於舊者固多也。」

　　予因締觀於梅溪之譜，數百年中留情於斯者，始乾道間雪崖大理公，迄嘉靖間石磐御史公，賢者盖六七作，又今日諸君也。昔者白沙先生企鄉先生文獻公曰：「無地可攀。」且嘆夫後來鄉里不如前云。陽也企簡肅公，借白沙先生語而每誦之，而亦竊嘆之也。後先二老，徽聲相望。故方城之派分，而曲江爲盛；曲江之派分，而梅溪爲盛。昔嘗杖屨西遊，異梅溪之諸山也，昂逼雲霄，見神羊之觸物也，曰：大人君子，獨介孤貞，巋然爲柱石之瞻者似

---

〔註10〕洎：底本作「泊」字，因形近而誤，據文意改。

之矣；絕壁斷崖，見怒濤之千仞也，曰：殉君赴義，結纓於揮霍之場者似之矣；九石作朋，見綜璧之錯陳也，曰：藝苑詞林，揚芬芳而諧戞拊者似之矣；薜洞芝巖，靈泉幽澗之泠泠也，曰：涵泳風騷，潛光葆性，好爵爾縻，金閨非貴者似之。名宦世家，信梅溪之夙擅矣。惟後之君子，世其賢而無徒世其爵爾。

今修，止梅溪，而未及諸派，為簡帙繁爾，親睦者無損也。夫九族之親，以廣孝也。簡肅公故言譜，輒言孝，抑仁孝語莫閎於張氏？二儀父母，四海同胞，無弗親焉，無弗癢痛關焉。肝腑秦越，世蓋有之。九萬里大鵬視斥鷃矣，期張氏諸賢者於大人也，豈徒同曲江，同於青陽氏者，乃親之耶？

## 松風王氏族譜序

令尹王前村先生季子端旦〔註11〕諸孫如堯謁予，告也曰：「先子平生獨汲汲於我松風之譜，稽諸舊而增其新，積心思而成簡，以宦薄而筍之爾。乃今貳守台洲先生再筆之譜，三四十年間，所當增者整整焉。一時少長翕然成梓，先子慰臺泉矣。」予乃閱前村、台洲之《自序》也，先後用情於譜者，曰啟巖公，曰學正竹澗公，曰節判樂吾公，曰太守貧樂公，曰貳守南埜公，曰靜樂公，曰定咸公，曰廼承公，曰通守節菴公，曰少藩參毅菴公。昔青岡先生為始遷之祖，肇有松風之業，譜蓋權輿乎青岡矣。其後巖、澗二老，蓋修之亂離之餘，有述有訓。南埜大老得之於散亡之後，而購之而釐正，而使冒者不得冒，尤有功者。譜以長者為一世祖。

予乃嘆之曰：「長者之後，數百年如椒之蕃，而重其譜牒乃僅僅數人焉。」夫譜奚異於國之有史乎？有天下者數百年，賢人、君子紀綱法度，後奚從而徵？必有自任乎繼述者，執筆於其時，而卒賴之以有稽，是謂不朽。然而一代不數人也。家固狹於天下，而不有髣髴者乎？又嘆之也：「遙遙華冑，且不語周太子時事，乃今諸王之盛者，著郡邑者多長者後，何長者之後之蕃而顯而多賢也？」史稱長者，而或稱不長者？凡長者厚，不長者薄；厚者有容，而不厚者無量；厚者無畛，而不厚者有機；厚者樂與人〔註12〕，而不厚者奪乎人；厚者好人善，而不厚者稱人短；厚或惠逮於昆蟲，不厚戕及乎骨肉。凡長者，厚不一也，槩有得於古之仁厚者。《麟趾》之詩，稱周先王之仁厚，

---

〔註11〕旦：據文意應為「暨」字之誤。
〔註12〕人：底本原奪，據文意補。

而歸之振振公子，八百年靈長，如瓜之瓞之緜者，宛然見之。此古仁厚一脉，乃生生之德，天地之元氣。而或小傷之，則小殘；大斬之，則大覆神理之不爽也。予蘄長者之後，率修乎長者之德之行，則王氏之祚之延無疆矣。譜且有圖，長者之先遡河汾，而又遡乎太原。不仰思乎，彥方化洽於一鄉，蓋進乎金地；仲淹自任於三才五常，又進乎太原矣。王氏之雋求之於其先，足型範也。

## 安唐蕭氏房譜序

往者五季棼如，乾坤為沸，真主興而天下壹，大運言環，雲罍斯解，開國承家，鈞一時之會。我鄉邦今之著姓，多始基於是時。昔嘗稽我外氏曲山之譜，曰：徙自長沙，避馬殷亂。史曰逢山初占之云。今《安唐譜》亦曰：避馬殷，徙長沙。始自長沙徙泰和之早禾渡，曰軍巡大判官覺。至宋乾德中，徙廬陵之澤田，曰洪州武寧令茂。欣欣再傳，而有上舍生特山，徙今安唐。又五傳，而有海康縣尉永明。明蓋兄弟三人，今中房者，皆明後也。於虖！合而離，離而合，中閱多故，六百年而譜成於今，不蕭氏慶耶？

昔者聖人以富而益於庶，以教而益於富，經天下以文以致黎民。于於變者，故夫庶矣而靡富，富矣而靡教，求禮義修，不可得也。安唐之耆曰：「瑞川居士麟仲，殆所謂禮義之修者也。且有邇年而睹五世於一堂，乃輯中房之譜。及徙景陵，徙郴諸虖而蕃盛者，皆備焉。欲以備蕭氏異時合而修之，屬其子習美以終之。」乃今習美甫與其子貴環、從孫祥鳳鋟之以傳，瑞川君之志醻矣。

斯譜也，中房一派皆明公後，而有平元寇而仗大義者，曰志山公；舉孝廉而辭辟徵者，曰維德公；守嫠孤而不貳其志者，曰劉氏、曾氏、張氏。斯不曰義士、不曰孝子、不曰貞婦？五典三綱無負焉。彼《五代史》，獨一笄褘，折臂之婦為足快於人者，馮太師羞焉。然則明公之後不光矣乎？中居之彥，其當思典刑之不遠，遵蹈履而無懟，于以延光於後，庶不孤於譜先世哉！卜子夏，嘉大倫之克盡者，謂雖未學，吾必謂之學矣。雖然，加之學焉，則與所謂緣於斯而不知者不侔也。庠士君化輩學於予，故又以學而進之。

## 龍塘王氏家譜序

我郡邑王氏多長者後，古稱長者自漢氏，無乃有長厚之德，其祚緜其後蕃也。長者之墓在連嶺，六七百年猶有子孫謹護之，頃又修之，而樵牧不

敢侵，不繇其德之厚能致哉？然惟後之蕃也，勢不能族居而支分派析者數十年家。惟蕃也，勢不能合譜，而自其始遷之祖，各爲譜也。龍塘自長者至今，蓋三十世。長者十三世曰必達，爲龍塘始遷之祖。然自宋熙寧未有譜。至我天順間，太學生廷直，欲爲而未竟，其後樂素袚、格齋禎、儲菴祥諸老，其後雲谷甫、大心塘、賦弘皆欲爲而未竟。今松岡貢諸老與一鳳諸子則成之。

第以自遷龍塘，未有仕者，若歉然以爲不足，而又自謂不繫乎此，則又有識矣。予聞關家盛衰，繇善不善，非繇仕不仕。即長者，何嘗仕？又尚論之河汾。夫子仕者耶？紛紛叔世，獨志於周子。孔子，蓋百代之師也。患不能爲長者，患不能髣髴於河汾爾。龍塘久矣，田廬殷矣，詩書講矣，而在今日盛於前也。

二十年來，予始聯十數姓，連十數里而爲社。社飲之志不在酒，而每群會，必曰善其身，必曰善其家，必曰移風，必曰易俗，必有勸焉，必有規焉。王氏少長，歲無不與我社飲者，前此未之有也。數十年來，吾邑有講學之會。一鳳一樞，學於東廓先生；一安一正、一梧一鯨、君養，學於予。而每群會，諸子無不從焉。而每會也，必曰修身正家，必曰移風易俗，以勸必規，於社有詳者，有加切焉。前此未有也。王氏少長，昔延東廓先生與予，屢日夕於其家之北泉書舍。而又致師泉、三溪、湖山諸丈，而適錢緒山來自浙東，典刑無隱，翰墨留光。故曰：王氏在今日盛也，宜譜之成。

雖然，會於社也，又會於文，又會於家也，皆不以爲虛談而實遵焉，然後謂之盛也。吾社無許、邵之評，而是是非非，人人有季野之識。亦每有指而議之者，曰：某家俗易而風移，某家因其薄而仍其諭；某家執禮以相讓，某家執挺以相撻；某家告其有不善，則幡然而改，某家告其爲不善，則冥然而無忌。三代遺直，可懼也哉！不獨在一家可懼，我十數家皆可懼也。王氏善者當益勵於善，有不善者改而爲善，亦善矣。然則，龍塘豈曰勝於今日，尤將大於其後也。

## 桃溪姚氏族譜序

桃溪諸子曰任甫、曰信甫、曰仲甫、曰天相、曰弘任、曰辰，是歲冬至，有事於先祠。越明日，持諸長者所修族譜而傳其命，而予謁也。桃溪諸長者曰漢輔、曰籌、曰蔓，蓋今竭勞於譜者也。

桃溪之譜宗梁國，上遡有虞氏，其昉諸宋淳熙者，中歷世變。我皇明百八十年間，譜之續，蓋數閱也：洪武間有臨湘丞，成化間有溫州貳守，弘治間有修齋，又今日也。姚氏之派，蓋蕃矣，初分爲四，其一曰桃溪，而桃溪之分爲九，環桃溪而居之。而譜也，合而題之曰《桃溪》云。夫有家者，吾視其興衰之候何繇哉？是故蕃庶可矣，豐居積可矣，代有簪纓之華可矣。然不徒于是，必其修孝弟，延詩書之澤，夫然後足光焉，爲世家足稱焉。夫譜誼之修，固所謂詩書之澤，孝弟之思者。姚氏百八十年興衰之候，不繇是而可稽耶？桃溪《譜例》，予且嘉之，蓋曰：「孝子順孫、義夫節婦，必書之譜者。」是將示褒貶，寓勸懲，教之所存，爲一家之大史也，非耶？

予嘗偕諸鄉先生講學於桃溪之里，姚氏諸賢率與焉，而所以相砥切者，固詩書之旨也，而孝弟先焉。桃溪諸賢，其皆思以修孝弟之行，以永光於家世，亦簡冊之光也。雖然，聖門以孝爲先，先王至德，而又以鄉黨宗族稱孝弟者，爲士之次。是孝弟一也，乃於聖門有辨焉。古之大孝莫如舜，故獨頌夫察於人倫者也。人亦有言：「體姚法姒。」千百世之下，思我人道者，蓋靡不思爲其徒矣。遙遙華胄，而謂其神明之後，顧不有遐思耶？予以是爲姚氏之後厚期也。

## 江南彭山族譜序

我鄉之風，自舊相傳，謹昏姻，崇門閥。然乃門閥之評不規規，于隱于顯，于寡于蕃，而惟故姓之爲狗。彭山之族，世傳謹厚，故姓也。族之長者君定、君倫、君源、君餘、胤玼，皆念素宗譜常情，不以爲急，獨汲汲焉。源躭觚翰，固始遷祖所遺家傳，暨先輩敬莊、儼靜《表》，與其考國器甫所爲《宗圖》、舊簡，訂訛補闕，勤二載，而譜就，而系以規定也。二三君曰：「吾力能費則費之，毋豆徵而區歆。」志孔、志孟將諸長者之命而謁予。予寒門，於孟，母族也。孔也語謙謙曰：「宋元先達，簪纓未乏，乃寂寥於今日。」予曰：「仕不仕，非可以爲賢不賢之別也。且昔英雄之輩，際風雲，圖帶礪，而躧淮陰之俎醢，豈若茹芝深谷而歌之曰『駟馬高，蓋其憂甚大』者乎？」二子乃出源所述，得而稽之。

彭山之先，漢司空長平侯，居淮陽。至十五世玕，五季之亂，西謁南平王，因爲鎮南將軍，鎮廬陵之東境，秩至太尉，樂我江南，因家焉，家於永豐之沙溪。子彥昭有子一十五人，其四曰師旺，爲都知軍馬，鎮彬州，移鎮

雲陽。既而南唐併楚兵毒而力弗支，東還沙溪，卒於永新九都之平步，遂葬焉。時子德洪領部麾三百人，自平步至鎮岡，父老遮留，曰：「我眾感先太尉置永新，應援東南，有撫御恩，願公居此，為鄉保障。」公因眾心而留，而遂家焉。今彭山，蓋鎮岡也。彭山之族，以洪公為始遷祖公，於宋開寶庚午，嘗作家譜，以遺後人。今彭山稱江南者，在江之南，亦不忘鎮南公留大江之南也。

予嘗論之，我鄉邑蕞尔之區，磽碻之藪，視江迤北，所謂沃土，所謂天府之國，豈所能及，而保有數百年先隴不迷，數十世族居不析，其在我江南多也。彼其坑長平，填澥泗，昆陽虎豹，淮淝風鶴，凡幾海桑之遷，不在區區之土，然則擇茲土而居之者智矣。衍有今日，為百世不遷之宗者，獨天也耶？

吾鄉諸故姓，頃年以來有譜必續，未譜必譜，予喜之也。何也？我國家二百年累洽重熙，仁深澤厚，無四方金革之聲，無六月鴻雁之悲，家重詩書，人珍紀載，然豈徒謂其名可傳，往可稽，不泯泯其身後也耶？思其譜必思其先，必思乎干霄之木，萬葉千枝，同一根株，榮悴花落之相貫也；數百千人，同出一人，蓋一氣也，一體也，忻喜悲戚相關也。繇是有相好而無相猶，有相讓而無相爭，有相恕而無相責，有相扶而無相害，以篤天常，以貴人文，召和氣，感休徵，鍾賢毓秀，延基永祚。維松與檟，奚止數百年不斬？維桑與梓，奚止數十世必敬必恭也哉？然則譜也，關於家之興衰，亦王教之所關也。抑《彭山譜》昉於宋開寶之庚午，成於今皇帝隆慶庚午。庚為生生之數，午當天地之中，金從革，火文明，可以卜其後者。

### 宣溪曠氏續譜序

曠居宣溪，近古叔敖之城，邑稱故家，詩書義粲云。譜舊修於維滋公。按郡志、邑志，草木子李雲陽銘簣谷，劉槎翁詠仰齋，藏外氏文信國燕獄手筆者。解學士、吳教授由翁敘《滋譜》，洎〔註13〕宗孫彬所自敘述，其受姓，其始遷，其同源異居，其諸聞人可稽已。二百年來，宣溪蕃於昔，而未有續之譜者，闕典也。淮府先生東泉恩謝教授歸，偕諸子弟廷甫、欲福、仲材輩續之。教授復自述，水南巡徼為宣溪始遷之祖，水南四傳為五伯，曰春伯公、明伯公、成伯公、清伯公、端伯公。今所續書，五公之派也。石門欲梓，尤

---

〔註13〕洎：底本作「泊」字，因形近而誤，據文意改。

譜汲汲者。

陽因言之，曩二百年間，操翰墨豈乏其人，餼梓人豈乏於資，乃俟今日而復。舉曩族之睦，有不如今之睦也，非耶？睦則和，和則合眾心為一心，百斯舉矣。和其質也，簡冊其文也，薦其質而文生焉，宣溪之譜，不虛車也。陽也登謙光之堂，教授先生九十而謙謙而恂恂焉，感孚門庭，有教授而和融融加曩昔矣。和召祥，神理不爽焉者，人占之曰宣溪。溪山鬱其靈秀者，久而光芒露矣。乃是歲欲木恩選驥，鹿鳴選。人且謂拔良材，登吉士，為國求賢者，不謬矣。陽祖母氏也，尤切願之宣溪之和，加而無損。他日吟七步之詩，我書「百忍」。彼窳俗而我貞風，彼鬼魅而我鸞鳳。不出家者和一家，用之天子之庭者，翊聖明以和萬邦。予蘄也哉！

家不可無大老，教授先生和而群和萃，功不可磨於宣溪矣。郴陽曠公子輔，昔日謝訓導歸，教其子埜。埜餚躬而續慮，黽黽于學，為按察使，寄一褐歸，訓導先生怒而責之曰：「何緣得此不義物污我？」埜乃益勵清操，卒為大司馬，以徇君諡曰忠。齊家不可無大老，而教之不可以已，也如是。

# 附　錄

## 卷八

### 附錄一：逸文輯佚

〔語錄〕

#### 三五先生洞語

清明在躬，知之至也，養知莫善於寡欲。

有生之變，有死之變，人知死之變，而不知生之變也。魂遊變也，孰主張是？孔子曰：「合鬼與神，教之至也。」

學者不察，率因其質以滋長，而自易其惡之功蓋寡。善學者，不易其惡不已也。

眾人囿於數。君子治則防，亂則修，《易》以知來，有變易之道，聽其自完自裂，一歸之數已哉。

天下有難處之事乎？利害之計也難，道義之從也無難，義不甘於食粟，則有死餒而已矣。天下之不爲利害計者寡矣，故戚戚者多。

君子以歲月爲貴，譬如爲山，德日崇也，苟爲罔修，奚貴焉？況積過者耶！

惟待其身者小，故可苟；惟自任者不重，故逸。

古人求治於身，後人求治於天下。休天下而不煩，身求者也；擾天下而不恤，求之天下者也，是故執《周官》而不能執好惡之矩者，不可以治天下。

水之激，失水之真矣；情之激，失情之真矣。君子之情不激也，故不激其言。

不善之聞，懲創之益少，而潛損者多，故言人不善，自損也，又聽者損。

動有掩護，非德之宜，好名者也，故好名者心勞。

獨行君子，出於實心，而於聖人之誠有辨焉。孝弟通神明，而於聖人之察倫有辨焉。

志於開來者，不足以盡性命，志於性命者，足以開來。

賢哉，未信者之自信也！雖聖人弗之信，而信其自知者焉。其自知不惑，其自求不小。

德者，得也。無得於己而言之，恥也；無得於己而言之，不信乎人矣。

惟虛故神，惟敬乃虛。

知幾而後能知言，知己之言，而後能知人之言。

動出於至誠惻怛爲王道，動責之我爲大人之業。

知者，心之神明者。知善，知不善，知好善，知惡不善，知必爲善，知必不爲不善，是至善也，是人之明德也，天之明命也，故曰良。致，言學也；致者力，而後天者全，曰「明明德」，曰「顧諟天之明命」，舉致之之謂也。五常百行，明焉察焉，神明充周，是謂能致其知。古聖人莫如堯，贊曰「欽明」，非知之至而何？中，知之不倚於睹聞者也；敬，知之無怠者也；誠，知之無妄者也；靜，知之無欲者也；寂，知之無思爲者也；仁，知之生生與物同體者也。各指所之，而皆指夫知之良也，故曰：「致知焉盡矣。」

獨知之明，大明懸象，照臨天下者似之，蓋觀於《晉》。人有失則者，明入於地矣，有邪僻之見者，入左腹矣，蓋觀於《明夷》。

著焉、察焉，無或遺焉者，聖人之無不知；踐焉、履焉，無不勝焉者，聖人之無不能。洽聞亦知，多藝亦能，闇於其大者矣。

至健者知之健，至順者知之順，唯健也不可險之而知險，唯順也不可阻之而知阻。人心惟危，險阻之謂也；健順，精一之至也，君子蓋無時而不懼夫危也。

置我身於人人之中，而非之是之惡之愛之奪之予之者，夫然後可與無我。

物不可厭，厭物者不能格物。

（錄自黃宗羲《明儒學案》（修訂本），中華書局二〇〇八年，第四四四～四四六頁，個別地方標點有修改處）

## 晚程記

齒髮衰，不可返已，志氣衰，奚有不可返者哉？曰三牲，曰袒割，無關志氣。曰孜孜，斃而後已，善自養老者乎？

剛健中正，純粹精，無一毫髮欺，而後一毫髮非乾體。

境寂我寂，已落一層。

閱時事而傷神，徐自察之，嫉之也，非矜之也。矜之，仁；嫉之，偏。

潛谷鄧子儒釋之辨數千言，諸友有求其說者，子謂之曰：「只格物致知，曰以身辨之矣。」

海內講學而實踐者有人，足爲人師者有人，而求得先師之學者未一人見。

有不善未嘗不知，是致知；知之未嘗復行，是格物。

（錄自黃宗羲《明儒學案》（修訂本），中華書局二〇〇八年，第四四六頁，個別地方標點有修改處）

## 復真會語

子夏曰：「日知其所亡，月無忘其所能。」何爲子夏之所亡者耶？明道先生云：「常思天下君臣、父子、兄弟、夫婦有多少不盡分處。」非所謂亡者歟？又何爲所能者耶？昔不知而今知，昔不能而今能，勉之求盡吾之分者，皆所謂能者也。曰無忘者，勿忘之謂。作如是理會，不知得子夏意否？論者謂子夏之學已失聖人之傳，而後世之所盛行者，皆子夏之學也。不知見其何未至處而議之，豈以曾子責之于西河者，曰「使西河之人疑汝於夫子」，以是爲斷案歟？子曰：「回也其心三月不違仁，其餘則日月至焉而已。」後或以月至者爲次於三月，或日至者次於三月。不知孰爲得聖人之意，不知子夏在何階級。不知子夏之不違者，同於顏子而獨未及其三月歟？抑顏子之不違者，在子夏猶未達歟？以子夏之在聖門，猶未得在日月至焉之列，不亦可懼也耶！苟顏子之所不違者，得之而獨未及其三月，則又不得謂之失聖人之傳者矣。座上高明必有洞見於此者，批教幸幸，且望各自察之，察吾之所亡者、之所能者，如子夏之知耶、之無忘耶。子夏雖嘗不免於紛華、仁義之交戰，然始而瘠，終而肥矣，然在聖門稱篤信謹守。使今日學者皆得稱于篤信謹守，良亦幸矣。第恐所闕者信之，所欠者守之謹耳。誠使今之學者皆得稱篤信謹守，猶不免

有未至者，況難皆稱也耶。願共勵之！詩曰：「我日斯征，而月斯邁。」願共勵之！（錄自康熙三十二年刊本《安成復真書院志》卷五）

## 書輔仁會卷

學也者，學爲人也。人而不愧于爲人，能盡乎人道者也。求盡乎人之道者，匪學弗能人之道。何道哉？曰仁而已矣。故曰：「仁者，人也。」求仁者，求諸外乎？求諸吾心而已矣。故曰：「仁，人心也。」「君子無終食之間違仁」，蓋吾心湛然純一，無終食之間或違者。顏子之不違，不違此也；文王之不已，不已此也。心存即仁，而萬善備矣。有天道焉，有地道焉，有人道焉，天地之道亦仁而已矣。故曰：「仁者，天地生物之心。」人體乎仁，故曰「人者，天地之心也」，又曰「爲天地立心」。聖人傷天下後世之人有弗能盡乎人道者，故有教焉使之學，而又以爲天下後世之人不獲，與之同堂合席而耳提面命之也。乃傳之簡冊。然可一言而盡，一仁而已矣。後聖如有作焉，誠不越此。惟求仁者必務諸學，而務學者則又必求諸友。故曰：「以文會友，以友輔仁。」又曰：「至尊者道，至貴者德。」由師友有之，義重而其聚樂也。碭山劉子君實、胡子君庸，信予言而篤于學也，其志不渝。吾信之矣。尚惟求諸輔仁之友，其相須以有成也，以慰我心哉！（錄自康熙三十二年刊本《安成復真書院志》卷五）

## 語朱生

朱生問曰：「燿也躁，每患之，其何以藥之？」曰：「躁不可有。人或躁於言也，儆之者曰：『發禁燥妄人。』或燥於動也，儆之者曰：『一朝之忿，忘其身以及其親。』躁奚可有于我哉？然而人之患，不自知耳。自知其爲躁，自知其躁之爲不善，則孰肯居之以自陷於不善也耶？子患於躁，子不昧其知矣，藥在是矣。學者惡惡，當如惡惡臭。既知躁之爲不善，則當惡之，如惡臭之穢於我身，污於我衣冠，務決去之而後快於吾心。但恐子雖知之，雖曰患之，而未必惡之如此之真也。惡之真，好之真，此之謂誠意。誠與不誠，是謂人鬼之關。程子曰：『人之易發而難制者，惟怒爲甚。』《易》曰：『懲忿窒慾。』躁固怒與忿所發者也，其在古人，亦以爲所當先於克治者矣。古又言之：『克己須從性偏難克處克將去。』子能治躁，則無所不治矣。陽明先生立志之說曰：『躁心生，責此志，即不躁；忿心生，責此志，即不忿；客氣之動，責此志，即客氣便消除：無一時、無一事而非責志。』立志之時，苟能

用治躁一劑,則其治諸病之劑皆得之矣。孔子曰:『舉一隅不以三隅反,則不復也。』子去躁矣,當知反三隅哉!」(錄自康熙三十二年刊本《安成復真書院志》卷五)

### 語傅子公善之春官

傅子公善行,別予於復真之舍。予實戀戀不欲別,曰:「子行矣,其將仕矣,何時復與子論學耶?『古之學者為己,今之學者為人。』前輩嘆之曰:『古之仕者為人,今之仕者為己。』子詎不聞唯信之篤之也未耶?古之君子但樂於仕耶,先王有典禮以繩之,曰賢者有民物之責也,當出力而與明王共理之。彊仕之年則不容於自逸,垂髦之秋而後許之,得以休其勞三十年,經營四方均不得以辭其責者。故無義之為懼,大倫之廢之為懼。蓋君子之仕也。後之人異乎是矣,其趨卑,其謀陋,於是乎足羞,而於為國者足憂矣。昔子路許羔,而夫子猶未許之;夫子許開而,開猶未自許。若曰心術之微,開自信之,敢以誣夫子,抑敢以誣斯世哉。然而開之自許者大焉,斯又不得以先王典禮規規焉繩之矣。是獨與子論仕也,而學固仕矣。夫學苟為己,則其仕也必為人;學苟為人,則其仕必為己:仕固學哉。流俗薰蒸靈龜,磨蝕先輩,嘗痛慨焉,公善不慨之耶?子行矣,遙遙注想,蘄若予對。」(錄自康熙三十二年刊本《安成復真書院志》卷五)

### 絜齋說

君子之道,不甚高難行,平天下者不必警世炫俗,閎大奇偉之施,其知如天,其履如地。故惟以我之情度天下之情:我之所好必天下之人皆好,我之所惡必天下之人皆惡,所惡勿施而所好與同,天下之情得矣。故君子之道廣矣,而乃約之一言,非「絜矩」之謂乎?其謂所惡於上於下、於後於前、於右於左,毋以事毋以使、毋以先毋以從、毋以交之,又不亦析之而曲盡矣乎?然嘗論之有拂人之性之好,而亦有拂人之性之惡,有所忿懥、有所好樂者,非與親愛而辟、賤惡而辟焉者。故鈞之愛也,童子之愛也德,曾元之愛也姑息;鈞之怒也,四罪之怒也平,二十七諫之怒也虐。此其在父子、在君臣而施之者,概可見矣。而以斯之好、以斯之惡施之天下,與勿施之天下焉可乎?故惟仁人為能好能惡,故惟以仁人之好之惡而施之與勿施之,而後可以言矩而言絜。故曰格、曰致、曰誠、曰正、曰修,身也、心也、意也、知也、物無遺也,夫然後謂之大人之學。予為王子世方題其齋,而取諸絜,蓋

望之君子之道，亦自其名生之。名出尊公，予也度公之情而申告之，方也務度公情用答於公，而亦予度毋予謬也，絜之所先焉者也。（錄自康熙三十二年刊本《安成復真書院志》卷五）

## 答王生

學貴無疑，亦貴有疑。信之篤者無疑，知之真者無疑，直趨真的無眩歧路曰無疑。稱顏子者，曰觸處洞然，坦然由之而不疑是矣。故曰貴無疑。千里者必問津，往往學然後有疑。《記》曰學然後知困是矣。前輩有言：「大疑則大進，小疑則小進。」蓋疑則問，問則明，明則進矣。昔者夫子美子貢而欲成之，欲其悟一貫者，語之曰：「女以為多學而識之者與？」乃子貢不深致疑，故卒雖語之而猶未之悟也。故曰貴有疑。今學者能無疑如顏子，善矣。若少有所得輒自以為是，淺有所能輒自以為足，與夫不出門庭而謂冀北粵南阨塞險阻皆諳之，且居之不疑，而豈君子所貴於無疑者乎？好能疑之名，無隙而生惑，至於剜肉成瘡，求異同之勝是已，而疑人至於洗垢索瘢，與夫眊然之目對面不識，多惑多迷，豈少斯人者，亦君子所貴於有疑者乎？今惟真心、惟實用其力於學，不慕顏子之無疑而冒以自居，不懲子貢之未疑而強生問辯。有時自有疑，有時自無疑，無疑時是真無疑，有疑時是真有疑也。（錄自康熙三十二年刊本《安成復真書院志》卷五）

## 〔詩〕

### 書岡山

　　　陽字一舒，吉安福人。嘉靖乙酉舉人。除碭山知縣。徵授御史。
引疾歸。起光祿少卿，不赴。
　　獨尋花徑覓幽居，借我書岡小結廬。十日西風人臥病，半床黃葉半床書。
（錄自清陳田撰《明詩紀事》，《明代傳記叢刊》（第十四冊），明文書局，一九九一年，第二七一～二七頁）

### 病枕懷聚所道契　四首

東山講席近如何，病枕離思感嘆多。道在我鄉天欲厚，迢迢故遣使槎過。
雙眼無將隘九垓，幾家人結聖胚胎。子開已可乘軒去，猶共春風鼓瑟懷。
俎豆春芹二月香，文莊官邇杏官墻。後賢豈獨能芳薦，一卷《中庸》抱未忘。

燕谷向憐春不到，鄒生吹管谷生春。如今十二竹筒在，一曲陽和續有人。
（錄自劉元卿選編《鄒聚所先生外集》，明萬曆鄒衷、鄒襄刻本。按：本書卷
六《簡萃所鄒進士》即前三首詩，此處因四首詩爲一體，且題名亦不同，故
一併收錄）

### 觀金〔註1〕燈

秋澹孤峰逼太清，松堂芸館客星明。山光半夜衝牛斗，莫是牀頭拄杖生。
（錄自康熙五十二年刊本《安福縣志》卷八《詞翰志·詩》）

### 寄南軒

到處雲山可結廬，書岡新寄道人居。莫將書卷堆山裏，我病年〔註2〕來懶
著書。（錄自康熙五十二年刊本《安福縣志》卷八《詞翰志·詩》）

### 小石屋

石上雲生戀客衣，室中人屨向來稀。何人便作青山侶，小閣疏闌隱翠微。
（錄自康熙五十二年刊本《安福縣志》卷八《詞翰志·詩》）

### 竹箅

束得雷巖竹箅回，樓臺早暮拂輕埃。老翁此意真繾綣，猶帶無塵樣子來。
（錄自明張程纂修、清張光勛增修《安福縣武功山志》卷八，手抄本）

### 仙橋

迎仙萬象倍精神，一竅先天自有真。黍谷空傳吹律譜，圯橋惟悟授書人。
（錄自明張程纂修、清張光勛增修《安福縣武功山志》卷八，手抄本）

### 雲石

臥雲三度寄鴻蹤，化日熙熙萬象融。拍手世情無定局，白雲蒼狗笑談中。
（錄自明張程纂修、清張光勛增修《安福縣武功山志》卷八，手抄本）

---

〔註1〕 金：清同治十一年刻本《安福縣志》卷十八《藝文志·詩》所收此詩作「音」，
　　　　成文出版社有限公司，一九八九年影印版，第一八七三頁。
〔註2〕 年：底本原作「季」，今據乾隆四十七年刊本《安福縣志》卷二十一《藝文志·
　　　　詩》所收該詩改。

### 竹箄寄王兩洲

仙箄靈嚴手自裁，雲端擬贈龍頭梅。槐庭莫袖經綸手，更與茅簷掃積埃。（錄自明張程纂修、清張光勖增修《安福縣武功山志》卷八，手抄本）

### 歸自武功至瀑崖

行雲時濕五■衣，拄杖遥穿鳥道微。兒童驚問芒鞋破，爲說曉從天上歸。（錄自明張程纂修、清張光勖增修《安福縣武功山志》卷八，手抄本）

### 天香臺

澗繞藤蘿古，嚴懸松桂存。向傳黃太老，疑即晉仙君。夜壑生靈炬，秋壇尚紫雲。連峰登十九，真愜半生聞。（錄自乾隆四十七年刊本《安福縣志》卷二十一《藝文志·詩》）

### 爲寧州和尚作偈寄奇峰大師

萬法總歸空，一塔何勞記。奇峰升大耄，辛勤修何諦。中有未空者，炯然對上帝。持此報而師，權作山偈（按：此疑缺一字）。（錄自明張程纂修、清張光勖增修《安福縣武功山志》卷八，手抄本）

### 迎仙橋

仙翁何處白雲飛，閑倚闌干望未歸。壑轉白龍時出沒，竹搖翠鳳影依微。病腸欲洗三關癖，元竅誰探上乘機。開眼皺眉皆自取，漫題危柱問征驂。（錄自明張程纂修、清張光勖增修《安福縣武功山志》卷八，手抄本）

### 龜巖

龜峰獨對曉霞明，俯瞰群砠列小甖。欲吸雲漿前日熟，直乘風馭五銖輕。洞開曲徑窺仙室，談入玄機得友生。珍重離居思自勵，山林解勘歲寒盟。（錄自明張程纂修、清張光勖增修《安福縣武功山志》卷八，手抄本）

### 登三峰頂

茲山自謂心如拳，何應佳客來翩翩。誰知相遭非偶然，山靈洒掃三千年。仙翁長笑倚青天，許將病骨凌風泉。登高望遠意渺綿，千崖萬壑世間憐。谷人爲俗山人仙，胡不升高欲手援。九華東去雲相連，欲往尋之不可延。遲君飛佩扣君詮，幾時橫絕太華巔，寰中九點青如烟。（錄自乾隆四十七年刊本《安

福縣志》卷二十一《藝文志・詩》）

## 小石屋

二月攜客雲滿山，無奈佳客不開顏。秋至千峰青入戶，東陽老仙亦垂顧。髯翁更道室中好，掀髯許我同終老。一邱一壑聊棲我，不圖老翁深見可。九日壺樽天下有，我輩登臨不專酒。千年會合此佳期，再拜山前爲君壽。（錄自乾隆四十七年刊本《安福縣志》卷二十一《藝文志・詩》）

## 半雲洞天〔註3〕

秋至登山忘病足，山椒規畫雲中屋。中峰橫倚萬峰低，先遣誅茅芟野竹。新製欲教古洞如，朱明不暑三冬燠。洞扉雙啓對遙青，長作石欄倚嶔谷。何妨孤絕道人居，中天夜傍星辰宿。清栖了爾百年〔註4〕心，乾坤莫問雙輪速。他時須借病夫眠，攜取藥爐殘易獨。（錄自康熙五十二年刊本《安福縣志》卷八《詞翰志・詩》）

## 瀑水崖〔註5〕

群山萬壑瀉飛泉，木落霜清石可憐。噴雪驚雷出樹巓，鯨奔鰲逐誰爾鞭。層巖翠壁飛青猿，綠蘿垂帶花秋妍。三瀑五瀑遙相連，一迴一坐共延緣。恍疑雙劍亦珠簾，匡廬衡嶽赤舄〔註6〕邊。寒髮颼颼骨可仙，百年未了杖頭錢。巢松傍月誰爲牽，回看天際白龍懸，大箕小箕生晴煙。（錄自康熙五十二年刊本《安福縣志》卷八《詞翰志・詩》）

## 武功

翩翩我行侶，秋入雁飛群。望中鬱岧嶤，忽度萬峰雲。碧水懸霄漢，虹橋隔世氛。靈花覆窈壑，清猿切紫雯。捫葛仰穹木，緣岩背夕曛。徘徊默相視，把劍閱星文。去去無窮境，明當禮仙君。

---

〔註3〕按：乾隆四十七年刊本《安福縣志》卷二十一《藝文志・詩》所收此詩標題作「宿半雲洞天」。

〔註4〕年：底本原作「季」，今據乾隆四十七年刊本《安福縣志》卷二十一《藝文志・詩》所收此詩改。

〔註5〕按：乾隆四十七年刊本《安福縣志》卷二十一《藝文志・詩》所收此詩標題作「瀑布崖」。

〔註6〕舄：乾隆四十七年刊本《安福縣志》卷二十一《藝文志・詩》所收作此詩「城」。

明當禮仙君，彷彿飛蘿佩。隔越但秋雲，咫尺期瞻對。豈無訣飛霞，骨骼夙予昧。半山接葷塵，百慮役形塊。但識樊籠中，豈覯元霄外。清盟茲戒嚴，永矢無當悔。所冀多靈貺，聞斯夙如鋭。

聞斯夙如鋭，歎息空彌襟。豈無今昔賢，汩汩違真心。悅我同袍衣（疑作友），骨相多山林。揭去窮杖履，遥遥度碧岑。朝上層霞端，暮宿松樛陰。山中日獨長，山下雲復深。保固願終諧，心結紫瓊琴。

（錄自明張程纂修、清張光勛增修《安福縣武功山志》卷八，手抄本）

## 遊箕峰酌會仙石遂憩古壇

古菴形勝敞南箕，奇石如舌斜翕之。何年星隕來此峰，披蘆高坐碧參差。崎嶇窈窕飽所經，酣來三復《歸來辭》。倚歌四和商聲急，喚得雲歸鬚亦濕。兀然如在無懷前，鸞軿鶴駕手可揖。衝霧直入歇脚亭，仙翁頎然喜相迎。紛紛香火乞福澤，誰從一覔至道精。惠迪從逆君所知，諛詞佞容吾豈聽。君家自有神仙訣，左右陟降在帝關。一瓢可貯杏壇春，千馴不直西山蕨。回頭細語諸君子，須向太初超生死。累善漸長冬至日，去惡一決龍門水。莫遣苦海自煎烹，坐負勝遊亦可泚。

（錄自明張程纂修、清張光勛增修《安福縣武功山志》卷八，手抄本）

## 歸來石

歸來兮山中，山蒼蒼兮水溶溶。桃花暖兮春風鬱，芳草兮蒙茸。抱黃犢兮村童，引白魚兮溪翁。潑春缸兮露融融，褢孤霞兮湖水東。巢月鶴兮青松，出滄海兮縱遊龍。

歸來兮洞中，掃煙蘿兮舊封，星關月鎖兮重重。扶桑麗日東溟東，崔嵬蜃闕金銀宮。矯寒犀兮霧捲，鬱蒼虯兮雲從。龍圖龜象兮負奇踪，鳥篆虫文兮不可通。彩雲翕忽兮生青空，多神工之付與兮吾焉窮，鸞情鳳想兮凌清風。

歸來兮故鄉，縶洞門兮山堂。崖花粉兮蝶夢長，野草碧兮麝竹香。燁紫芝兮白雲房，黃花朱實兮草木芳。落九華兮露瀼瀼，窈芙蓉兮秋水傍。中有人兮雲錦裳，冠兩山兮梟鳧雙。容與兮壽康，招五老兮共翱翔。

（錄自康熙五十二年刊本《安福縣志》卷八《詞翰志・詩》）

〔文〕

## 完甫字說

劉子名卿，字完甫，學於余而求完之說也，余告之曰：「名也者，德之所生也。名之完，也難矣哉！子欲完名，必完厥德。德勝乎名，君子務焉；名浮於德，耻之矣。君子疾名之不稱者，非謂無聞於後，而爲名與實之不相副。爾子思之！名猶寶也，人皆有寶不自重焉，則墮而毀之矣。故曰：天下之寶當爲天下惜之。故夫沾白璧於青蠅，猶可磨也。碎玉鬥於鴻門，舉其完而喪之。完而歸趙者，功最上矣。維璧之蒼，維玉之元，不有完物，不足以禮百神薦上帝也。君子大德不踰，小德可以出入。五典五教，三千三百，舉優優而無闕，而後可以言完也。古者臨深淵，履薄冰，戒不睹，懼不聞，求夫完也，而皆傳於兢兢業業。是雖聖人亦不能已。於日兢業以求完，而完甫其思之。孔子之子曰伯魚，周公之子曰伯禽，古人之名也謙，後世之名也侈。然非侈也，責之厚，而俾其思而進於古也。記曰服其服而不知其義，耻也。斯言可推也。予於完甫勵之也。」

隆慶壬申二月朔日三五山人劉陽書。（錄自崇本堂《南溪劉氏續修族譜》）

## 讀書臺辯

《舊志》殷仲堪爲安成守，築臺讀書。陽謂仲堪未嘗守此土，臺傳謬也。晉室不綱，堪都督荊、益、寧州軍事，及稱兵向闕，仍督荊、益。當時安成雖荊屬，而或經行，非築臺讀書時矣。其相傳也，爲非謬耶？曹操有讀書臺，所謂春夏讀書，秋冬射獵，待二十年乃出。其址在譙者，予嘗過而嘆焉，復留詩逆旅之舍曰：「落日臺荒野草過，行人猶憶漢山河。平生一字君臣義，二十年中書枉多。」言二十年讀書，曾爲識君臣之義一字者耶？夫書，君子以之畜德，小人以之文奸，可嘆也哉！仲堪與桓玄始同謀逆，既而相圖，既而落玄之手。平時尊天師道，日勤事鬼，堪果何如人哉！動不必如操，故亦操遺魂也。臺即堪作，祗足吾山川辱爾，雖無傳可也。（錄自清同治十一年刻本《安福縣志》卷十八《藝文志‧雜著》，成文出版社有限公司一九八九年影印版，第一九六九～一九七〇頁）

## 求王太廓記先師廟書

陽舊不喜工役，以爲民必病之。乃至碭，有不能自已者。碭文廟頹甚且

隘，設奠時，至不能折旋，乃請以公幣之費新之。以地嘗患水，甃爲址高五尺一寸，廟高三十六尺，廣十九尺一寸，深四十七尺九寸。舊戟門、二廡簡陋弗稱，加葺焉。舊郡聖祠在廟之西南，以爲瀆也，今改之。舊文昌祠以爲不經也，今裁之。鄉賢名宦，舊未祠，以爲缺典也，用增置焉。落成，學諸生請循故事鑴之石。陽謂梓人之勞爾，無足紀者，無已則廟既新矣，當有以新乎？諸子之志念者，必求諸有道之言可也。今舉子業，夫人所趨，固不俟督勸於有司。惟先師、師弟子相傳之旨，可與共學者蓋寡，陽甚愧焉。陽不能以身率之，則其言固輕，無足以感人心者。昔白鹿之會，陸丈登堂，首揭義利之辨，學者感之，或至於流涕。陽不敢自附於先哲，惟吾丈之學，孔顏微旨也，幸惠一言，俾得其興起，而率獲有聞于斯者，實仁人之功，亦慰先師之靈。舊廟蓋我鄉先生劉忠愍公記之，百餘年來復以托之吾丈，碭亦幸其所遭矣。忠愍公忠義流芳，固足以起儒於後世，惟吾丈復進之焉。李太白〔註7〕《袁州學記》固嘗喜誦所謂「爲臣死忠，爲子死孝」。名節之勸，蓋有裨於風教者然。嘗聞之東漢之名節，一變可以至道。陽所以望于諸子者，尤不敢不以厚焉，惟吾丈惠念之。教諭王子一貫，訓導周子贊、李子曾，新教諭楊子振紀、訓導吳子奇，蓋于陽期于諸士，而共圖所以少逭其責者。鄉之民劉永年、單成、陳鶴，乃董其役。成、鶴各以子在門牆且助金者，謹遣王生銳、曹生溥拜求門下，並附不腆之幣，以將誠幸進而教之。（錄自乾隆三十二年刊本《碭山縣志》卷十三《藝文志》）

### 社倉序

社飲之會，少長咸聚，獨儒服者每五日而後罷。讀《高皇帝訓》，陽繹之以鄙言，俾人人仰遵成訓，以無干於國典，舉吾鄉無或爲敝民者善矣。誦孔子之言，陽繹之以鄙言，俾人人修其行，而復進于修其念猶復進焉，予之望未已也。昔者有上國之會，有郡邑之會，吾多言戒也，吾乃今多言，又言之激，何也？亦曰：「戚之也，且以來交儆之，益以不相爲善柔也。」會有錄，錄姓字也。然將有指而議之者至矣，或曰：「某也，信其友者也。」始吾聽其言，今吾見行矣，是其心之微者，猶能謹之，矧於其迹之著者乎？或曰：「某也，其殆辱吾友者也。」始吾聽其言，今吾見其悖矣，是其迹之著而且無忌，

---

〔註7〕太白：疑爲「泰伯」之誤。泰伯，乃北宋思想家、詩人李覯（1009～1059）之字，其撰有《袁州學記》，而李白並未撰《袁州學記》一文。

矧於其心之微者乎？噫！斯會也，無見辱吾友者而後慰吾心也。（錄自康熙五十二年刊本《安福縣志》卷七《詞翰志‧序》）

### 亭橋記略

始則謀之，既乃紀其事爲後之人勸者，陽也。匪以爲惠，將後之人期之也。歲久荒瀆〔註8〕，不因寸石，當時集其事，頗不易也。後之人其共愛之！小隙輒補修，其易；無若今日之修，其難也。夫微蠹必除，而毋至于治蠹，善爲家者也；微釁必消，而毋至于撥亂，善爲天下者也；若乃修其瑕，而毋修其敝，亦善于器者之爲也。是故圖金湯之固者，防蟻穴也。斯山人思爲後之人預告者也。（錄自康熙五十二年刊本《安福縣志》卷七《詞翰志‧記》）

### 修尊經閣記

書院有閣，庋書其中，先觀風，諸公教思也。頃者闌危桷損，漸不可登，不可凭矣。邑侯李思亭公視之，而自引以爲責，偶戒行急，大書「高明廣大」，揭之閣中，曰斯吾未酬之心怏怏者。經其工費屬少尹胡君、尉王君，去之踰月，二君勤其事，閣整整矣。侯於濱行，猶眷眷於斯者，教思也。高明廣大，仲舒之言也，於學者切。聖人以六籍教萬世無窮，後之學者孰不有聞有知，乃有不能尊所聞，乃有不能行所知，於是孤聖人之心者爲不少矣。吾邑講聖人之業四十餘年。群少長於一堂，動數百十，先生長者良亦醇醇，謬以爲振古元聲餘音可傳。顧寥寥焉負果贏之祝，豈緣罔所聞之？同於庸眾，人貿貿者耶，弗皆尊且行爾。然以弗尊而弗行，亦謂其貿貿不可耶。古聖哲取諸陶漁，沛然若決江河。後之人口聖謨如優孟，且侮之矣。其在今日，舉仲舒之言而颺之，提諸藐藐者耳矣。此侯所云未酬之心而眷眷焉，爲登高遠眺者謀耶。吾邑賢師師留神風教者，後先不少，蓋不可忘矣。大程子陳王道，而惟先於正風俗，蓋國家元氣也。移風易俗，故不以許諸俗吏，彼亦未嘗無汲汲者，顧不先於茲爾。侯嘗禮黃布衣，而表其閭群郭中，諸童子使教之而弦……
〔註9〕（錄自萬曆刊本王時槐等編纂《吉安府志》卷三十五）

### 寮塘橋記

寮塘之涉，人久苦之。舊傳有橋而漫無跡，彭吉川郡侯乃建之，費出一

---

〔註 8〕瀆：清同治十一年刻本《安福縣志》卷十七《藝文志‧記》所收此文作「瀆」。
〔註 9〕按：此後原本殘缺。

人，勞亦出一人，其費之多不以難吉川，而負勞之多爲難也。寮塘亭，橋距二三里，溪同出於谷源，而地勢稍異。其爲役較亭，橋爲不易者。主人募工，審曲而度執，錮深基，爲不拔之圖。經歲而有速成之慮，日移胡床，勞勞溪水濱者，主人也。

昔梅邊先生嘗爲《橋疏》，有曰：「洪波浩渺，曾驚魚腹之魂。」有長者之心。聞斯語也，其能已於爲苦者謀耶？吉川貴有五馬，尚未二毛之侵，輒屣棄之，欲逸於某耶。某水顧不自逸而自勞，然不自營而爲途之人營之，未究其惠於天之涯，而布之於桑梓間也。大司空功在廟堂，波沾梓里，毋又體先公之心，而究公仁厚於鄉國者不已也？曩霞山蔡公之鄉，中流有石，歲爲舟楫之厄，公獨勞勞計碎之。蓋自歸林，無家營者，罔非惠於鄉國。伯子爲列卿矣，乃晚又舉子，背有赤文，宛一善字。郡刺史諸君請而見之，因傳四方。公蓋儒長者，不言老瞿疊果報，而報歸之，自不爽於神理。予嘗因之，仰思《爲善陰騭》一書，我文皇帝聖智邁人，豈有惑乎渺茫？蓋事不誣而理亦不誣，炳炳於載籍者也。

新橋工就，老人獨杖屨，爲鄉國而謝吉川。抑爲吉川誌之書之石，而繫之辭也，曰：「洪波湯湯兮奔魚鱉，公無渡河兮無舟楫。疇呂梁之丈人兮，能入水而不溺。況行蟻之皇皇兮，先礎潤而移穴。彼小狐之汔濟兮，尾其濡而幾頂滅。念踟躕之望洋兮，朝窮暮急。贊王政以除道兮，代大夫之輿。涉望之垂虹兮，即之磐石。賴雄鎮於鎮樹兮，蛟螭屏跡。我川伯與山靈兮，保以終吉。」（錄自清同治十一年刻本《安福縣志》卷十七《藝文志·記》，成文出版社有限公司一九八九年影印版，第一七三〇～一七三二頁）

## 遊武功記

嘉靖己亥秋，月山子惟常、三溪子汝重、平野子應明，與謀武功之遊，或謂宜泛輕舟，平野曰：「我當戒人棹舟於鳳林以需，期以九日登峰。」

乃九月丁酉發棹，霽景宜人，遡數十里，林木蔚然。一登月度山寺，又十數里，爲紫石潭，兩岸青山，宛有越中風致。日曛泊徐潭，石巉巉處見殘霞映樹，新月眉生矣。

戊戌，移數里，灘鳴漸急，索杖屨舍舟而去。亭午，憩龍雲，望梅溪諸峰，奇絕留人。暮宿平林庄，禾黍豐年，再誦延秋之句。

己亥，山中人導行路，多險巇，或微諷曰：「一失足時千古笑。」聽者矍

然。沿溪而折，過月家山，磐石碧潭，潺湲可弄，隔岸花竹蒙茸，聞雞犬聲，戀戀不喜去。暝至山口，宿竹林深處，夜中聽流泉不寐。

庚子，日初紅即往，可五里曰南平。眾山迴合，平疇一區，茅屋三兩家，相呼可聞。溪中石齒齒，度以板橋。叩草扉，一老人出，衣短布犢鼻褌，自言獨棲者五十年，且曰：「吾不解多語，但在此耳。」蓋自指渠胸中云。自是石路登登，斗折而升，出沒雲蘿，幽芳襲人，忽鐘磬出白雲間，指圖坪殿閣矣。道人迎迓仙橋，菴前二杏樹大可蔽牛，樹下敗礎殘鐘，字漫滅不辨，遂延入山閣曰無塵樓宿焉。老者夜攜杖，出《葛公傳》，於燈下盡閱之，其丹成自頌有云：「流珠流珠，役我形軀。真人度人，要大丈夫。」乃至此三復焉，曰：「嗟乎！雖以一氏之雄，亦豈不曰惟大丈夫能爾。」

辛丑、壬寅，猶暮雨，千山暝靄，雲冉冉盪胸，風泉吼急，作甲馬聲，諸君相視曰：「事不可諧，未妨淹留爾。」夜半起，視之，星月輝矣。乃早櫛，視日出露晞，是為九日也。躋十五里，坐山巔西望，雷岩徑絕。道人謂：「獨史谷蟾昔嘗一至，後欲至者，即雲生路迷，蓋神之也，未必果爾。」及坐丹池，人飲水一瓢。斜日風生，白雲出膚寸，忽彌太虛，寒飆不可留矣。乃謀宿集雲，未晚登集雲堂。

癸卯，還圖坪。又自西而折，登五里，曰箕峰，山若盤龍，宜久住者。至草堂墨跡，熟玩之，相傳為白玉蟾筆，乃未識海瓊語耳。

乙巳，歸，沿溪流而東，菊正華。至瀑布厓，眾流會入石潭，潭口如錡釜，其中深碧〔註10〕不可窮，白光閃閃，如飛雪從天墜也。晚出山村熟臥。

丙午，尋月山寺，得之，《志》曰巖有白石，狀如月云。

丁未，放舟數十里，曰煬岡。晚飯輕舟遡遊，以賞月景。至城西，聽漏下四鼓矣。

越明日，與諸君別。

山人陽曰：「武功一山〔註11〕葛峰，蓋以仙名，第不知何由武功名也。古后稷之封，有武功，為道家十二洞天處。太白之詩云：『一別武功去，何時復見還。』余亦何時得與諸君相與西遊，極目以觀彼武功，而窮所謂十二洞天者與葛峰今何若也？」（錄自乾隆四十七年刊本《安福縣志》卷十九《藝文

---

〔註10〕碧：此字原奪，今據〔明〕張程纂修、〔清〕張光勛增修《武功山志》卷七所收此文補。

〔註11〕山：明張程纂修、清張光勛增修《武功山志》卷七所收此文作「名」。

志・記》）

## 日觀記

山人觀初日於山之椒，而每得觀之，日武功白鶴之峰，日東岱宗，日南祝融；一當晚春，一晚秋，一元冬。冰雪而莫如殘冰剩雪，踏瓊瑤也。時夜將半，老瞿曼速客擁裘而東嚮，仰如圓蓋，耿耿疏星，俯黑中，忽有物如火，俄如金在冶而欲流，一躍而升，而復赤而滿也，彩雲夾之，變態倏不能狀。李空崆、鄭少谷稱孫山人觀於太白之峰而狂叫，時亦有狂叫者矣。古《卿雲》之詩曰：「卿雲爛兮，日月光華，且復且兮。」不謾語也。既而高數丈，如白玉盤，七十諸峰時露一尖。人間尚黑，甜中也。或曰：「十二萬年，元黃再闢，三皇五帝之秋，事寡而人稀也。武功之觀如南嶽，及觀於岱而稍異。」王龍溪觀於岱而每詫白玉之盤，曰：「莫有如我見者。」惜龍溪所稱，人不聞玉盤之先矣。羅念庵觀於祝融而適於諸峰之嵐也，而輒著之《南嶽志》，曰：「觀海日，俯洞庭，大抵出於寓言，無盡信者。」嗟夫！予奚爲而亦莊生言耶？予不信於吾友矣，無嗟也耶？念庵、龍溪語道而入眇微者，皆予所不及，而談登眺，偶悉之目偶見爾，無關於予智也。（錄自明張程纂修、清張光勳增修《安福縣武功山志》卷七，手抄本）

## 書九龍翰墨志

九龍之僧曰日本教，重諸縉紳先生翰墨爲九龍而作者，梓之以藏山中。盖大司成鄒公先之，大宗伯尹公繼之，以師泉、郡丞廬山、蒙山少方伯其後，翩翩未已。九龍，萬山中，寂寥烟月之區也，而附于青雲，有聞矣。然予嘆焉偉丈人、儒長者，天下之所以望之者，何如而使得自暇於寂寥烟月之區，而使潤鴻業、黼皇猷之筆，描寫乎幽壑寒岑。謂賢人之在野也，非耶，無歎也耶？豈不閑先聖之道，而乃對雞鶩之營營，不如玩鷗鳧之泛泛。江浦老丈，日與一野僧閑坐石江門，老丈曰：「尋僧野寺花迷路，無感乎？」數書珍重。雖《佛國表》者爲之矣。昔靈一、皎然之輩，喜翰墨而自擅之。唐人之詩曰：「解吟僧亦俗，愛舞鶴終卑。」茲但喜吾儕吟爾，其與解吟者又何如也？但不知當時靈一之輩，聞解吟愛舞之句，謂謗我耶，教我耶？謂教我也，始得而妙之矣。（錄自明張程纂修、清張光勳增修《安福縣武功山志》卷七，手抄本）

### 爲寧州和尚撰塔銘寄奇峰大師

衡州之安仁、天元之山，其下有鳳凰寺云。時演其教於一方者曰祖山，又號奇峰，又號古爽老人。盖有行解，能致人多信，嚮者爲其徒，前後致千餘人。寧州和尚執勤勞於其門一十七載而有得於其教者，今棲九龍之山，而爲其師乞言也，曰：「是歲也，師年七十有六，吾徒思法乳之報，將爲石浮屠以奉師。於他日嘗請於師，曰：是身非吾有者，何與於斯，無已則惟聽之而已爾。乃鳩工，乃於是冬工就焉。願一言以惠山門，以劖諸穹石，置諸鳳凰之林。」

予謂釋典之義，嘗未究焉者，第嘗聞唐元和間白樂天氏出守臨安，登秦望諸山，即長松之偃，盖就所謂鵲巢和尚者，問之以佛法大意。和尚曰：「諸惡莫作，眾善奉行。」曰：「三歲孩兒也道得。」老人曰：「三歲孩兒雖道得，八十老人行不得。」則佛法大意，惟導諸善，戒諸不善，而尚於行焉耳。誠使導一人爲善，天地間除一不善人矣。除一不善人，則增多一善人於天地之間矣。夫善人者，不徒自善，而遽已天下之人必有受其益焉者。夫不善人不徒自不善，而遽已天下之人必有受其害焉者。其相戕相害也少，而相濟相益也多，是善人多而不善人少也。則夫導人爲善而戒人以爲不善，盖補於君子之教者矣，奚爲而深病之？

古爽老人素與其徒有答問者，其徒錄之成帙，而題之曰《林園法要》。予既觀之，而亦未究其義。乃其爲法大意，無亦導諸善而戒不善也耶？予聞人語善，夫烏得而弗許之。因不辭而爲書之石云。（錄自明張程纂修、清張光勛增修《安福縣武功山志》卷七，手抄本）

### 大通關提舉澹菴劉君墓誌銘

劉子元卿，以春秋魁庚午鄉闈。赴春官試，內翰王荊石先生奇其文，仍擬魁薦，而以策忤時宰，主試者盖諷切時政而不諱，遂用擯落。然直聲聞於一時，而士論以劉諫議制策偉之。余聞而爲鄉鄰善也。因念劉子如是，必有嚴君，有家訓焉。元卿志於聖人之學，不以余爲鄙，而與余遊。余方念其癯癯於讀禮也，乃襄大事，而以伍進士惟忠所爲狀而屬余銘。伍子、劉子同舉庚午，而我鄉論皆爲端士。伍子之言足徵矣。

伍子曰：「澹菴公早爲邑諸生，與其伯兄國子生學《春秋》於九亭太守。既而厭時藝，好子史，因不得志於有司。」予謂：「九亭教人不專於藝而先之

行，澹菴兄弟必有得於九亭者。」伍子曰：「君每訓子，必曰立身，曰勵行。時元卿捷，則語之曰：『科目榮人耶，人榮科目耶？大丈夫當有樹立，徒青紫之足侈耶？』」斯予所謂必有訓焉，信哉！伍子曰：「君承累世殷富，而撫盈如竭，又拓之。然喜於貧者活之。每歉歲，諸富人閉其廩，君則出以貸諸貧人。諸貧人感之，亦及期而償。邑陳侯勸賑，君出百石，而受獎於當道。」予謂富不足稱，善居其富者足稱。《傳》曰：「淫人富者謂之殃，善人富者謂之賞。」我富而人賴之，是足謂之善矣。富而能惠，而獨得名，而冥報不爽，必大於其後也。邑俞侯先是擇爲約之長，而以君爲之。君不喜多事，而每事處之帖，三方感之。予謂鄉約，昉於程侯善政也。其後有不得其人者，反鄉約病，君則不孤於任之者矣。君爲藩從事於當，得官，時以母年九十，遙授大通關提舉而不赴。而樂於桑梓之間，引壺觴歌詠以自適。氣雖豪，而接人藹藹，坦夷而不徇繑節，人樂就之。垂瞑語諸子曰：「予平生無足汝法，惟不深刻，不與人較計，其承予志。」伍子既述之悉，又括而論之曰：「有恬澹之趣，有剛直之操，有容畜之度，高而能抑，下而能受，履滿而能戒。」自與君二子遊六年，深知君，其言當不漫也。

　　君諱陞，字于喬。其先自克都君由密湖徙南溪，後五世評事公良輔生龍南縣尉汶、沅陵令崧，崧子醴陵令孔彰，彰子堧，堧子秘書校勘鎰，鎰子修職郎渙，梅國先生其季子也。後先簪紱南溪，蓋望族也。梅國五傳至統，以義旌，爲君曾祖，祖壽官盡美，父益府引禮舍人丕顯，母姚氏。配永新浯塘彭氏。子五人：元卿，娶烏溪陳；上卿，娶浯塘彭；貴卿，娶高山趙；國卿，娶北溪周；天卿，娶烏溪陳。女三人：長適陳千戶其道，次適永新周嘉貽，次適顏問邦。孫四人：吉兆、吉瑞、吉良、吉星。孫女三人，先，周氏女，夫死，誓必從，未幾柴瘠而死。士林嘉之，著志節錄。予亦賦詩悼之，而嘆之曰：「劉氏之慶也，不獨元卿諸子之賢，雖笄幃亦濡染乎家教矣。」君生正德辛未三月二十二日，歿隆慶庚午十二月十二日。歿之明年正月，葬於黃岡祖塋之左巽巳山乾亥向云。

　　銘曰：「孿孿棘人，侃侃貞士。爰有嚴君，以成厥似。不磨者名，誠不以富。惠苟在人，綿基永祚。官而藐祿，懷各有適。擾擾錙塵，孰若云月？晚五丈夫，並美商瞿。當若燕山，多芳桂株。黃江之原，元閟之壚。指顧龍章，以賁松梧。」（錄自崇本堂《南溪劉氏續修族譜》）

# 卷九

## 附錄二：傳記資料

### 三五劉先生行狀　劉邦采

三五先生，吾邑南里人也，姓劉，諱陽，字一舒，行學。六世家三峯之下，初號三峯；三峯高聳雲端，旁夾二峯，俯視連絡，先生常携門人講業其上，故學者稱爲三五先生云。初祖家荊山，諱德言。至十七世南溪，諱伯儼，徙泰亨之福車，今三峯是也。高〔註12〕頤真諱萬脩，封文林郎、監察御史，妣歐陽贈孺人、蕭氏封孺人。曾祖諱珂，號介菴，歷官廣東右布政使，累有異政，妣朱氏封孺人。祖諱祉，號直菴，例授三河巡檢，以母老不仕，妣敖城曠。考諱宗本，號三泉，官益府典膳，封文林郎、碭山縣知縣，妣曲山蕭贈孺人。先生生於外氏之宅，即曲山也，歲在弘治丙辰七月十一日辰時，歿萬曆甲戌六月七日申時。得賢配，大智彭太守諱善之孫千兵勉純公之女，內外正位，交敬如賓，以夫貴，封孺人。子二，長啓獻，以例授儒官，次啓兆；女四，季適礱上彭，以早節顯。孫八，曾孫一。永翊、永靖、永端、永仕（祖歿三日，而仕生），即獻子也；永年、永命、永華、永祚，兆子也。年，郡庠生，年之子曰道，其曾孫也。用述其世德顯承，以稽接善之足徵云。

嗚呼！先生之於予也，身固同姓異宗，心則閼倫合志，共學於師門，講會於惜陰，踰五十年，無過不規，無學不究，予之得於先生者多矣。況以高弟傅應禎、劉臺、元卿、夏夢夔、王世構、劉思瑜、伍惟忠等，如在之思，寧不動予之思耶？

按述，先生降，神。先夕，外祖五河尹東山翁夢有賫黃恩至者，次辰而先生生，翁名之曰恩志，異也。稍長，讀書社學，每歸，祖母出其生息之數，命之紀，因聞生息亦能害人之語，乃驚異曰：「害人事可爲而紀耶？」泣告焚券，祖母喜其言，竟從之。一日，侍立祖側，語以「薩真人十二年一念不苟而二將降」，遂驚異曰：「一念之動，鬼神知之，而可忽耶？」長遊鸞泮，志存立言，澹然於舉業之習。文師兩漢，詩模初唐，亦既有成，士林重之，歸以名家。戊寅之春，梅源乃以受學於陽明先師授之先生，遂動念心性之謀，思以往虔親受業焉。直菴翁喜，遣其遊。時屆己卯之元日，執雉爲贄。先師

---

〔註12〕按：「高」字後疑脫一「祖」字。

一見器之，謂在門者曰：「是享予清福者。」命之習靜於射圃。日凡兩參，啓迪甚殷。每令翼君元亨等二十七人相稽切。越數月，告歸，先師難之別，又留數日。別之日，先師勉之曰：「能至貧至賤者，斯可爲聖人矣。」後遇督學周玉崕，以理學課士，先生直出所受書之筆，竟得首選；手授以《上蔡語錄》，且署之卷曰：「自上吉州，僅見吾子一人而已。」繼任邵端峰優禮尤至，授以莊渠《體仁說》。皆期以斯道之傳。其領鄉薦也，有司遣吏折花紅費，請以自備，先生曰：「簪花溫公媿矣，矧自備耶？」赴宴獨不帶，時惟劉見川亦然，士類重之。己丑，葬母孺人，墓在曲山，術者謂地吉，惟不利喪主。先生曰：「吾母安矣，吾身何恤也？」遂克葬。

辛丑，以學優之仕，初命拜碭山縣令。任碭四年，撫士民，興禮教，表節孝，新文廟，嚴武衛，脩城池，均力役而示信義，百舉皆作，而民無難色。雖以盜賊日熾，而士卒之感恩向義，效死盡力，遂捕其渠魁曰過天星、曰草上飛，一繩之法，以次就擒，碭民以寧。政暇，引士民聚講良知之學於千佛閣，或夜宿其上，座久惟一粥食，感激而惕慮者數百人。有布衣甘貧而吹楚自樂者，有臨死而必正寢者。民苦河患，詢之父老，曰：「本土以死力勝之，無勞過憂，惟鄰界有地二十七里，土硬石多，力無容施。」乃齋戒沐浴，率邑之父老子弟，哭號禱之，踰月而河疏。徐人紀之，爲異政。時當入覲，先生自備俸餘，涼薄如寒士。考績，進階文林郎。四年之內，民無告冤，吏無罹法，薦章九上，獎次十八。離任之日，士民遮道，哭泣若失慈母。碭人劉芳譽等朷仁政祠祀之，《去思碑》云：「使得大行其道，東周可復也。」《徐志》之紀尤偹。再命，拜福建道御史。時世皇帝改萬壽宮爲永禧僊宮，百官表賀，先生曰：「當諫也，何以賀爲？」舊制部院接疏，中官持疏南面，接者北面，既授受，一揖而退。先生輪接，謂同官曰：「疏在中官手，北面宜也；疏接我手，而彼猶侈然南面，不疑於朝廷乎？」乃改舊規。先生在臺中，念念鬱鬱，惟懷直菴公中外之未歸土，連疏以疾乞歸，喜得旨「疾愈供職」之諭。舟至瓜州，遭暴風，舟幾覆，於是具冠服，焚香拜下，風徐以定。

家居數年，內召榮頒，合凡天下十人，先生乃以親老難離，而撫按後先連疏，尋陪點光祿少卿。薦之言有曰：「一字不入公庭，多士賴以師範。屢被召命，足任言官。」有曰：「養病久痊，樂道退處。講學不事空言，作事足以爲法。」有曰：「居家冰操，邑人儀範。」有曰：「急流勇退，學行交孚。講正道以端士習，率鄉約以厚民俗。」此其官績之可見者。乃若閑家惠鄉，以

成德門仁里，於親見信乎！我之求人，甚於人之求我。於家庭也，朔望有會，遷祖有祠，始祖之墓，祭有田。故自為詩曰：「開國公遺古墓田，功高青史自流傳。年來兩派諸孫盛，共掃寒愀六百年。」無非啓其講信脩睦、尊祖敬宗之善念於鄉黨也。立為月會，為社會，為屬祭會，合父老子弟咸集，不失其倫，訓迪丁寧，赤幟孝敬仁讓之風。慮函歲之不常，不能不失其恆心，連社立為義倉二區，鄉人賴之，有定向焉。故三十年間，鄉族少長無一姓名掛公庭者，而有司當道每揭示以勵俗。

　　盖其孝友之誠，本諸天成。自幼事祖父母、父母，無不貌恭心恪，可質神明。蕭孺人反葬之墓，亦其病中有歸寧之夢，因而成之，不容爽也。先是墳右壇樹高峻，堪輿所最忌者，為白虎送水，境內親厚者無不諷以決伐。先生曰：「物自有生滅，果碍亦聽自滅也。」竟風雷大作，拔矣。人皆云誠孝所感，先生曰：「偶然耳。」常丁寧於後人曰：「道義，身家之命脉，福祚之延綿係焉。」乃手錄經傳，以善喻人者，類編一冊，曰《接善》，并名其堂，囑之曰：「先世相傳一脉，惟此無為我斬也。」直菴公墓傍，有里中巨族無後之塚，相去甚邇，其族人願自遷徙，告之先生，先生憫然於色曰：「吾大父豈以窀穸而無鄰耶？感其意可也。」家僮貴祥刲股救母，人曰：「何自苦如此？」祥泣曰：「吾事吾主數十年，無一日不訓我輩以孝。吾母得安，吾死何恤焉？」後卒于家，乃慟而誄之。

　　嗚呼！為善者有矣，心固是也，而行則不著不察。若先生，皆其良知之學充滿流貫，渾然與物同體者也。居林下僅三十年，無日不以講受為業。始而結盧於三峯，既而盍簪於復真。壬子之秋，嘗與周訥溪及予，并携其從學之弟曰以進，杖屨南嶽，窮搜風景。癸丑上元，乃反。訥溪別，而贊先生之像曰：「外柔內剛，貌素中黃。神龍威鳳，幾決行藏。」獨往，終南山矣。先生歸，門弟日聚。常相語曰：「良知如日中天，常自知幾，即是致，即是格物。顏子之有不善，未嘗不知，未嘗復行。只是在知上了落，吾輩以困勉之資，正宜百信其功，用志不分，乃可望於有成。」又曰：「致知之學，天命之性，純粹至善。身心意知物，一時具足；格致誠正脩，一時一事。」又曰：「主宰是心，流行是意，主宰之精明是致知，流行之中節是格物，於此不遺，具見真體。」又作《致良知釋》，以示學者曰：「知者，心之神明也。知善，知不善，必為，必不為，止至善者也，天之明命也，故曰良。致，言學也；致者力，而後天者完，故曰『明明德』，曰『顧諟天之明命』。五常百行，明焉、

察焉，聖學無遺蘊矣。」丙寅，萃多士，開講於明倫堂。既而聯會水雲書院，其講之大要曰：「尋孔孟之正脉，守宋儒之繩尺。爲學而不修行，恐無救於高虛而無實，非學也；脩行而不研幾，恐無救於冥行而罔覺，非行也。」一時聞者有省。

往者曾萃諸同輩玩《易》仰上，先生曰：「《易》，心之體也。一息之怠，生生之機塞矣；生則通，通則神而化矣。」又作《如晝篇》曰：「河未圖，《易》森然也；偶圖矣，《易》森然也。圖而秘焉，《易》固《易》哉！」又曰：「晝夜者，時；無晝夜者，易。易，不已也，孔子不云乎不舍晝夜，觀此可以知肯綮矣。」是歲五月六日，高弟朱汝昌病亟，先生往視之，哀甚，未數日，感而成吃逆。先生素精脉理，十三日，朱易菴、鄒穎泉、彭雪蓬過訪，論學不倦。既而朱肯誠至，嘉其能孝，取扇書詩遺之。接友間，竟不言病。至六月七日，早起，正襟踞床而坐，惺惺不覺，撑持至申日晡，仰面高弟李挺等，拱手而逝。里之人如失慈父母，會哭於家者百數十人，凡七旦夕。門弟子加麻執心喪者月餘。郡邑縉紳耆艾，無問識不識，奔走填門，至不能容，悲愴道路，殆所罕見聞者。嗚呼！先生得矣！得矣！吾黨之後死者，又何如哉！

所著有《吉州正氣》《洞語》《人倫外史》《山壑微蹤》《陽明先生編年》《接善編》《先隴誌》，梓行於世，所存餘稿有告也。嘗自言曰：「志於開來者，不足以盡性命；志性命者，足以開來。」有贊翰墨之工者，荅之曰：「鄭真成云：『作詩寫字，迷溺天下多少英傑。』學者須要識得。」觀此，則先生之所存者可知矣。曾自築基於住居之對案，負辛向酉，名曰端丘，因自表云。

詔進階朝列大夫、同知浙江嘉興府事、友弟劉邦采頓首拜譔。（錄自《三五劉先生文集》卷十五《附錄》）

## 明故柱史三五劉先生墓誌銘　王學夔

先生，醇道學也，予第四子世方婦翁也，諱陽，字一舒，姓劉氏，家于三峯下，旁有二峯，夾聳雲端，先生構雲霞館，玩《易》其中，學者稱之曰三五先生。高祖封御史，曾祖珂官廣東右布政使，祖祉官三河巡檢，父宗本官益府典膳，封知縣。母蕭氏贈孺人，妻彭氏封孺人。長子啓獻授儒官，次啓兆，女四人，俱適名家。孫八人，長永年，郡庠生；曾孫一人。陰澤環奇，未艾也。

先生生外祖五河令尹家，有奇兆。款敏不群，童齔時，聞乃祖舉薩真人

一念不苟而二將降，即驚悟曰：「念慮不可欺如此。」師劉梅源、彭石屋，養成法器。弱冠，與予弟學益、鄒東廓、劉師泉輩，從會稽王先生學，一見許其可道統任，乃益勵向往，顓顓以聖人必可至。

乙酉，舉于鄉。令碭山縣，多異政。苦黃河患，禱河神，一夕水自通者二十七里。碭山人德之，有慈愛格天之頌，刱仁政祠。詳《去思碑》《徐州志》。以學爲政，古循良弗逮也。歷四載，九膺薦章。召爲福建道御史，正色立朝，凜凜風紀，然和氣丕襲，兼萬物以爲膜，而被其容接者，藹程御史風。未幾，念親老，乞歸。久之，起天下才望者十人，惟先生不赴。又久之，以貴州道御史召，尋陪點光祿少卿，竟不赴。

蹤跡絕城府，一字不公庭入，惟陳侯寅齋、胡侯蓮渠講德業于學宮，肅先生主之。先是，聯里內諸姓爲道會。爲鄉約，率遵《聖諭》，邑稱仁里。三峰之巔，相從杖屨者甚眾。先生之學不涉玄談，敦實行，以致知爲宗旨。嘗語學者曰：「收斂到謇訥，不能出口，方是大進。」一時聞習其教，能不先生負者有矣。先生形神脩潔，望之如神仙中人。爲文蔚贍有俊氣，長於詩，墨法遒勁，稱「三絕」，琬琰大璧，快覩也，而實先生之緒也。

予長先生年十有五，先生每先輩視予，予則語德不語年，雅重先生，而啓予者爲多。今上登極，予再荷存問，先生喜而來，爲予誦《抑》詩，意津津也，予感而竦焉。逮予別，不覺涕下，先生亦相向潸然。

越明年，遘疾，六月七日，終正寢，年七十九。予哭之悲。其病也，族人禱之，里人禱之，無少長賢愚間，如疾之在躬。其歿也，族、里人如喪考妣，門弟子加麻執心喪者塡門，老成耆艾鮮不流涕。嗚呼！先生德孚人心，道傳後學。易名之典，當有公論，豈徒文元貞燿例耶？司諫周訥谿讚其畧云：「外柔內剛，貌素中黃，神龍威鳳，幾決行藏。」先生預卜佳城于里之端丘，自題曰雲山石室，其司空圖之達歟？

啓獻來謁予銘，予益悲不禁。先是聚予水雲書院，予託之曰：「老人殘照也，予墓中惟君數語，無辭焉。」先生呀曰：「后先未可知。」乃今忍先生銘哉！悲夫！予質亡矣。予年九十又三矣，晤邇也，惟不能作長語，頌先生德。然先生之德，山高水長，悉師泉《狀》，當自有傳者在也。

銘曰：「隆隆膴仕，孰不鼎涎？柏臺再起，藐若浮烟。綿綿聖學，孰能荷肩？禹穴一脉，直究先天。淑己淑人，體備用全。格言邃論，日星燦然。一時之望，百世之傳。端丘石室，鞏峙千年。」

賜進士、資德大夫、正治上卿、南京吏禮兵尚書、奉勅參贊機務、進階榮祿大夫、兩奉特恩存問、九十三老眷生王學夔譔。（錄自《三五劉先生文集》卷十五《附錄》）

### 劉三五先生墓表　　胡直

劉三五先生，安成福車里人也，諱陽，字一舒，世家三峯下，三峯高若天造，視其旁，則五也，先生講業其上，故學者稱三五先生云。上世家荊山，至十七世，徙福車。高王父萬脩，封監察御史。曾王父珂歷官廣東右布政使。王父祉例授三河巡檢，以母老不仕。父宗本官益府典膳，封碭山縣知縣，取曲山蕭，贈孺人。孺人適歸寧，外王父五河令公允先夕感異夢，詰，朝而先生降，弘治之丙辰七月十一日也。

稍長，入塾學，王母曠氏因令紀子母錢數，先生泣告，請捐數火券，王母喜，竟從之。王父驚，語曰：「昔有人能十二年不苟一念，而二神伏。」先生遽領曰：「一念鬼神見覿，詎可忽諸？」自是已有巨人志矣。補諸生，即能模兩漢文、初唐詩，翩翩著士林，歸以名家，然而非心期也。戊寅，遂動心性之念，乃專趨虔，執雉見陽明王公，親受業焉。公一見器之，曰：「是享予清福者。」命之習靜射圃，提誨殷甚。越數月，告歸，王公難之別，又留數日，勉之曰：「若能甘至貧至賤，斯可為聖人矣。」亡何，督學玉崖周公試，輒首選，署其卷曰「吉州僅見子一人」，授之《上蔡語錄》。邵端峰公繼授魏莊渠《體仁說》。咸以斯道期。

乙酉，舉于鄉，有司以金代花紅，請自備，先生恥之，竟不戴。辛丑，上春官不第，拜碭山縣令，先生慨然曰：「是不可行吾一體學乎？」恤恤焉拊其民子之首，敦禮教，表節孝，俾知所嚮；平賦均役，簡供剔靡，澹然與民休息。已而新文廟，嚴武備，修築城隍，百廢具興，而民樂從。時有劫盜，曰過天星、曰草上飛者，眾憚其驍，則密戒健卒生促，果縛而置之法，餘黨悉平。暇則群士民，講學于千佛閣，夜或偕宿，均粥食，感而奮者凡百數人。邑苦黃河塞，詢諸父老，有二十七里，土剛石繁，力倍艱。先生齋沐，率父老子弟，雪涕精禱，願以身代為壑。逾月，河如禱疏，人稱異政。裋身如寒士，時入覲，裹俸金以行，不煩民一楮。居四年，民無告冤，吏無罹法。士有甘貧，謂樂屬纊，必終正寢者，曰此令公誨也。薦九上，蒙召去，士民遮道，哭聲震地，為矼仁政祠，樹去思碑。語具《徐州志》中。入拜福建道御

史，故事部院接**疏**，中官抱**疏**南面，接者北面。先生輪接，徐謂同官曰：「**疏**居中官，北面宜也。**疏**已接，彼猶倨乎南，不僭乎？」中官聞而改之。然先生昕夕**鬱鬱**，懷王父未即土，連**疏**以疾乞歸。舟行至瓜州，暴風幾覆，乃具冠服，焚香拜下，風定。既家居，中外薦牘不絕。薦詞凡重語內召，合海內得十人，先生與焉，尋陪點光祿少卿，竟不起。

教家尤嚴，重祖祠，創割祭田，挈族姓爲朔望會，喻兒孫曰：「唯道義爲身家命脈，有之則延福延祚，亡是必促。」又手錄《經傳史》，以善喻人者，類編示之。家僮貴祥者，母病割股以救，蓋感其誨化者深矣。聯鄉人爲月會、社會、厲祭會，申以仁讓，風動南里，雍雍如也。又立義倉二區，里尤賴之。從幼事父母、王父母，敬恭可質神明。母墳右樹喬鬐，形家最忌，終不忍加伐。俄風雷爲拔去，時驚詫曰孝感。王父墓傍有里中無嗣塚，其族人願自徙，先生愀然曰：「吾大父豈窀穸〔註13〕而無鄰耶？」

跬跡林下，幾三十年，始臥三峯，繼萃復真。與鄒文莊公，劉兩峯、師泉二君，靡日不以講授爲業。壬子秋，嘗偕太平周訥谿君暨師泉君，訂學南嶽，徜徉祝融、南臺間，踰年乃反。訥谿贊其畧曰：「外柔內剛，貌素中黃，神龍威鳳，幾決行藏。」讀者以爲傳神。久之，門弟子日聚。常相語曰：「尋孔孟之正脈，守宋儒之繩尺。」又曰：「良知如日中天，唯常自知幾，即是致知，亦即是格物。顏子之有不善，未嘗不知，未嘗復行，其歸在知，知則無弗了矣。」又曰：「志開來者，不足盡性命；唯志性命者，始足以開來。」諸同輩玩《易》仰上，先生曰：「《易》，心之體也。一息之怠，生生之機塞矣；生則通，通則神而化矣。」嘗作《致良知釋》，最後著《如晝篇》，略曰：「通乎上下，往古來今，而範圍之，曲成之，時有迹，時無迹，假爾名之，而謂之《易》。百刻一周，晝夜也；十二萬九千六百年，亦晝夜也。晝不能不夜，夜不晝乎？其知晝者知夜，其知夜也，不亦知晝乎？是故晝夜者，時；無晝夜者，易。易，不息者也。」又偶書曰：「夜半蒙而睡，睡初覺，目未開。當此之時，人曰天地鬼神臨之而若影響，惟我良知昭焉，即天地，即鬼神也。昨寐時不息，今寤時不息，幾也，微也，神者也。」二篇濬乎其言之也。然對初學，尤以修行爲標鵠。邑侯陳君、胡君，嘗肅先生萃講明倫堂，曰：「爲學不脩行，恐無救於高虛而無實，非學也；脩行不研幾，恐無救于冥行而罔覺，非行也。」聞者乃益相勗於行，且知知行非二功也。

---

〔註13〕穸：該字底本原奪，據文意補。

萬曆甲戌之五月六日，有在門者病革，先生躬視哀劇，感而成病。友人來問疾，輒論學不懈。至六月七日，早起，正襟裾床，惺然無憒無矯。日晡，子孫環立，乃仰視弟子李梴，拱手而逝。族、里人哀之，如失慈母，相與樹祠於鄉；門弟子哭之，若喪嚴父，相與樹祠於郭南。師泉君曰：「三五得矣！得矣！」所著有《洞語》《人倫外史》《吉州正氣》《陽明先生編年》《接善編》《鄉社錄》《先隴志》，梓行於世。

先是築壽藏於居之對山，題曰雲山石室，因自表曰端丘。嚮每携客山游，見群山中有拔而端者，輒嚮之，坐而或負之而裏徊焉。茲舍前之東皋也，所嚮三五諸峰也，皆端也，因裏徊焉，曰：「老矣，能竟不為山棲者乎？即此用棲我瘦骨于他日，無謂可乎？舊雲霞之館，舉目見之。家而世三峯之下，官而乞歸，臥三峯之上，終而回首乎茲山之故館也，無憨乎予心哉！予學聖人未至，自附于古端人爾。端人所取者，端也。兒他日毋惑諸術家，惟當知吾心之安於端而已矣，其他舉毋計也。」二子奉治命，以甲戌之臘葬先生于端丘之卯山酉向。乃復以《墓表》屬予。予以先生終始乎端，即符于曾子得正而斃，千載盖不數數覿焉。而況予郡人暨海內知者，服先生如出一口，訥谿、師泉兩君尤得其神髓。予何嘖焉！予特粗紀行事，知先生視之塵埃也，浮雲也。雖然，予不可已也。

先生取彭氏，封孺人，懿行夙著，偕老而合葬焉。子二，伯啓獻，例授儒官，仲啓兆；孫八，永年，郡學生，永命、永翊、永靖、永華、永祚、永端、永仕；曾孫五，咸能守先訓，薦於纘緒。

又幾年，督學倏先生行誼，祀於郡、邑賢祠，因并紀載，以詔來葉。

萬曆十二年，歲在甲申仲冬之吉，賜進士出身、嘉議大夫、廣東按察司按察使、前兩承勑提督四川湖廣學校、教下泰和胡直拜譔。（錄自《三五劉先生文集》卷十五《附錄》）

### 心學迹 《皇明書》（新城草莽臣鄧元錫）

三五先生劉一舒陽，幼從劉伯光先生學舉子業，讀《性理大全》，忽有省，動希聖之志。間以白伯光，伯光喜，出所聞於王文成者告之，則大動。時文成開府虔，即奮請往受學。適歲暮，立負笈，冒風雪造焉。除夕，旅宿，十指僵皴，不能屈伸，欣如也。元日，奉伯光書，因冀惟乾以見。翌日病，王文成問惟乾曰：「吉中昨來者生，今安在？」以病對。曰：「是生少然行，且

享予清福，可教也。」明日入，惟乾以告，俾前謝，文成曰：「欲享清福，惟能辛苦者得之。」自是薄滋味，忍嗜慾，專於學篤深。與同志群處，竟日夕默坐無一語。退，與之直規遠諷，真意懇惻，俾聽者自動也。其讓善下能退，然以其身下之，故學造日深。察其志，慄傈乎懼泥滓之汙，得毫毛入其心，昭昭乎志揭日月而行之也。

其言曰：「知者，心之神明也。知善，知不善，知好善，知惡不善，知必為善，知必不為不善，是至善也，是人之明德也，天之明命也，故曰良。致，言學也；致者力，而後天者全，曰『明明德』，曰『顧諟天之明命』，舉致之之謂也。五常百行，明焉、察焉，神明充周，是謂能致其知。古聖人莫如堯，贊帝堯曰『欽明』，非知之至而何？中，知之不倚於聞覩者也；敬，知之無怠者也；誠，知之無妄者也；靜，知之無欲者也；寂，知之無思為者也；仁，知之生生與物同體者也。各指所之，而皆指夫知之良也。故曰：『致知焉盡矣。』有不善未嘗不知，知之未嘗復行。知，幾也夫，知微知彰，知柔知剛，曰萬夫之望，曰知幾其神。」

又曰：「獨知之明，大明縣象，照臨天下者似之。蓋觀於《晉》。人有失則者，明入於地矣；有邪僻之見者，入左腹矣。蓋觀於《明夷》。」又曰：「著焉、察焉，無或遺焉者，聖人之無不知；踐焉、履焉，無不勝焉者，聖人之無不能。洽聞亦知，多藝亦能，闇於其大者矣。」又曰：「庶物曰明，人倫曰察；天道曰明，民故曰察；曰事天明，曰事地察。稱聖人者，必言明、言察，知之至者也。」又曰：「知與行一，為真知；言與行顧，為德言。摭拾者盜，支離者偽，盜與偽，道其不行矣。」又曰：「至健者知之健，至順者知之順。唯健也，不可險之而知險；唯順也，不可阻之而知阻。人心惟危，險阻之謂也，健順精一之至也。君子蓋無時而不懼夫危也。」又曰：「置我身於人人之中，而非之、是之，惡之、愛之，奪之、予之者，夫然後可與無我。」

又曰：「諸情先欲，諸不善起於欲。欲逐則侈，欲滿則驕，欲拂則怨，欲喪則戚，欲阻則摧，欲急則躁，欲爭則忮，欲深則婪，欲苟則污，欲牽則迷，欲窮則亂。欲者，不善之端也，小則過，大則輕生禍倫，滅天理而縱之。故欲消而俱消，欲淡俱淡。欲至于無，情之順也，性之靜也，天地之真也。」又曰：「許友不爽；而爽者，非相欺也，意氣也。意氣以相許，能不爽乎？其自許也，亦然。故許之心者，則如季子之必酬，非以酬人、酬我也。」又曰：「同善而異拂，君子容有是乎？譽我從而善之，毀我從而弗善之，君子容有

是乎？詳我貌受之，不衷受之，君子容有是乎？責善之言，得吾情者德之，不得吾情者亦德之，君子之心也。」又曰：「水之激，失水之真矣；情之激，失情之真矣。君子之情不激也，故不激其言。」又曰：「同異之辨，得其情而喻之，可也；徒以異己，輒詆之，又不得其情，非自蔽耶？在昔有之，如刑獄之冤，具存而可覩矣。」又曰：「聞人之不善，懲創之益少而潛損爲多。故言人不善，自損也，又聽者損。」

以鄉舉，仕爲碭山令。碭山瘠，又三歲再歉，山澤多亡命。咨吁撫摩，有惻怛之愛。簡士而教之，士以丕動；表孝子閭，祭節婦墓，而俗化興。料民授役，城築子來，而武備畢。脩河，決新渠，齋河濱者七日，而禱願以身請命，河忽自疏者數十里。以薦入臺，爲御史。永禧宮成，禱祠，百官表賀，同官推爲首，曰：「此當諫，即不諫，可復賀耶？」于是臺官獨不賀。時分宜當國，曲加禮延至，引疾歸。徐文貞心服焉，比當國，以薦，與吳御史悌並召，辭不赴。先生少失怙，鞠于祖母，慈孝篤深。事親孝，終孺慕。父歿，執喪毀，廬墓。貞孤一節，而清和具體，惓惓訓誘。故賢知愚不肖，畢歸心焉。晚築雲霞洞于三峯以棲，素琴、古《易》、枕几、瓢笈，皆箴銘；四壁蕭然，而從之者成市。自東廓公歿，學者師尊之如公。卒之日，哭之者如雲，自庭達閭巷，聲不絕。兩建祠祀焉。余西游，受先生遇最深厚善，故具其事。（錄自《三五劉先生文集》卷十五《附錄》）

**理學傳**〔註14〕　　《吉安府志》

三五劉先生陽，字一舒，安福福車里人。自其兒時，端重若成人，恥私食，食必廣坐。年十三，請焚先世積券。弱冠從彭石屋、劉梅源兩先生受學，兩先生深器之。陽明王公撫虔時，先生亟慕一見其人稟學焉。而梅源先生，故是王公弟子，間示之《語錄》，則益嚮往，遂專如虔。除夕，泊舟野水，風雪霏霏，齒牙下上，指麻木不得屈信，先生顧津津然喜也。且日見王公，稱弟子。王公視其修幹疏眉，飄飄然世外之態，顧謂諸生曰：「此子當享清福已。」又謂先生曰：「若能甘至貧至賤者，斯可爲聖人。」先生跪受教。自是日兩謁見，退則與冀君元亨等互相稽切。越數月，辭還。先是督學使者與王公持論不合，則發策詆之。先生明正學以爲言，眾皆謂先生且殿，而先

---

〔註14〕按：萬曆刊本王時槐等纂《吉安府志》卷二十四《理學傳》中之文字與《三五劉先生文集》（卷十五）個別地方略有異。

生竟首選。

　　嘉靖四年，舉鄉試。任碭山知縣。碭山盜警無虛日，先生捕其魁傑，格殺之，奸民相顧讋慴，不敢動。於是表孝子閭，祭節婦墓，百廢具興，民俗丕變。邑苦河患，先生齋沐七日，率父老子弟雪涕精禱，願以身代為壑，河遂自疏者二十七里。待僚佐有恩，意煦煦然昆弟也，而僚佐亦以昆弟視先生。先生視身如寒士，時入覲，裹俸金以行，不煩民一楮。居碭山四年，九被薦剡。《徐志》稱先生有介操，臨民愷悌，尤尚理學；政暇則引士民訓諭之，無賢愚皆獲其益。蓋實錄云。既召去，士民遮道，哭聲震野，為創朒仁政祠、去思碑。入拜福建道御史，則侃侃持丰裁。世廟改建萬壽宮為永禧仙宮，百〔註15〕官表賀，諸御史推先生，先生毅然曰：「此當諫，不當賀。」已而廷臣有密促賀表者，且曰天威叵測。眾洶洶，歸過先生，先生曰：「即有譴，請自當之，不以累諸君。」已而迄無患。故事部院接**疏**，中官持**疏**南面。先生謂同官曰：「**疏**在中官手，北面可爾。既授**疏**，猶侈然當尊，謂朝廷何？」竟東向揖中官。中官雖甚恚，然迄不敢出一語。官舍蕭然禪室，日恒蔬食。或諷先生太儉，先生曰：「不聞青菜侍郎、長齋御史乎？」居頃之，以病乞休。執親喪，墓棲者三年，哀矜嗚嗚，悲感行路。

　　既除服，被內召，尋點光祿少卿，竟辭不起。而惟日與邑士人談學不倦。常會復真，群公夜講罷，門弟子就先生遶床趺坐，退若有得也。氣清明，癯然海鶴。嘗登泰山絕頂，遊衡嶽，夜半坐祝融峰，披羊裘，觀海日，超然遠覽，薄視色界一切。晚闢雲霞之館於三峰翠微，坐半雲洞天，與諸同志講道，飲泉茹蔬，悠然樂之。發為詩文，各成一家言。清泉白石，峭雲旭日，皆根極理道，關切人倫，融瀉性真。與人言，依於踐履，嘗曰：「美堯、舜之孝弟，而無稱於鄉黨；小溫公之誠實，而不踐其然諾。言獨言幽，乃無忌於可視可指；言著言察，乃未及乎行之習之。」蓋深中學者之隱衷云。至其所傳紹興心印，與所以深造而獨得之者，則猶不容以易窺矣。先生每語人曰：「孔子之學，率十年一進。藉令其壽加乎七十，又當有進於從心所欲不踰矩者。」即是語推之，先生所以孜孜不懈而求勉其所未臻者，蓋尚未有涯也。

　　先生天性溫良馴雅，自少至老，不能害物。與人交，仁經義緯，直致曲

---

〔註15〕按：「宮」「百」底本原脱，據萬曆刊本王時槐編纂《吉安府志》卷二十四《理
　　　學傳》補。

折，人人以先生親己。其言徐徐浸浸，優游有餘味，能使聽者不逆於耳。尤諳達事體，善爲鄉人解紛排難。爭曲直者，多不之有司，而必之先生之廬間。有背先生指結訟者，有司曲直之，一如先生言。人以是愈益歸服。沒之日，哭於其庭者以千數，相與祠祀之，至今不懈益誠。

所〔著有《洞語》《人倫外史》《山壑微蹤》《接善編》《吉州正氣》諸書〕〔註16〕。（錄自《三五劉先生文集》卷十五《附錄》。按：此文爲王時槐所撰。明焦竑編《國朝獻徵錄》（卷六十五）所收《御史劉先生傳》，除個別異文外，與此文內容完全一致，且署名爲王時槐撰）

### 理學傳　　《江右名賢編》〔註17〕

劉陽字一舒，安福人。爲諸生，買舟謁王文成問學。除夕野泊，雨雪霏霏，手指僵，不得屈伸，意躍如也。督學與文成論不合，發策侵之，公明正學以對。嘉靖間，鄉進士。知碭山縣，表孝子閭，祭節婦墓，以興俗化民。河爲患，公齋沐虔禱，願以身請命，河忽自通者二十餘里。入爲御史，力持風裁。永禧宮成，百官表賀。諸御史推公爲首，公訝曰：「此當諫，不當賀。御史職諫，即默不諫已爾，可復賀耶？」於是臺官獨不賀。尋引疾歸。親喪，廬於〔註18〕墓側。服除，被召，辭不赴。公學本良知，而求端於躬行。嘗病學者言獨言幽，而無忌於可指可視；言著言察，而未及乎行之習之。時稱爲篤論。公性樂易，惓惓接引，鄉里化其德。卒之日，自庭達於巷，哭聲不絕。遂兩建專祠祀公，至於今不懈。所著有《洞語》《人倫外史》《山壑微踪》《接善編》《吉州正氣》《陽明編年》《鄉社錄》諸書。學者稱爲三五先生。（錄自《三五劉先生文集》卷十五《附錄》）

### 理學傳　　後學譚希思

御史公名陽，字一舒，号三五。幼端重若成人。年十三，焚先世積券。弱冠，受學於劉梅源，慕陽明學，亟走虔臺，王公視公脩幹疎眉，飄飄然世外之態，深器之。公日謁見，間與冀君元亨等互相稽切。嘉靖四年，舉鄉。

---

〔註16〕按：「著有」至「諸書」，底本原闕頁，據萬曆刊本王時槐等纂《吉安府志》卷二十四《理學傳》補。
〔註17〕按：《江右名賢編》爲劉元卿所編纂。
〔註18〕按：自「獨不賀」至「於」，底本空白無字，據彭樹欣編校《劉元卿集·江右名賢編》（上海古籍出版社，二〇一四年，第一二〇一頁）補。

知碭山縣，表孝子閭，祭節婦墓。有介操，臨民愷悌，政暇則引士民訓誨之。盜警，則擒其渠，奸民讋慴。內召，民爲枡仁政祠、去思碑。爲御史，侃侃持風裁，其不肯賀永禧仙宮，尤爲正議。官舍蕭然禪室。頃得告，執親喪，墓栖者三年。服除被召，既辭，惟日与同志譚學。依於踐履，嘗曰：「美堯、舜之孝弟，而無称於鄉黨；小溫公之誠實，而不踐其然諾。言獨言幽，乃無忌於可指可視；言著言察，乃未及行之習之。」蓋深中學者之隱衷云。公溫良馴雅，与人交，仁經義緯，直致曲折，人人以爲親己。其言徐徐浸浸，能使聽者不逆於耳。尤諳事體，善排紛，故爭曲直者，多不之有司而之公廬。殞之日，鄉人哭之，祠祀之。所著有《洞語》《人倫外史》《山壑微蹤》《接善編》《吉州正氣》等書。〔註19〕（錄自《三五劉先生文集》卷十五《附錄》）

## 三祀志傳　　吳士奇

劉陽字一舒，安福人。年十二，請焚先世積券。王文成撫虔時，陽心慕之，往受學焉。文成見其脩幹踈眉，飄飄然有世外之意，顧謂諸生曰：「此子當享清福已。」又謂陽曰：「若能甘至貧至賤者，斯可爲聖人。」陽曰：「謹受教。」先是督學使者，與文成持論不合，則發策詆之。陽獨推明正學，眾謂且殿，而陽竟首選。嘉靖四年，舉于鄉。久之，謁選知碭山縣。陽山多盜警，陽捕其魁，格殺之，奸民相顧讋慴。邑苦河患，陽齋沐七日，率父老請禱，願身代爲墊，河自疏者二十七里。陽視身如寒士，時入覲，裹俸金以行，不煩民一楮。拜監察御史，世宗改建萬壽宮爲永禧仙宮，百官表賀，陽獨語諸御史曰：「是宜諫止，奈何称賀？」諸御史意不可，曰：「即有譴，陽自當之，不以累諸君。」疏入，而上竟不問。故事部院接疏，中官持疏南面。陽謂同官曰：「手疏而北面猶可，既授疏，猶侈然當尊，謂朝廷何？」竟東向揖中官。日恒蔬食，或曰泰儉，陽曰：「不聞青荣侍郎、長齋御史乎？」頃之，以病乞歸。尋陪光祿少卿，竟辞不起，而惟日與邑士人談學不倦。夜講罷，門弟子就陽遶床趺坐。晚闢雲霞之館于三峯翠微〔註20〕，與諸同志講道，因發爲詩。常言：「世儒美堯、舜之孝弟，而無称於鄉閭；小溫公之誠實，而不踐

---

〔註19〕按：自「所著」至「山壑」，底本模糊不清，據劉元卿《江右名賢編‧劉陽傳》中相同內容補。

〔註20〕微：底本作「峯」，誤，依其他多種傳記資料而改。

其然諾。云獨云幽，乃無忌於可指可視；言著言察，乃未及乎行之習之。」蓋深中學者之隱云。尤善爲鄉人排紛，爭者多不之有司而之陽。即有不聽，復訟之官者，其曲直竟如之，人以是愈益服。殞之日，哭於庭者以千數。相與祠祀之。所著有《人倫外史》《吉州正氣》諸書。是爲三五先生。知吉安府事吳士奇撰。（錄自《三五劉先生文集》卷十五《附錄》）

### 劉陽譜傳　《水部劉氏荊山派南溪族譜》

陽字一舒，號三五。中嘉靖乙酉舉人。任徐州碭山知縣。取授福建道監察御史。告歸。行載《徐州名宦傳》《江右名賢編》《吉安府志》《白鷺書院三理學傳》。祀郡邑鄉賢。鄉邑建專祠。享年七十九，生弘治丙辰七月十一，沒萬曆甲戌六月初七。配智溪彭氏千戶勉純女，生弘治庚申十一月初五，沒萬曆庚辰正月初八。合葬端丘真武形酉向。子二，啓獻、啓兆。（錄自明嘉靖三十七年戊午編修《水部劉氏荊山派南溪族譜》）

### 劉三五先生列傳　《安成復真書院志》

三五劉先生諱陽，字一舒，安福福車里人。自其兒時，端重若成人，恥私食，食必廣坐。年十三，請焚先世積券。弱冠從彭石屋、劉梅源兩先生受學，兩先生深器之。陽明王先生撫虔時，公亟慕一見其人稟學焉。而梅源先生故是王公弟子，間示之語錄，則益嚮往，遂專如虔。除夕，泊舟野水，風雪霏霏，齒牙下上，指麻木不得屈信，公顧津津然喜也。旦日見文成，稱弟子。文成視其修幹疏眉，飄飄然世外之態，顧謂諸生曰：「此子當享清福已。」又謂公曰：「若能甘至貧至賤者，斯可爲聖人。」先生跪受教。自是日兩謁見，退則與冀君元亨等互相稽切。越數月，辭還。先是督學使者與文成持論不合，則發策詆之。公明正學以爲言，眾皆謂先生且殿，而先生竟首選。

嘉靖四年，舉鄉試。任碭山知縣，盜警無虛日，先生捕其魁傑，格殺之，姦民相顧讋慴，不敢動。於是表孝子閭，祭節婦墓，百廢具興，民俗丕變。邑苦河患，公齋沐七日，率父老子弟雪涕精禱，願以身代爲壑，河遂自疏者二十七里。待僚佐有恩，意煦煦然昆弟也。而僚佐亦以昆弟視公。公視身如寒士，時入觀，裹俸金以行，不煩民一楮。居碭山四年，九被薦剡。《徐志》稱先生有介操，臨民愷悌，尤篤理學，政暇則引四民訓論之，無賢愚皆獲其益。蓋實錄云。既召去，士民遮道，哭聲震野，爲創仁政祠、去思碑。入拜

福建道御史，則侃侃持丰裁。世廟改建萬壽宮爲永禧仙宮，百官表賀，諸御史推公，公毅然曰：「此當諫，不當賀。」已而廷臣有密促賀表者，以天威叵測，眾洶洶歸過公，公曰：「即有譴，請自當之，不以累諸君。」已而迄無患。故事部院接疏，中官持疏南面。先生謂同官曰：「疏在中官手，北面可爾。既授疏，猶侈然當尊，謂朝廷何？」竟東向揖中官。中官雖甚恚，然訖不敢出一語。官舍蕭然禪室，日恒蔬食。或諷先生太儉，先生曰：「不聞青苧侍郎、長齋御史乎？」居頃之，以病乞休。執親喪墓楗者三年，哀矜嗚嗚，悲感行路。

既除服，被內召，尋陪點光禄少卿，竟辭不起。而惟日與邑士人談學不倦。常會復真群公，夜講罷，門弟子就先生遶床趺坐，退若有得也。氣清明，癯然海鶴。嘗登泰山絕頂，遊衡嶽，夜半坐祝融峰，披羊裘觀海日，超然遠覽，薄視色界一切。晚闢雲霞之館於三峰翠微，坐半雲洞天與諸同志講道，飲泉茹蔬，悠然樂之。發爲詩文，各成一家言，清泉白石，峭雲旭日，皆根極理道，關切人倫，融瀉性真。與人言，依於踐履，嘗曰：「美堯舜之孝弟，而無稱于鄉黨；小溫公之誠實，而不踐其然諾。言獨言幽，乃無忌于可視可指；言著言察，乃未及乎行之習之。」蓋深中學者之隱衷云。在三峰有對聯云：「云收霧捲開天眼，水盡山窮到地頭。」公之學可見矣。至其所傳紹興心印與所以深造而獨得之者，則猶不容以易窺矣。公每語人曰：「孔子之學，率十年一進。藉令其壽加乎七十，又當有進於從心所欲不踰矩者。」即是語推之，公所以孜孜不懈而求勉其所未臻者，蓋尚未有涯也。公天性溫良馴雅，自少至老，不能害物，與人交，仁經義緯，直致曲折，人人以公親己。其言徐徐浸浸，優游有餘味，能使聽者不逆於耳。尤諳達事體，善爲鄉人排紛批難。爭曲直者多不之有司，而必之先生之廬問。有背先生指結訟者，有司曲直之，一如先生言。人以是愈益歸服。歿之日，哭于其庭者以千數，相與祠祀之，至今不懈，蓋誠。

所著有《洞語》《人倫外史》《山壑微蹤》《接善編》《吉州正氣》諸書。《陽明先生編年》等書，歷今傳斯文。（錄自康熙三十二年刊本《安成復真書院志》卷三）

### 劉陽傳　*尹守衡*

劉陽者,字一〔註21〕舒,安福人也。陽明先生撫虔時,陽方弱冠,讀先生語錄,遂如虔,拜稱弟子,受學焉。陽為人修幹疏眉,視之飄飄如世外人,陽明一見甚喜之,語之曰:「若能甘至貧至賤者,斯可為聖人。」陽跽而受教。舉嘉靖四年鄉試。仕為碭山令,臨民愷悌,公暇則引四民入侍堂下,訓諭之,勉之孝弟力田,讀書講學。聞有孝子、節婦,表其閭墓。邑苦河患,陽齋沐七日,率父老子弟禱于河上,河遂自疏二十七里。居四年,九被薦,召為監察御史。去之日,士民遮道泣別;為創生祠尸祝之。陽在臺中,風裁獨持。世宗改建萬壽宮為永禧仙宮,百官表賀,陽曰:「此當諫,不當賀也。臣為諫官,不敢阿旨稱賀。」故事部院接疏,中官持疏南面。陽謂同官曰:「疏在中官手,北面可耳;既授疏,猶侈然當尊,謂朝廷何?」竟東向揖中官。中官甚恚,然不敢出一語。官舍蕭然闃室,日恒蔬食。或諷其太儉,陽曰:「不聞青菜侍郎、長齋御史乎?」服師初教也。尋乞休,執親喪,墓棲三年。晚闢雲霞館於三峰翠微,坐半雲洞天,與諸同志講道,飲泉茹蔬,悠然樂之,薄視色界。與人言,依於踐履,常謂今之學者:「美堯、舜之孝弟,而無稱於鄉黨;小溫公之誠實,而不踐其然諾。言獨言幽,乃無忌於可指可視;言著言察,乃未及乎行之習之。」年彌高,好學彌篤,語人曰:「孔子之學率十年一進,藉令壽加乎七十,又當有進於從心所欲不踰矩者。」善為鄉人排紛批難,陽一言,無不歸服。卒之日,哭于庭者以千數。鄉人相與祠祀至今。(*錄自明尹守衡著《明史竊列傳》(二),《明代傳記叢刊》(第八十三冊),明文書局,一九九一年,第六四九～六五一頁*)

### 劉陽傳　*過庭訓*

劉陽字一舒,安福人。兒時端重若成人,恥私食,食必廣坐。年十三,請焚先世積券。弱冠從彭石屋、劉梅源兩先生受學,深器之。陽明王公撫虔時,陽亟慕之。而梅源先生,故是王公弟子,間示之《語錄》,則益嚮往,遂專如虔。除夕,泊舟,風雪,齒牙下上,指麻木不得伸,陽顧津津喜。且日見王公,稱弟子。王公視其修幹疏眉,飄飄然世外之態,顧謂諸生曰:「此子當享清福已。」又謂先生曰:「若能甘至貧至賤者,斯可為聖人。」先生跪受教。自是日兩謁見,退則與冀君元亨等互相稽切。越數月,辭歸。

---

〔註21〕 一:底本原奪,據其他傳記補。劉陽字一舒,而非字舒。

先是督學使與王公持論不合，則發策詆之。陽明正學以爲言，眾皆謂先生且殿，而竟首選。嘉靖四年，舉鄉試。任碭山知縣，盜警無虛日，乃捕殺其魁桀，奸民讋懾。於是表孝閭，祭節墓，民俗丕變。邑苦河患，陽齋沐七日，率父老子弟精禱，遂自疏濬者二十七里。待僚佐如昆弟。居碭四年，九被薦。入拜福建道御史。世宗時，改建萬壽宮爲永禧仙宮，百官表賀，諸御史推陽，陽毅然曰：「此當諫，不當賀。」已而廷臣有密促賀表者，以天威叵測，眾洶洶，歸過陽，陽曰：「即有譴，請自當之。」已而迄無患。故事部院接疏，中官持疏南面。陽謂同列曰：「疏在中官手，北面可爾。既授疏，猶侈然當尊，謂朝廷何？」竟東向揖中官。中官雖甚恚，然迄不敢出一語。官舍蕭然，日恒蔬食。頃以病乞休。執親喪，墓棲者三年。既除，被召。尋點光祿少卿，辭不起。日與邑士人談學不倦。

常會復真，群公夜講罷，門弟子就陽遮牀趺坐，退若有得也。體氣清癯，嘗登泰山絕頂，游衡嶽，夜半坐祝融峰，被羊裘，觀海日。晚闢雲霞館於三峰翠微，坐半雲洞天，與諸同志講道，悠然樂之。發爲詩文，自成一家言，皆根極理道，關切人倫。與人言，依於踐履，嘗曰：「美堯、舜之孝弟，而無稱於鄉黨；小溫公之誠實，而不踐其然諾。言獨言幽，乃無忌於可視可指；言著言察，乃未及乎行之習之。」蓋深中學者之隱衷云。又每語人曰：「孔子之學，率十年一進。藉令其壽加乎七十，又當有進於從心所欲不踰矩者。」即是語推之，陽所以孜孜不懈者，蓋尚未有涯也。尋卒，鄉人相與祠祀之。（錄自明過庭訓纂集《明分省人物考》（八），《明代傳記叢刊》（第一三六冊），明文書局，一九九一年，第三五四～三五八頁）

**劉陽傳　《大清一統志》**

劉陽字一舒，安福人，初從劉曉受經，曉告以守仁學，遂往謁於贛州。嘉靖初，舉於鄉。知碭山縣，有惠政。徵授御史，嚴嵩以同鄉故，將援之，陽引疾歸。父喪，哀毀廬墓。終喪，遂不出。爲學務實踐，不尚虛寂。（錄自清和珅等撰《大清一統志》（卷二百五十），《文淵閣四庫全書》（第四七九冊），第七二五頁）

**劉陽傳　《江西通志》**

劉陽字一舒，號三五，安福人。少受業於劉梅源，見陽明語録而好之，遂如虔學問。陽明顧諸弟子曰：「此生清福人也。」嘉靖初，舉鄉試。任碭山

知縣。擢御史。世宗改建萬壽宮爲永禧仙宮，百官表賀。陽曰：「此當諫，不當賀也。」中官持章奏至，故事南面立，各衙門北面受之，受畢，復如前對揖。陽改揖爲東向。相嵩欲親之，竟引疾歸。推光禄少卿，不起。築雲霞洞於三峰，與弟子談學，蕭然如在世外。著有《洞語》《人倫外史》《接善篇》《吉州正氣錄》等書。（《明儒學案》）（錄自清謝旻監修、陶成編纂《江西通志》卷七十九《文淵閣四庫全書》（第五一五冊），第七〇一頁）

**劉陽傳**　康熙五十二年刊本《安福縣志》

三五劉先生陽，字一舒，南鄉福車里人。自其兒時，端重若成人，恥私食，食必廣坐。年十三，請焚先世積券。弱冠從彭石屋、劉梅源兩先生受學，兩先生深器之。陽明王先生撫虔時，先生亟慕一見其人稟學焉。而梅源先生故是王公弟子，間示之語錄，則益嚮往，遂專如虔。除夕，泊舟野水，風雪霏霏，齒牙上下，指麻木不得屈信，公顧津津然喜也。且日見王公，稱弟子。王公視其修幹疎眉，飄飄然世外之態，顧謂諸生曰：「此子當享清福已。」又謂公曰：「若能甘至貧至賤者，斯可爲聖人。」先生跪受教。自是日兩謁見，退則與冀君元亨等互相稽切。越數月，辭還。先是督學使者與文成持論不合，則發策詆之。公明正學以爲言，眾皆謂先生且殿，而先生竟首選。

嘉靖四年乙酉，舉鄉試。任碭山知縣，盜警無虛日，先生捕其魁傑，格殺之，奸民相顧讋慴，不敢動。於是表孝子閭，祭節婦墓，百廢具興，民俗丕變。邑苦河患，先生齋沐七日，禱河神，願以身爲壑，河遂自疏者二十七里。待僚佐有恩，意煦煦然昆弟也。而僚佐亦以昆弟視先生。先生視身如寒士，時入覲，裹俸金以行，不煩民一楮。居碭山四年，九被薦剡。《徐志》稱先生有介操，臨民愷悌，尤篤理學，政暇則引四民訓論之，無賢愚皆獲其益。蓋實錄云。既召去，士民遮道，哭聲震野，爲創仁政祠、去思碑。入拜福建道御史，則侃侃持風裁。世廟改建萬壽宮爲永禧仙宮，百官表賀，諸御史推先生，先生毅然曰：「此當諫，不當賀。」已而廷臣有密促賀表者，以天威叵測，眾洶洶歸過先生，先生曰：「即有譴，請自當之，不以累諸君。」已而迄無患。故事部院接疏，中官持疏南面。先生謂同官曰：「疏在中官手，北面可爾。既授疏，猶侈然當尊，謂朝廷何？」竟東向揖中官。中官雖甚恚，然訖不敢出一語。官舍蕭然，日恒蔬食。或諷先生太儉，先生曰：「不聞青菜侍郎、長齋御史乎？」居頃之，以病乞休。執親喪墓棲者三年，哀矜嗚嗚，

悲感行路。

　　既除服，被召，尋陪點光禄少卿，竟辭不起。而惟日與邑士人談學不倦。常會復真群公，夜講罷，門弟子就先生遶床環坐，退若有得也。氣清明，癯然海鶴。嘗登泰山絕頂，遊衡嶽，夜半坐祝融峰，披羊裘觀海日，超然遠覽，薄視色界一切。晚闢雲霞之館於三峰翠微，坐半雲洞天與諸同志講道，飲泉茹蔬，悠然樂之。發爲詩文，各成一家言，清泉白石，峭雲旭日，皆根極理道，關切人倫，陶寫性情。與人言，依於踐履，嘗曰：「美堯舜之孝弟，而無稱于鄉黨；小溫公之誠實，而不踐其然諾。言獨言幽，乃無忌于可視可指；言著言察，乃未及乎行之習之。」蓋深中學者之病云。至其所傳紹興心印與所以深造而獨得之者，則猶不容以易窺矣。先生每語人曰：「孔子之學，率十年一進。藉令其壽加乎七十，又當有進於從心所欲不踰矩者。」即是語推之，先生所以孜孜不懈而求勉其所未臻者，蓋尚未有涯也。先生天性溫良馴雅，自少至老，不能害物，與人交，仁經義緯，直致曲折，人人以先生親己。其言優游有餘味，能使聽者不逆於耳。尤諳達事體，善爲鄉人排紛批難。爭曲直者多不之有司，而必之先生之廬問。有背先生指結訟者，有司曲直之，一如先生言。人以是愈益歸服。沒之日，哭于其庭者以千數，相與祠祀之，至今不懈，蓋誠。

　　所著有《洞語》《人倫外史》《山壑微蹤》《接善編》《吉州正氣》等書。（錄自康熙五十二年刊本《安福縣志》卷三《人物志‧理學》）

### 劉陽傳　乾隆四十七年刊本《安福縣志》

　　劉陽字一舒，號三五，南鄉福車人。少受業於彭簪、劉梅源。見王守仁語錄，好之，遂如虔受學，守仁顧諸弟子曰：「此生清福人也。」。嘉靖四年，舉鄉試。任碭山知縣。地多盜，陽捕其首正法，盜遂息。表孝子閭，祭節婦墓，百廢俱興，民俗大變。邑苦河患，陽禱於河神，河自疏者二十七里。居數載，褆身如處士。政暇，則引四民教之學。既召，入爲御史。民立祠樹碑記之。世宗改建萬壽宮爲永禧仙宮，百官表賀，陽曰：「此當諫，不當賀也。」中官持章奏至，故事南面立，各衙門北面受之，受畢復如前對揖，陽改揖爲東向。嚴嵩欲親之，竟引疾歸。推光禄少卿，不起。築雲霞洞於三峰，日與諸弟子講學不倦。嘗曰：「美堯舜之孝弟而無稱於鄉黨，小溫公之誠實而不踐其然諾，言獨言幽乃無忌於可指可視，言著言察乃未及乎行之習之者，吾不

知所學何在。」又嘗述守仁語曰：「人能甘至貧至賤者，斯可為大儒。義利之辨，最為學者大關頭，吾輩不可不慎思此言。」居鄉，以禮讓化俗人，有爭端，多不訴有司而詣陽云。著有《洞語》《人倫外史》《接善篇》《吉州正氣錄》等書。卒祀鄉賢祠暨復古、復真書院。（《舊志》）（錄自乾隆四十七年《安福縣志》卷十一《人物志·儒林》）

### 劉陽傳　《碭山縣志》

劉陽字一舒，安福人。初從劉曉受經，曉告以王守仁學，遂往謁於贛州。舉於鄉。知碭山縣，有惠政。教民敦崇孝弟，公餘輒引士民訓諭，賢愚胥化俗。多盜，陽捕其首，撲殺之，奸民震懾之。邑苦河患，乃齋沐七日，率父老請禱，河忽自疏者二十七里。廟學公署多所修建。徵授御史。引疾歸。父喪哀毀廬墓。講學務實踐，不尚虛寂。（錄自乾隆三十二年刊本《碭山縣志》卷七《職官志》）

### 御史劉三五先生陽　黃宗羲

劉陽字一舒，號三五，安福縣人。少受業於彭石屋、劉梅源。見陽明語錄而好之，遂如虔問學。泊舟野水，風雪清苦，不以為惡。陽明見之，顧謂諸生曰：「此生清福人也。」於是語先生：「苟不能甘至貧至賤，不可以為聖人。」嘉靖四年，舉鄉試。任碭山知縣，邑多盜，治以沉命之法，盜為衰止。旋示以禮教，變其風俗。入拜福建道御史。世宗改建萬壽宮為永禧仙宮，百官表賀，御史以先生為首，先生曰：「此當諫，不當賀。」在廷以危言動之，卒不可。中官持章奏至，故事南面立，各衙門北面受之，受畢，復如前對揖。先生以為北面者，重章奏，非重中官也，章奏脫手，安得復如前哉。改揖為東向，無以難也。相嵩欲親之，先生竟引疾歸。徐文貞當國，陪推光祿寺少卿，不起。築雲霞洞於三峰，與士子談學。兩峰過之，蕭然如在世外。先生曰：「境寂我寂，已落一層。」兩峰曰：「此徹骨語也。」自東廓沒，江右學者皆以先生為歸。東至岱宗，南至祝融，夜半登山頂而觀日焉，殘冰剩雪，杖杖鏗爾。陽明所謂清福者，懸記之矣。先生於師門之旨，身體精研，曰：「中，知之不倚於睹聞也；敬，知之無怠者也；誠，知之無妄者也；靜，知之無欲者也；寂，知之無思為者也；仁，知之生生與物同體者也。各指所之，而皆指夫知之良也，致知焉盡矣。」由先生言之，則陽明之學，仍是不異於宋儒也，故先生之傳兩峰也，謂「宋學門戶，謹守繩墨，兩峰有之。」其一時講

席之盛，皆非先生所深契。嘗謂師泉曰：「海內講學而實踐者有人，足爲人師者有人，而求得先師之學未一人見。」蓋意在斯乎！意在斯乎！（錄自黃宗羲《明儒學案》，中華書局，二〇〇八年，第四四二～四四三頁）

## 劉陽傳　沈佳

劉陽字一舒，江西安福人。嘉靖乙酉鄉舉，仕至御史。兒時端重若成人，耻私食，食必廣坐。弱冠如虔見陽明，稱弟子。陽明嘗語之曰：「若能甘至貧至賤者，斯可爲聖人。」初任碭〔註22〕山知縣。被薦拜御史。時世廟改建萬壽宮爲永僖僊宮，百官表賀，公毅然曰：「此當諫，不當賀。」已而廷臣有密促賀表，謂天威叵測，眾咸洶洶，歸過公，曰：「即有譴，請獨當之。」卒亦無恙。故事部院接疏，中官持疏南面。公乃謂同列曰：「疏在中官手，北面可耳；既授疏，猶侈然當尊，謂朝廷何？」竟東向揖中官。中官恚甚，然訖不敢出一語。官舍蕭然，日恒蔬食。尋引疾歸，執親喪墓樓三年。既祥被召，陪點光禄少卿，辭不起，惟與邑士人談學不倦。體氣清癯，嘗登太山絕頂，及遊衡嶽，夜半坐祝融峰，披羊裘觀海日。晚闢雲霞館於三峰翠微，坐半雲洞天與諸同志講道，悠然樂之。發爲詩文，自成一家。言皆根極理要，關切人倫。與人言，依於踐履，嘗曰：「美堯舜之孝弟，而無稱於鄉黨；小溫公之誠實，而不踐其然諾。言獨言幽，乃無忌於可視可指；言著言察，乃未及乎行之習之。」蓋力破學者之隱疾而戒之也。又每語人曰：「孔子之學，率十年一進。藉令其壽加乎七十，又當有進於從心所欲不踰矩者。」及卒，鄉人立祠祀之，稱爲三五〔註23〕先生。（錄自清沈佳撰《明儒言行錄》（卷八），載《文淵閣四庫全書》（第四五八冊），第九〇五～九〇六頁）

## 御史劉陽公　《吉州人文紀略》

御史劉公陽，字一舒，號三五，安福人。自其兒時，端重若成人，耻私食，食必廣坐。年十三，請焚先世積券。弱冠從彭石屋、劉梅源兩先生受學，兩先生深器之。陽明王公撫虔時，公亟慕其爲人，因梅源先生見之，敬稟學焉。

嘉靖四年，舉鄉試。任碭山令，盜警無虛日，公捕其魁，格殺之，奸民相公顧讋惜，不敢動。於是表孝子閭，祭節婦墓，百廢具興，民俗丕變。邑

〔註22〕碭：底本作「碣」，誤，劉陽曾任碭山縣知縣，據此改。
〔註23〕五：底本作「吾」，誤，劉陽號三五，據此改。

苦河患，公齋沐七日，率父老子弟雪涕請禱，願以身代為壑，河遂自疏者二十七里。待僚佐有恩，意煦煦然昆弟也，而僚佐亦以昆弟視公。公提身如寒士，時入覲，裹俸金以行，不煩民一楮。居碭山四年，九被薦剡。《徐志》稱公有介操，臨民愷悌，尤尚理學；政暇則引士民訓諭之，無賢無愚皆獲其益。蓋實錄云。既召去，四民遮道，哭聲震野，為創祠仁政祠、去思碑。入拜福建道御史，則侃侃持風裁。世宗時，改建萬壽宮為永禧仙宮，百官表賀，諸御史推公，公毅然曰：「此當諫，不當賀。」已而廷臣有密促賀表者，以天威叵測，眾洶洶，歸過公，公曰：「即有譴，請自當之，不以累諸君。」已而迄無患。故事部院接**疏**，中官持**疏**南面。公謂同官曰：「**疏**在中官手，北面可爾。既授**疏**，猶侈然當尊，謂朝廷何？」竟東面揖中官。中官雖甚恚，然迄不敢出一語。官舍蕭然禪室，日恒蔬食。或諷公太儉，公曰：「不聞青菜侍郎、長齋御史乎？」居頃之，以病乞休。執親喪，墓栖者三年，哀吟嗚嗚，悲感行路。

既除服，被內召，尋點光祿少卿，竟辭不起。而惟日與諸邑士人談學不倦。常會復真，群公夜講罷，門弟子就公遶床趺坐，退若有得也。氣清明，癯然海鶴。嘗登泰山絕頂，遊衡嶽，夜半坐祝融峰，披羊裘，觀海日，超然遠覽，薄視一切。晚闢雲霞之館於三峰翠微，坐半雲洞天，與諸同志講道，飲泉茹蔬，悠然樂之。發為詩文，各成一家言。清泉白石，峭雲旭日，皆根極理道，關切人倫，融瀉性真。與人言，依然於踐履，嘗曰：「美堯、舜之孝弟，而無稱於鄉黨；贊溫公之誠實，而不踐其然諾。言獨言幽，乃無忌於可視可指；言著言察，乃未及乎行之習之。」蓋深中學者之隱衷云。

公天性溫良馴雅，自少至老，孜孜求勉所未臻。與人交，仁經義緯，直致曲折，人人以公親己。其言徐徐浸浸，優游有餘味，能使聽者不逆於耳。尤諳達事體，善為鄉人解紛批難。爭曲直者，多不之有司，而之公之廬。沒之日，哭於其庭者以千數，相與祠祀之，至今不懈益誠。所著有《洞語》《人倫外史》《山壑微蹤》《接善編》《吉州正氣》等書行世。（錄自清郭景昌、賴良鳴輯《吉州人文紀略》（卷一），《四庫全書存目叢書・史部》（第一二七冊），齊魯書社，一九九七年，第一九～二〇頁）

## 師友小傳　周案

予邑三五先生，予以師事之。而鳳林張子，往者不鄙予，與予友，亦予所敬事云。先生爲碭山令，爲御史，移輳疾歸，辭不赴召命者，終其身。而張子爲庶吉士、史館編脩，名藉甚。

始先生從陽明先生游，一見蒙賞識，卒爲高弟。當是時，陽明之學徧海內，獨先生篤實，訥言敏行。每當郡邑大會，輒默不數語，晚乃更爲諄切，懇懇懇懇，誘人問難。常會復古群公，夜講罷，門弟子就先生遶床趺坐，退若各有得也。氣清明，曜然海鶴。常登泰山絕頂，遊衡嶽，夜半坐祝融峰，被羊裘，觀海日，超然遠覽，薄視色界一切。晚闢雲霞之館於三峰翠微，坐半雲洞天，與諸同志講道，飲泉茹蔬，悠然樂之。自衡山歸，舟子禮，欵意甚殷，曰：「吾行舟，夜輒恍惚神人伺接，公殆非塵埃人也。」故其發爲詩文，各成一家言。清泉白石，峭雲旭日，皆根極理道，關切人倫，融瀉性真。嘗語予詩曰：「詩貴審乎聲音，夫金石擊之，則有聲，而瓦缶，則無音聲也者，自然而出之者也。故夫聲音之極，可以動天地，格鬼神，要非漫焉而得之者。世類以彫蟲之技病之，不亦異乎？」又曰：「詩貴於養，速則不得謂之養，誠靜養，則《華嚴》空堦之物皆能言矣。吾所言者，詩也；吾所以言者，非詩也。華嚴寺者，予舊常局戶其中云。」天性溫良馴雅，自少至老，不能害物。與人交，仁經義緯，直致曲折，人人以先生親己。與言者，徐徐浸浸，優游有味，能使聽者不逆於耳。長沙石塘李公以虔撫過其閭，曰：「三十年願見之，懷今日慰矣。」其見重如此。雅稱張子張子，亦敬重先生。

張子早遊念菴先生之門，方計偕，勉以簡肅公事業，有《夜坐詩》，深相警發。張子爲庶吉士，予爲客部郎。時海內好學者爲會於靈濟，張子亟心慕之，使事里中偕予問道，蓬圓講論，夜分不輒，其勤如此。貌玉立不凡，興致瀟洒。庚午之秋，予訪張子，張子與予聯騎，歷龜岡斷山，臨流坐白石，徧探諸奇，布席子洞中。當其時，張子聲價特重，察其眉睫幾微間，泊如也。未幾，張子再赴史館，予在東浙，張子曰：「吾雖身在樊籠，吾心未常一日不在雷岩洞壑中也。」爲人詳舉重止，閒暇有器度，自其屢困會試，輒怡然不爲動，遇有力貴人，不肯以失意稱自貶損。乍見，疑圭角，久乃知無他城府。居常無疾言遽色，常飯予左右，見覆羹浣衣，徐令拭去。予躁心人，每念之，未常不內訟也。尤飭行誼，生平自視不苟，筮仕尤務爲廉謹。郡邑中人，長幼無問識不識，咸知有城西編脩張子。

自張子歿，士大夫郗歔歎息，欲爲流涕。不踰年，劉先生亦逝。門弟子塡門慟哭，所居至不能容，殆皆邑中所僅見者哉！初，先生與張子書曰：「君所居，他日宰輔地也，遠大之業，願無以家爲念；君所事，他日周孔地也，遠大之業，願無以官爲念。」予掛冠時，張子與予書曰：「五翁康強無恙，典型伊邇。窺其志，日駸駸於道。」先生年躋上壽，於儒者爲考終；獨張子不及，竟志以歿，悲夫！

予故詮次予所欲言者爲《小傳》，若其見於《狀》《誌》与諸縉紳者所誄述者，皆不著。贊曰：「劉先生數爲予誦元子之言曰：『寧方爲皁隸，不員爲公卿。』張子又規予曰：『**處己宜方，應物宜員。**』言各有當也。夫違眾疑於立異，同俗難於自潔。此兩人者，殊途而異趣，學則不爲門閫，不撤藩籬，在人自擇耳。雖然，元子之言近正矣，然非張子，亦無以箴予褊心也。嗟呼！師友交誼，若斯人者，豈易得哉！豈易得哉！」（錄自《三五劉先生文集》卷十五《附錄》）

### 剛方·劉陽　《西園聞見錄》

劉陽字一舒，安福人。嘉靖四年鄉試。授碭山令。入拜福建道御史，則侃侃持風裁。世宗時，改建萬壽宮爲永禧仙宮，百官表賀，諸御史推先生，先生毅然曰：「此當諫，不當賀。」已而庭臣有密促賀表者，以天威叵測，眾洶洶歸過先生，先生曰：「即有譴，請自當之，不以累諸君。」已而迄無患。故事部院接疏，中官持疏南面。先生謂同官曰：「疏在中官手，北面可耳；既授疏，猶侈然當導，謂朝廷何？」竟東向揖中官。中官雖甚恚，迄不敢出一語。（錄自明張萱《西園聞見錄》（二），《明代傳記叢刊》（第一一七冊），明文書局，一九九一年，第二八七頁）

### 三五先生挽歌詞二章　尹臺

三峯摧巘嶪，此老遽云殂。問鵩傷人遠，歌麟感道孤。士虛江左望，世豈洛中須。四紀神交意，徒然寄束芻。

灑落高懷曠，清修夙譽傳。山陽無往笛，碭澤有遺弦。鶴隴飛書數，鴻沙印迹偏。亦知玄草在，誰共檢桓編。

資政大夫、南京禮部尙書、致仕前少詹事兼學士、友弟洞麓居士尹臺書。（錄自《三五劉先生文集》卷十五《附錄》）

### 祭劉三五先生文　鄧元錫

稽山真承，即知即行，即博即約，爲不二門。近哲玄超，務新視聽，俯視修學，士蔑誠正。曰悟真體，何修何爲，曰造古初，何考何稽。弘闊勝大，淫爲異學，狂蹶疾顛，如瀾赴壑。猗歟我公，獨得其正，畢及師門，密勿印證。炯然者天，湛其內存，純粹以精，何欲得淪。瞬存息養，知乃不昧，庶幾夙夜，以無祇悔。虔台夜雪，稽山晨鐘，迄於白首，高朗令終。亦縉銀章，芒碭作牧，慘怛忠利，海涵養春。精神折衝，黃河遠徙，膏澤淪沃，癃瘵咸起。乍登蘭臺，虎豹當關，引疾叩疏，貞孤不刓。引兌如飴，肥遯接浙，皭其不污，龍蟠鴻翼。既懸我車，亦來我徒，弦歌紬繹，樂亦在乎。稽山之學，徧於海宇，亶惟安成，克光厥緒。賢哲如林，萃聚一堂，巽與咸受，沉默以將。二三同志，清齋對榻，惟扣斯鳴，舂容鏜鞳。隆慶初元，屢詔賜環，引年自委，丘壑盤桓。時語時默，時行時止，展其不愆，聖門之軌。曁於晚歲，道行德刑，群望冥孚，眾允質成。貴賤小大，童耆愚智，奔走及門，操几撰屢。山頹梁壞，家弔巷哭，公祠專祠，俎豆尸祝。元錫末學，年德復遼，徹原清晝，雲霞連霄。翁實降悒，剖心相信，接遇綦隆，恩禮莫並。平生論撰，咸委校讎，汰擇環璧，磨瑩琳璆。片言咨疑，應手輒改，我投涓滴，公本滄海。雲霞有約，十年再酬，骨肉孚契，心髓綢繆。自惟終生，見知見許，豈無他人，莫與公伍。聞公云亡，流涕屢日，爲位慟哭，廢寢廢食。方在草土，有羈撫棺，宿草幾青，寄此汍瀾。（錄自清黃宗羲編《明文海》卷四百七十六，中華書局影印本，一九八七年，第五一一八～五一一九頁；明鄧元錫《潛學編》（卷九），《四庫全書存目叢書·集部》（一三〇冊），齊魯書社，一九九七年，第五九二頁）

### 懷德祠祝文　每年春、秋二社日

惟翁約我鄉邦，王道平平。社飲洽歡，義倉賑貧。時舉屬祭，幽爽攸伸。大丘表正，彥方儀刑。翁兼有之，過化存神。聿瞻廟貌，維時仲春（秋）。羹墙之見，梧栟斯陳。尊靈如在，佑啓後人。桑陰柘影，百代里仁。（錄自《三五劉先生文集》卷十五《附錄》）

### 雲霞館祝文　每年十月

惟師資稟清淑，學宗洙泗。鄉成仁里，仕垂至治。館關峯巔，山懸斗崻。弟子則效，罔敢違替。歲舉道會，仰遵師志。默佑人文，萬億斯世。（錄自《三

五劉先生文集》卷十五《附錄》)

### 崇訓祠祝文　每年十二月

惟師統繼往聖，功開来學。派衍姚江，沿洙遵洛。仰止羹墙，俎豆南郭。
億萬斯年，翼我後覺。(錄自《三五劉先生文集》卷十五《附錄》)

### 復真入主奠文　王時槐

惟公真脩實踐，繩直矩方。教不以言，身範孔彰。仕止進退，辭受取予。
語嘿动静，一循道軌。胸次晴空，節操冰玉。仁不狥時，清不絕俗。蒿目世
患，疾首人窮。獨敦古誼，力挽頹風。北斗泰山，眾望攸繫。起懦廉頑，迴
瀾砥柱。會稽一脉，傳遠浸微。行不逮言，識者姍嗤。賴公儀刑，吾道始肅。
士耻遊談，仰遵芳躅。後學追思，願奉對越。两翁、泉翁，儼其同室。有赫
不昧，庶鑒兹誠。默垂佑相，昌我人文。(錄自《三五劉先生文集》卷十五《附
錄》)

### 府鄉賢祠祝文　吉安府知府楊惟喬、同知馬闌、推官陳紳等

惟公道愜心傳，功顗邃養。啓後承先，開来繼往。司牧慈祥，入臺骯髒。
賜告還山，學徒日廣。屢召弗行，縉紳具仰。遐壽令終，士民悲愴。國典誠
公，輿評不爽。崇祀黌宫，溢光郡壤。〔註24〕(錄自《三五劉先生文集》卷
十五《附錄》)

### 三五劉先生城南祠記　傅應禎

侍御劉先生從諸生時，聞會稽講良知之學，走虔州署，親受業焉，留浹
旬，充然有得。歸，刻意自勵於聖賢。及仕令碭山，清净仁明，有漢廉吏風。
召拜臺察，終數月，痛大父公棄捐賓館，遂謝病，終其身絕意仕進。嘗自嘆
曰：「君子志於道而已矣，讀聖賢書，禄仕云乎哉？」斂德衡陽山中者，久之。
歸爲惜陰會，慨然興起斯文。當道高其誼，**疏**薦于朝，兩徵堅不起，曰：「晉
**虞**士非耶？」四方學者日眾。其唱道水雲、復真間，一以精神相遇，簡易篤
實，盎然春流，聽者至不忍去。卒之夕，弟子奔走悲號，各以義制服。于時
夏子夢虁、李子挺、王子世構輩，泣相告語曰：「泰山不幸頹矣，非祠祀安所

---

〔註24〕按：底本此文後有《校三五先生文集》三詩，因不屬傳記資料方面的文獻，
　　　　此略，置卷十《附錄三》中。

依歸？」凡同志在郭外內者，各爭捐金，構址於南城外。前為門及屋若干楹，龕主於中堂，四時瞻拜、講習其間，後有軒，可誦讀棲息，規制井然備矣。乃移書海上，屬禎記。嗚呼！禎惡能紀先生哉！

今夫人之於鬼神也，刻木而祀之，彼非能飲食笑語焉，明矣，然望之群然拜趨者，何其畏心使然也。君子以道覺斯世，夫固不隨生死為存亡者，然當其存也，尊如君父，亡則仰若神明者，何其敬心使然也。畏勝者，強勉於外，是故群然拜趨而已矣；敬勝則愛，愛則思，見其人而企及之。廟祀云者，凡以識思而求及也。是故韓公嘗廟祀南海矣，非直曰彼能馴鱷暴，以奠定南海之民，而南海姑為是德之。蘇文忠嘗紀其廟碑曰：「文起八代之衰，道濟天下之溺。」意者其在茲歟！夫韓公諫佛骨不合，貶謫來潮，直過化耳，薰其德而善良者祀之，且不衰，生有山斗之望，死有尸祝之尊如此。矧先生與我同生長於斯，起處饘粥於斯，談經論道卒業於斯，較其過化者愈久，則薰其德者深，則不忍遽至淪沒，而思愛之者當益切。然則同志之有是祠也，亦南海人祀韓公之遺意歟？噫！使韓公之祠南海，功不在馴暴，而在文與道，則今先生其道良知，其文墳典、丘索，又孔子、孟軻之遺也。韓公薦食南海，百世無貶詞。先生俎豆今日，當時無異議，若是則所以尊且敬者至矣。禎猶以為未，何也？夫人情非有所覿見，則無以接目而微衷，使津津髣髴其笑語，而心志因循於企及，雖丹閣彤楹，日瞻對焉，是優孟之衣冠也，是學射於養由基，抗其的、摩空拳以向之者也，奚貴哉？今人且勿徒口先生良知之學，進為漢廉吏，退為晉處士，其出處可法如此！重大父樞未即土，解侍御輕如土苴，其浮雲富貴，能不愧孝子慈孫也如此！至熙熙誘人於道，使入之者無苦志，其盎然明道春風又如此！茲皆簡易篤實，日可見而及焉者也。學先生者，能不為人臣乎？能不為人子若孫乎？能不抗顏之道居而師且友者乎？如此講習，即如此企及，斯尚庶幾乎！若曰崇廟貌，走伏臘，此畏壘之民祀庚桑，且非南海人意，吾輩祀先生，夫固如是哉？

先生諱陽，字一舒，三五其別號也。博習經史百家言，至精於《易》，有集刻于家。詩尚《風》《雅》，作文喜清麗，得宗元家法。彙趙宋以來吉之抗節死義者，人為之傳錄，曰《正氣》。晚刪《陽明編年》，祛其不切於道理者。其扶持世教，每若此。碭山名宦有祠，郡邑鄉賢有祀。其祀於懷德之祠，於復真、於雲霞之館者，皆南里之同志也。嗚呼！先生真不朽矣。是為記。

萬曆七年，歲次己卯季秋穀旦，門人傅應禎頓首拜譔。（錄自《三五劉先

生文集》卷十五《附錄》）

## 三五劉先生懷德祠記　　王德新

三五劉先生英年志學，受業於王文成公，得其要旨，與文莊鄒公諸君子力倡明之，一時及門稱甚盛。先生歿，則傅慎所偕近城士建祠於南城外。茲先生之里，曰連社十姓，復籌費搆宇，尸祝先生，扁曰懷德，置田舍傍，歲以春社舉祭。念何殷也！豈以先生昔爲碭令以清名，既爲御史而勇退，孤標振萬仞之崿，枌社興仰止之慕而然也耶？吾想鄉之所以懷先生匪一。於是先生自辭榮，雅志山壑，常棲遲於老投園，雲檻月池，修竹蒼松，懷與景暢，則藻詠妙筆，爛然霞燦。先生不自適其適，時聯十姓，講德於斯，人人獲聞倫物之語，躍然若醒。里有微釁，則婉諭可否，卒之情實相孚而訟寢。彬彬哉禮讓之風，四十年如一日也。夫焉得而諼于懷？

或曰：「先生道明望隆，則燁燁聲振寰區，神無不在，奚以鄉之私祝爲？」余曰：「否否。鏡實修於鄉，至不可欺也。何者？居處近，則觀望切；耳目稔，則幾微莫掩。一舉趾弗愜，恐當其身，且不免獻欸，而議毀隨之，何望其懷媚於異日也者？試櫱論於鄰壤，豈無有榮顯者乎？抑豈無偉然好修者乎？求其深繫人心者，曾不櫱見。匪勢之相陵，則其自潔而氣不流貫也。相陵者無論矣，即自潔而氣不流貫，抑豈足語一體之學？先生視十姓之若愚瞀者、饑寒者、烝烝澡雪者，輒戚然、忻然，無殊此身。豈以爲吾如是，俾若人無忘木瓜之謂？問學達於邦家，庶幾哉其無憾也已！雖然，不可喧兮，則人心之天不泯也。倘因廟貌之新，用窺先生之閫奧；爰俎豆之羞，期通先生之精神。翕然銳始，不至索然怠終。聞且見者，將曰：『先生教化之遺若此，後學師事之嚴又若此，斯之謂懷德而有光耀也哉。』」

祠址即老投園，乃先生長公啓獻之別墅也。竭智勤事，則黃君汲、陳君叔文、高君子敏、周君德煉、王君一鳳、朱君亭、周君廷佐、彭君均久、王君淑，凡一百三十七人也。僉以不佞德新，知先生非一日矣，陳君邦講、黃君如繪二三君，過余洞中，屬記其祠。越數月，余宿先生復真小樓，夢相揖而譚先大父不輒輟。嗚呼！神矣哉！媿何能罄先生萬一也。

萬曆二十年，歲次壬辰冬至日，賜進士出身、前承德郎、刑部浙江清吏司主事、蒙恩放歸田里耕于羅陽青原之間、同邑後學王德新頓首拜撰。（錄自《三五劉先生文集》卷十五《附錄》）

## 摘錄聖學疏

戶科給事中署刑科事臣彭惟成，謹題爲敷陳聖學，啓沃聖心事。

劉陽，安福人。爲諸生時，買舟謁王文成問學。督學與文成論不合，發策侵之，公明正學以對。爲御史時，永禧宮成，獨不賀。尋引疾歸。服除不仕。嘗病學者言獨言幽，而無忌于可指可視；言著言察，而未及乎行之習之。同邑門人李挺、夏夢夔、□□□□□□□□□□□。所著有《洞語》《人倫外史》《山壑微踪》《接善編》《吉州正氣》。（錄自《三五劉先生文集》卷十五《附錄》）

## 三五先生道像贊

### 其一〔註25〕

外柔內剛，貌素中黃。元晶炯炯　動靜圓方。吸爲秋霜，噓爲春陽。神龍威鳳，幾決行藏。

宛陵周怡〔敬書〕。

### 其二

淵澄宇廓，氷朗春融。良知宗契，密證真功。根心生色，導和履中。龍潛鳳舉，邈矣清風。

邑通家後鄒德泳拜手敬書。

### 其三

瑞日祥雲，伯子之純。氷壺秋月，延平之清。睹斯像也，孰不知爲三五先生。承會稽之心印，勵進脩之晚程。若策駒而赴家，若既穫而尤勤。睹斯像也，孰能測先生之深？慨哲人之久逝，徒留影於丹青。讀翠峯之夜話，恍參侍乎儀刑。

教下晚生王褝拜書。

### 其四

偉哉先生，恭肅性成。蒼鶴昂影，秋水涵清。會稽授受，正脉鏗鎬。碭山遺愛，驄馬直聲。歸裁後覺，化雨蜚英。力袪幻杳，心印躬行。洞壑緒語，粲馬盤銘。晬容如在，永覿長庚。

邑後學王德新頓首拜題。

（錄自《三五劉先生文集》卷十五《附錄》）

---

〔註25〕按：「其一」等序號爲整理者所加。

### 三五先生社中像贊

於呼！予生也晚，不獲躬承先生之模儀。幸生同桑梓，猶得私淑遺教而周咨，良知親稟而力植。蕩放之維實脩是訓，而身謹倫常之彝。戒懼深切於獨謹，言行必不以庸遺。立朝著驄馬之勁節，居家勵羔羊之素絲。化鄉比彥方之善導，標範同正叔之敬持。其淳懿之垂紀載者洋洋可誦可師，而芳聲之在口碑者藉藉永感永思。卓哉愷愷君子，展矣恂恂碩儒。景行不盡，高山之仰。追頌聊薦，澗藻之辭。

盧陵後學賀泚謹題。（錄自《三五劉先生文集》卷十五《附錄》）

### 宗師劉三五先生像贊

柱史安城劉三五先生，曩令碭山，多異政。黃河爲患，齋心致禱，一夕水自通者二十七里。碭人德之、奇之，有慈愛格天之頌，具《徐志》中。爲御史時，肅皇帝改萬壽宮爲永禧仙宮，百官表賀，諸御史推先生，先生毅然曰：「此當諫，不當賀。即蒙譴責，其何可爲佞臣？」立朝丰裁，大都可見。生平潛心正學，粹然醇儒。予婦翁胡濬洛公諱程，爲其高第弟子，嘗以先生心印示惟成。今其里中建有懷德祠，父老子弟每惟歲秋社會，奉先生遺像，交相視勸，往往感慨涕零。先生化及鄉里，其庶乎爲百世師。不敏惟成，亦於被化之眾之久，可以觀德焉。是可以爲聖徵，是可以爲吾儕學人「泰山北斗」之宗。

贊曰：「庸德之行，庸言之謹。三五先生，豈以口吻？先生之號，三綱五常。先生之志，英主以匡。小子私淑，得之後賢。瞻拜多繢，望之儼然。堂有崇訓，家學濟美。更羨里仁，皆能仰止。」

賜進士第、戶科左給事中、六承簡命典試東省查勘北闈巡視京營冊封益府掌兵刑二〔註26〕科、在籍陞授福建副使、詔准起用調用前中書舍人、後學彭惟成題，萬曆戊午孟秋之吉。（錄自《三五劉先生文集》卷十五《附錄》）

### 三五先生像贊　有引

侍御三五先生，南里先覺也。其厲里人十姓之思，歲饗于社，而懸遺像以昭虔，猗與休矣！先生有賢孫永命、永仕，謁余爲贊。余逡巡久之已，伏念先王父松嵓公，爲先生理學深交，其題連里懷德祠聯云：「道運千年，炳炳

---

〔註26〕二：底本作「三」，誤。兵部、刑部乃二科，非三科；三科則是戶部、兵部、刑部。

躬行成後學；桑陰十里，綿綿社飲仰高風。」此不朽名聯也，里人嘖嘖傳誦到今。輒不揣闇謭，謬爲續貂，用識仰止景行之素云。

會稽饗振，直抉聖真。流爲禪寂，遂畀躬行。先生之學，明物察倫。分符續茂，持斧望都。急流勇退，閒寂盂蔬。先生之操，秋月冰壺。三峯五老，霞舘雲林。操斛染翰，浩歌長唫。先生之樂，點瑟囬琴。德覃于里，道洽于鄉。迄今肖像，畏壘庚桑。先生之風，山高水長。

通家晚學朱世守拜撰。（錄自《三五劉先生文集》卷十五《附錄》）

# 卷十

## 附錄三：師友、門人、後學之相關序跋、書信、詩文等

### 三五劉先生文集序　王時槐

吾吉當嘉、隆間，先輩相與講於聖學者甚盛，〔予皆得摳衣侍隅而請益焉，然篤修實踐、不愧屋漏，而可質神明、貞白瑩潔、無纖芥玷缺者，在先輩〕﹝註27﹞亦交相警，以爲未易能也。若三五劉先生，則真所謂躬行而有得焉者矣。是以當其時，學士大夫莫不欽企金玉之輝，村童巷豎莫不感慕慈厚之德。嗟夫！此豈聲音笑貌之可及哉！

先生既親受業王文成公之門，志大而識遠，然深患後學談玄空而遺倫物，言有餘而行不副，每聞士人且說於窈冥而染情於世味，輒爲蹙額疾首，嘆惋而不已。故其言曰：「今世學者喜言不睹不聞，似密矣，然於可睹可聞者，顧疏脫而不檢，其可乎？且喜言著察，似精矣，然於行與習者，竟恣肆而踰閑，其可乎？」是以先生力崇身範而不襲浮談，爲令而惠澤旁流，立朝而奉身勇退，特召而堅臥不起，居鄉而挽俗還淳。至辭受嚴於一介，嚬笑謹於細微，言訥若不出諸口，守正而不懈於獨，使後學望之肅然生敬，就之翕然誠服，咸知學在慎修，無敢弛焉自潰其防者，則先生衛道之功甚大矣。

先生未嘗留意著述，惟其應酬之筆、箚記之語、題詠之什，皆足以占其學之所詣與志之所存者。同邑周轂似中丞特爲摘其緊切者，捐金助梓，以廣其傳。先生令子啓獻、啓兆以予沐教於先生也蓋久，宜有言弁諸集端。予竊嘅先覺日遠，橫議滋繁，所謂談空玄而遺倫物者，益昌熾而未之底止，正學豈將淪墜乎？先生不可作矣，予故具論先生飭躬砥行之大端，俾讀是《集》者當有省焉。若徒以文辭聲律泛觀之，則非先生立言載道之本旨，而亦非今日同志校刻之夙心也。

萬曆辛卯季夏之吉，賜進士出身、亞中大夫、陝西布政司參政、得請致仕前太僕光祿二寺少卿、尚寶司卿、同邑眷教下生王時槐頓首拜撰。（錄自《三五劉先生文集》原序）

---

﹝註27﹞按：自「予皆得摳衣」至「在先輩」底本原缺，據王時槐《友慶堂合稿》（卷三）所收此文補。

### 敘刻三五劉先生文粹　陳嘉謨

孟子曰：「堯、舜之道，孝弟而已矣。」又曰：孩提無不知愛親，稍長無不知敬兄。然則孩提可以為堯、舜乎？而曾子稱止於孝，獨歸之文王。孟子俾曹交歸而求之於孝弟，則又曰徐行后長者弟也。夫徐行者，孩提稍長之所知，愚夫愚婦之所能，而止於孝，非文王莫之能也。由是言之，堯、舜、文王者，人倫之至者也；愚夫愚婦者，與能於人倫者也；君子者，善推其孩提稍長之愛敬以事父兄，以保四海，以學夫堯、舜、文王者也。今或侈堯、舜、文王為美談，而弗屑屑於愛親敬兄之庸行，是則愛親敬兄之外，求所謂堯、舜、文王之道也。道何由而明，教何由而行乎？俗之日漓，世之日入於亂，由此矣。

安成三五劉先生，陽明先生高第弟子也，嘗慨然嘆之，諄諄然教人由孝親敬長以學堯、舜、文王，其意以為庶幾有其人乎，陽明先生之學或賴以不墜。不然，猶不失為與能之百姓，而世道民風尚賴之。蓋先生苦心，有未易窺者。予少壯嘗從先生於乾峰僧舍，夜則連榻以臥，或中夜呼之起坐，誨我諄諄。而予昧劣，第得其所謂飲人以和者，以為先生非世間人，既老而後知其難得也。先生詩則教存乎詩，文則教存乎文，咸不襲前人以贊毀為心，而遺世拔俗，飄飄然御清風而凌紫霞，則讀者人人有睹珠玉、覺形穢之嘆。孔子所謂「有德者必有言」也。先生出處必斷以義，取與必嚴於一介，山谷樵豎無不知之。其學必至於聖人，其獎披善類，必不忍一人不為君子，縉紳、學士無不知之。至其所自得，其言具在，其崖畧可睹也。

予嘗求先生遺集，不可得，外孫王生道明求得之，告予，輒手錄其尤粹者，將刻以傳。而邑文學蕭君九功、虜士彭君父子曰烱曰文、增魯君昆季曰珙曰佩力任之，文學宋君文英力贊之。刻成，屬予一言，予樂道而僭敘之。嗟乎！覽者由先生之言，行於戶庭，達於鄉國，則世可以無亂民，以著以察以進於堯、舜、文王之道，則人人可以為君子。譬之草木，區以別矣，其根核存焉，其蒙潤於雨露均也，惟無以焦種讀先生之言，謂其無益，則幸矣。

賜進士第進階大夫、湖廣布政使司右參政、告詔起左參政、兩上書得請致仕前吏兵左右給事中、教下生廬陵陳嘉謨頓首拜撰。（錄自《三五劉先生文集》原序）

## 劉三五先生文集序　　劉孟雷

嘗謂道在宇宙，無一息不寄之人以傳。而人之學以致夫道者，牖其虛明，則始於神悟妙解，實此虛覺，必繼以允踐勤脩。蓋自唐虞精一，以迄孔孟，授受此道之常明常行，相根而不離，則千聖一脉也。自孟氏沒，而斯文靡所歸命，至宋而濂溪、明道兩氏出，始能以其心而探聖人之學於千載。論世者謂其時星聚而運闢，故能開洛、閩中興，良然由洛、閩之學盛行於世。而遊其門者，往往篤信慎守，矩步繩趨，其本先聖，證師說，若法家之恪遵憲典，罔敢違叛。故循持勇蹈之力勤，而默澄體認之意尟；篤實防撿之功密，而研極幾深之意微。以彼其盛，而譚聖學者，猶以不著不察為道大患，然則聖人之道，豈終無所托而明乎？

天佑人文，篤生陽明先生於紹興，洞析道本，力探聖真，於是揭千古不傳之秘而發之，以詔後世，曰致良知。彼其所謂良知云者，謂能悟透真體，即靈光顯現，自可應物無窮，非徒妙己粗物、內徹而外遺者。自紹興以此學開群蒙，天下之人類能言良知，其窮極玄妙，道說精蘊，多出於高明才哲之士。故靜而叩之，若真有得，一涉色界，便落世塵。人見其然，遂謂良知不可盡信，群起而議之，其疑殆不止如西河所譏者。嗚呼！當紹興之揭示良知也，將以救夫不著不察者之偏也，孰知學脉大明之後，而竊著察之似者，其流之弊，殆又有甚焉者乎！則亦學焉者之過也。

三五劉先生蚤受學於紹興之門，其精悟敏脩，同志咸賴以為赤幟。方其時為紹興學者，天下怪而異之，不啻洛、閩當年。先生獨群諸君子，自信其是，以當一世之所咻；即舉一世咻之，而卒不能勝先生。及諸君子所是其確信師傳，則亦猶夫洛、閩之門，終身無敢異者。雖於良知之旨透玄入微，然絕口不懸空向人譚吐。有問及者，輒曰：「先師言具在，第力行之足矣。」其所自得處，偶於水雲之會發之，嘗曰：「守宋儒之繩尺，尋孔孟之正脉。為學而不脩行，恐高虛而無實者罔救；脩行而不研幾，將冥行而罔覺者莫辨。」雷深有味乎其言之也。夫不以高譚異論愍世之聽，而獨以脩性砥行，挽世之趨；不以良知之醒醒不昧者為足恃，而以致知之乾乾不息者所當勉。若先生所就，其殆善師紹興而有功於世教者歟！此其深造淵微，既異乎晚宋諸儒著察之惟艱；而以敏脩迪後進，又非若世儒徒弄精魄者比。藉令生當孔門，與狂狷諸子揖讓其間，吾不知其進於中行，將孰為後先也。而世不察，遂以操行之士目論先生。孰知先生之於道，其脩與悟者固自兼

之哉！

先生既沒，而嗣君啓獻、啓兆彙次遺文若干卷，授簡於雷，使序其端。雷自童齡已知希羨先生，及長，辱在門墻，侍側最久，不敢謂不知先生者。矧獲附姓名於間，以竟向往，又素所大幸耶！竊視先生所履，於道深矣，初不待言而傳。今遺編所垂，皆其精緒之流也，善學者能由先生之緒，而求先生之精，斯於良知之旨，其庶幾矣。彼偉節如泰巖，而感世風動，則自有傳先生神者詳之，予尚何言哉。

《序》作於萬曆四年丙子，時予方試政兵部。至三十年壬寅，予謝事歸里，距序先生之文時，又二十有七年矣。光大無成，流光堪惜，感念夙誨，赧然惕心。先生有賢孫曰永祚，出予舊稿，命書之冊，將登梓焉，誼不能辭，又不暇脩潤以傳先生之神，敬書以歸之。時八月中秋日。

賜進士出身、亞中大夫、南京光祿寺卿、門下年家侄廬陵劉孟雷靜之甫拜手謹書。（錄自《三五劉先生文集》原序）

### 三五劉先生文集序　甘雨

聖人之道，如大明中天，易知而簡能，無多歧也。自程門提主敬之宗，令人循序漸進，其教非不端，而守之不變，疑於執有，究乃有拘方所而滯員神者。東越夫子有憂之，乃更提致良知之宗，令人合下了悟，其涂非不徑，而養之不邃，疑於駕空，究乃有趨禪寂而忽近功者。蓋學術之為天下裂久矣。

余師三五先生自其蚤歲，即稟學東越，其於致良知一言，既與同志聞而耳孰，而先生獨能領略而會通之。嘗語人曰：「知惟良故致，致故能滿其良之體，假令言知不必良，言良知不必致，是將使情欲為君，性靈盡蕩，夫豈先師立教之本旨乎？」又曰：「世儒多糟粕六經，不知古今有不識文字聖賢不？」聞者靡不懼然。居乎清約自持，昂昂然如凌霄之鶴。四方來學者，無問後先，同執若及門士，可與語者，咸延致館下，為之剖析折衷，幾無虛日。然其言皆根理要，切倫常，近非執有，遠非駕空，居然醇粹而輝光，易知簡能之脉，將在茲矣。藉〔註28〕令末流學術，不得先生障其頹波，吾懼新進少年爭騖于禪定解脫，高者豪舉，卑者恣睢，其不禍人心而賊世道也者幾希！繇斯以譚，雖謂先生為東越之素臣可也，何啻高第。先生詩祖江門，文則出入漢宋間，

---

〔註28〕藉：底本作「籍」，疑為「藉」字因形近而誤。

而氣韻天成，絕無鑪錘跡，讀之者若奏鈞天，若虞白雪，不覺其神之王而腋之欲仙也。世有飣餖卮詞，掇拾殘瀋，苟焉矜雕蟲之伎，詒羞壯夫者，詎可與先生同年語乎？

少宰穀似周公重先生，爲梓其集以傳，伯子文學少峰謂不佞兩世門墻，不可無一言。故特術先生之善師東越者，首論著之，而後及其詩若文。蓋以先生真精在此緒餘，在彼覽者其務深惟細繹，無徒求之言詮，而後乃稱知先生者云。

萬曆戊戌孟秋吉旦，賜進士出身、奉議大夫、欽差提督西粵學校、前翰林院庶吉士、福建道監察御史巡按四省、侍經筵官、門人永新甘雨頓首拜譔。（錄自《三五劉先生文集》原序）

## 書三五先師文集後　劉元卿

先生之題吾汝藁也，曰：「先集之傳，率病繁而貴得其大者。」嘗與予論陽明先生文曰：「第觀『拔本塞源』一書，足以盡先生之全集矣。」予時耳之，未深契也。乃今而知先生之能得其大者，蓋由識其大爾。識其大，則一言可也，無言亦可也。予觀先生《洞語》曰：「知如天，禮如地，合崇與卑，天地之理得矣。窮高極幽而不知〔註 29〕其實，知之過者也，蓋異於孔子之教。」又曰：「有達其性之生機，有遏其性之生機。遏其生機，賴之以並育，難矣。故自私自利者害仁。」又曰：「根株花實，學脉貫通。二氏蓋各一根株也，謂有似者可，謂同不可。」嗟夫！斯數語謂不足以盡先生之全書耶？其他雖不傳，亦何少於先生。邇時學士宗尚，稍稍異於先輩，大率窮高者病知，自利者病仁。根株一定，花實隨之。証之先生之語，如合符契。故曰：「其他雖不傳，亦何少於先生。」雖然，《魯論》首學，《中庸》揭天，《大學》提明德，孟軻氏先仁義，諸云云者，皆足以盡全經，然世卒不以此廢全經。蓋謂貴得其大者，則可謂識大識小，非文武之道又不可。夫讀書者，必如是而後謂之識其大也。

萬曆壬寅春，承德郎禮部主客清吏司主事、俞告還山前兩奉詔徵〔門人安福劉元卿拜撰〕〔註30〕。（錄自《三五劉先生文集》原序）

---

〔註29〕知：底本作「居」，誤，據劉元卿《劉聘君全集》卷十二所收該文改。
〔註30〕按：「門人安福劉元卿拜撰」底本原奪，據文意補。

### 校三五先生文集　周寀

辛苦作家字字傳，不煩膚淺校遺編。却誰領略青山意，言外有言玄外玄。
拈香薰筆未曾題，閣筆沉吟有所思。縱使汗牛終費簡，清清白白當行知。
清泉白石洞雲陰，寫就先生一片心。誰道心期容易領，且教三復濯塵襟。
（錄自《三五劉先生文集》卷十五）

### 三五劉先生洞藁序　鄧元錫

　　元錫次劉三五公諸所爲《洞藁》，蓋屢復而歎也，曰：「王夫子見之矣。」
始公逮事王夫子也，王夫子時開府虔，學徒日遠近至，語心質學者眾矣。公
負笈冒風雪造焉，王夫子一見異之，語諸學徒曰：「是子享予清福者。」今讀
公詩，次其所爲文若《洞語》：繹其志嚴，察其辭懼，約其行儉，質其操廉，
慄慄乎懼泥滓之污，得毫毛入其心，昭昭乎志揭日月而行之也。嚴險阻之幾，
故辭危而懼；窒易從之欲，故行節而儉；秉不磷之堅，故操貞而一。於物也
蛻，故寓言也遠；於道也進，故指言者深。讀之者，如采薇首陽，茹芝商谷，
服菖陽九，節而聆幽泉之活活也。污者可以澡其行，頑者可以改其操，易者
可以肅其辭，儒者可以立其志。懷忠敬慈孝之素者，讀之不知涕泗之無從下
也。《記》有之曰：「清明在躬。」《傳》有之曰：「風之者遠。」若斯藁者，
義兼之矣。夫《柔木》興溫恭之詠，《蟋蟀》謹太康之防，《伐檀》歌食力之
勤，《洋泌》暢樂饑之懷，固詩之所以教也。或曰：「公於詩文也，亦意之乎？
今之言道者易，其辭而可矣，其意之何也？」曰：「理精者旨遠，氣渾者辭樸，
心平者音舒，道要者語約，誠易其辭而可則。《典》《訓》《雅》《頌》《爻》《象》
《文言》，果如今之人言否耶？」是故公近體諸作，蓋猶有蹊徑存焉。古箴銘
詩，則商敦周罍，古潤黯積矣。今《洞語》，則上尊黃目、清明中通矣，固雅
俗同和，所以異也。曰：「首陽聖之清也，而隘隘何聖也？」曰：「難言哉！
難言哉！同塵而和光，德者一之，混者污焉。公樂善如己出，語人善，將推
而進之也，惟懼其不昭。曰遺世之行，達人尚之，公其達也夫。吁！不志蕩
者馳，而識達者曠耶？乃《遠遊》《天問》之篇，《凌雲》《子虛》之賦，其辨
矣。公於天常至篤，其官芒碭也，稱循吏焉。嗟夫！蓋太上有中行者作焉，
吾未之逮也。若公者，可謂靖矣！可謂靖矣！」

　　鄧元錫曰：「余西游安成，歷青原、白鷺之圻，宿南山、梅源，興遐思焉，
既得見諸縉紳先生。及采里俗童稚耳語也，數數稱侍御公之爲人。及陟三峰，

聞所謂雲霞洞者棲焉，接欵語連日夜，蓋心誠厭服之。公於生亦戚戚乎，相
然信以心也。已屬校其詩文，凡六日而竟，凡若干卷，復爲之題其端如此。」
（錄自《明文海》（卷二百四十），清黃宗羲編，中華書局影印本，一九八七
年，第二四七八～二四七九頁）

### 劉陽著述提要〔註31〕　　《四庫全書總目》

　　《論學要語》一卷、《洞語》一卷、《接善編》一卷、《人倫外史》一卷。
江西巡撫採進本。

　　明劉陽撰。陽字一舒，安福人。由舉人授碭山縣知縣。官至監察御史。
陽初從族人劉曉授經，曉告以王守仁之學，遂往謁守仁於贛州。故《要語》《洞
語》大率不離良知之旨。其《接善編》多採儒先粹語，非所自作。其《人倫
外史》即墓誌、傳、狀、詩詠等作，以其係於孝弟、忠義、貞節之大，故以
《外史》爲名。舊總題曰《劉兩峰集》〔註32〕，然實非詩文之屬，未可著錄
於集部，故分列其目，隸之儒家類焉。（錄自《四庫全書總目》（卷九十六），
清永瑢等撰，中華書局一九六五年，第八一〇頁）

### 跋李一吾銀子歌　　劉元卿

　　某昔侍坐三五劉先生，先生曰：「孟子『存乎人者』一章，吾欲改訂一字。」
元曰：「一字謂何？」先生曰：「存乎人者，莫良於銀子。銀子不能爲人掩其
惡。胸中正，則銀子瞭焉，瞭者，銀子來得明白也；胸中不正，則銀子眊焉，
眊者，銀子來得不明不白也。吾聽其言，又觀其銀子，『人焉廋哉？』」聞者
爲之絕倒。世儒談學者高入玄天，而不能不以銖兩動色，甚者侮人、奪人，
而猶自飾於聲音笑貌，則安得不令人歸罪於銀子？夫銀子何咎？譬如人自醉
酒，酒亦無所逃罪，是以禹惡之爾。李君惡銀子，猶禹之惡旨酒。予特表而
刻之，以醒夫世之醉於銀子者。（錄自彭樹欣編校《劉元卿集》，上海古籍出
版社，二〇一四年，第五〇八頁）

### 兄完甫字說跋　　劉元卿

　　此余師三五夫子筆也，兄受之示予，拜手曰：「至哉言也！」人之所得於

---

〔註31〕　按：此題名原書無，爲整理者所加。
〔註32〕　按：舊題誤將劉陽（三峰）混爲劉文敏（兩峰）。劉陽初號三峰，後又號三五，
　　　　　而劉文敏號兩峰，兩人均爲江西安福陽明弟子。故可能因之而混。

天，無弗完也。弗完，匪人也。惡乎成名，兢兢業業，完之，要也。豈惟為兄告，凡在同志得是說，儆之弗敢一日自安矣。完甫兄曰：「遍告同志，老師固命我也。」乃梓而廣之。讀者其重省焉，毋負吾夫子盛心也。（錄自彭樹欣編校《劉元卿集》，上海古籍出版社，二〇一四年，第一五一六頁）

### 與三峰劉子問答　《王畿集》

先生（按：即王畿）入安成，語三峰劉子曰：「不肖與兄同事夫子餘四十年。兄好學清修，不受污染，向處臺端，不數月，即拂衣歸山，此豈常情所能測？兄保身如瑩玉、如幽蘭，但過於自愛，大會中不屑時赴，未免有揀擇心在。此亦清修中一魔事。先師倡明此學，精神命脈，半在江右。故江右同志諸兄傳法者眾，興起聚會，在在有之，雖未能盡保必為聖賢，風聲鼓舞，比之他省，氣象自別，不可誣也。弟此番入境，殊覺悵然。善山、洛村久矣捐背，東廓、雙江、明水、念庵、瑤湖、魯江先後隕落，同志寥寥，如群蜂失主，亂飛亂集，聚散靡常，無從收攝。盛衰消息，時乃天道，歲犯龍蛇，亦吾道之一否也。獅泉，長兄四五歲，雖志學不怠，亦既老矣。方今聖君賢相掃清仕路，頗去常調，山中遺逸不次舉用。如兄與疏山、偕所諸同志，皆在舉中，豈非清明盛事耶？」

劉子即以出處事謀於先生，先生曰：「出處係兄一念自決，非人所能與。此件物不由人輕看得，不由人重看得。君相協心，孜孜興理，欲使野無遺賢，百餘年來，無此舉動。世風士習，勸勵興發，補益不小。於此看得不緊要，略萌忽易之心，便是抗。兄歸二十餘年，年已七十矣，恬澹寂寞，聊以自全，原無一毫外慕之意，陡然遇此稀有事，略增了一分精彩，不能以平處之，便是矜。抗與矜，皆是良知上有增減、有輕重，皆非天則。或謂君相盛舉，不可辜負，必以出為是；或謂山中苦節已二十餘年，務須終始成章，以明初志，必以不出為是。皆是滯行跡，未免意必之私，不足以見天則也。出處且置。諸公相繼云亡，老師學脈不絕如縷，吾人後死者不與出頭擔當，後將誰賴？望兄捨身為眾，不忍作自了漢。去此一魔，教學相長，使海內同志得所依歸，固兄不容已之情，亦先師學脈也。」（錄自吳震編校整理《王畿集》，鳳凰出版社，二〇〇七年，第八〇～八一頁）

### 簡劉三五侍御　*聶豹*

至人難見面，徒切瞻企。先隴倖祥，承賜佳和，有裨顯揚多矣，幽明咸

感。此學自先師而明，亦自先師而晦。《錄》中所載正法眼藏，俱無一語道及，只終日說格物，甚者以「聖人到位天地、育萬物，也只是從喜怒哀樂未發之中養來」。究極精微之言，謂是設法救弊，而以先天正心俱着不得工夫，工夫在後天誠意上用。潛驅密引，令人喪心棄天，納諸罟擭陷阱而莫知避也，其禍不在洪水猛獸之下，敢爲高明一道之。同明相照，同病相憐，願無視爲細故，而坐使堯、舜執中之學顛覆破壞，將來責備，恐公亦不能辭也。《答龍溪》一書，奉上教正，萬萬。（錄自吳可爲編校整理《轟豹集》，鳳凰出版社，二〇〇七年，第三一三頁）

### 簡歐三溪、劉三峰諸同志　　鄒守益

聖門之教，正是恒久其功，故本體流行，更無壅障。見大賓，成大祭，吾良知也；日如見如承，祗是時時如此而已。己所不欲，吾良知也；日勿施於人，祗是時時而勿違而已。何等簡易！何等切實！何等兢業！願與吾兄協力圖之。（錄自董平編校整理《鄒守益集》，鳳凰出版社，二〇〇七年，第六二二頁）

### 連山次三峰柱史勉同游顯甫、匡甫、國輔、國矩　　鄒守益

蘭友重臨日，蓮臺儼素秋。三才原有寄，百歲若爲謀。韶華催蟋蟀，生意領扶留。珍重先師脉，澄傳晝夜流。（錄自董平編校整理《鄒守益集》，鳳凰出版社，二〇〇七年，第一一八五頁）

### 同三峰劉柱史卜連山書屋，適南康使至　　鄒守益

連山方卜築，白鹿兆先幾。谷口鳴雛入，巖頭采藥歸。溪環玄武轉，雲獲紫芝肥。早晚棲居壯，羲圖玩夕輝。（錄自董平編校整理《鄒守益集》，鳳凰出版社，二〇〇七年，第一一八五頁）

### 周順之司諫聚劉氏九峰庵，念庵、三峰同游　二首　　鄒守益

#### 一

涼飆怯殘暑，新月穿叢薄。誰知千里駕，踐此九峰諾。桐江來匹馬，三峰理舊可屬。鏗然童冠間，陟降有餘樂。丈夫貴識真，勿受利名縛。矢言春陵派，千古尚可作。

二

侃侃忠懇仙，三庵振教鐸。先公理遺鼎，及門咸鸞鷁。燈前父老談，英標凜如昨。愧我昧前規，共商長生藥。錫類傳佳夢，山靈尚有托。去去脫蛛網，秋風翔寥廓。

（錄自董平編校整理《鄒守益集》，鳳凰出版社，二〇〇七年，第一二〇七頁）

### 同劉三峰自龍華宿念庵石蓮洞　鄒守益

海天秋月十日坐，更躡懷濂閣上臥。老來已破盧生枕，連榻共商希仙課。夜靜月彩懸冲融，石作蓮花碧瓏瓏。夢入月邑見老仙，禹疇羲畫春濛濛。（錄自董平編校整理《鄒守益集》，鳳凰出版社，二〇〇七年，第一二三一頁）

### 三峰約登高於峰頂，用少華司諫嘯巖韻　鄒守益

步步凌空步步穩，平生桃竹費幾本。萬里剛風露氣净，千崖落日秋光烜。三十年來登高約，山靈灑掃興非晚。何時更上華嶽巔，一枕共飽雲臺飯。（錄自董平編校整理《鄒守益集》，鳳凰出版社，二〇〇七年，第一二三一頁）

### 壽三峰柱史尊公八十　鄒守益

瑞氣遥護三峰紫，龐眉杯泛梅花蕊。《白華》高歌賡《棠棣》，繡衣起舞三千履。人間福壽鮮兼全，羨翁作述兩嬋媽。津塗有梁社有約，小將周官試當年。方伯天外傳鴻寶，奕葉青精娛瑤島。酒醑漏深談九秤，虎頭寫入商山皓。（錄自董平編校整理《鄒守益集》，鳳凰出版社，二〇〇七年，第一二三四頁）

### 連山新作書屋，簡晉壇、三峰諸君　鄒守益

分得黃公第幾窩，樓居突兀破松蘿。衣冠始發山靈秘，桃李潛回淑氣和。翠壁一竿談《易》象，仙源九曲侑弦歌。夜闌更揭先民業，嶽麓嵩陽意若何？

（錄自董平編校整理《鄒守益集》，鳳凰出版社，二〇〇七年，第一三一三頁）

### 雙江、原山、念庵及師泉、梅源、三峰諸君同宿文明用前韻　鄒守益

披衣正憶劬勞夢，駿業芳聲兩未全。真脉不融無極表，浮生空戀有涯前。觴傳春服歌沂水，榻倚南窗臥華巔。爲祝群公霄漢上，更教外國訊裒年。（錄自董平編校整理《鄒守益集》，鳳凰出版社，二〇〇七年，第一三一九頁）

### 善山、明水、石屋、師泉、三峰諸君游二洞用明水韻　鄒守益

鹿洞何年聚異才，行窩亦傍洞門開。德星似映丹爐色，杖柱遄歌豐芑材。燕笑滿堂真帝力，靈光一點自仙胎。臥雲公醉西鄰老，莫厭吟風弄月杯。（錄自董平編校整理《鄒守益集》，鳳凰出版社，二〇〇七年，第一三二〇頁）

### 同三峰柱史訪草堂賀朱兩川君侯壽　鄒守益

依竹披雲搆草堂，兩川春色晚蒼蒼。直從詩禮傳洙泗，未論簪纓接宋唐。拍手阿田鸝燕語，放歌《頍弁》蔦蘿長。由來貞壽傳靈派，黍律藜烟倍有光。（錄自董平編校整理《鄒守益集》，鳳凰出版社，二〇〇七年，第一三二一頁）

### 自三峰趨壽伯姊夫人夜讌　鄒守益

三峰鶴侶酣東籬，更赴群甥獻壽巵。小弟放歌分黍谷，仙軿夜讌儼瑤池。鳴鳩賦就南渠筆，慈利謠傳涇野碑。莫向古稀談盛事，蟠桃原是八千冊。（錄自董平編校整理《鄒守益集》，鳳凰出版社，二〇〇七年，第一三二一頁）

### 偕劉獅泉、劉三五諸公講學松雲菴　王學夔

山腰藏小寺，盤谷護崇林。偶住無前約，同携契夙心。斂收方共勉，漏泄亦交箴。坐對空庭久，清風起樹陰。（錄自汪泰榮編《吉安書院志》，中華書局，二〇一三年，第一七九頁）

### 報別三五劉先生　四首　鄒元錫

#### 其一

遙遙雲霞峰，三五高桓桓。望之南山隅，鬱如天際蟠。
駕言往從之，乃遘心所歡。始攀歷幽窈，窮陟敞大觀。
日月出其底，列曜羅其端。松桂有餘枝，願附雙飛鸞。

#### 其二

雲中有仙人，授我《青瑤篇》。浣手啓讀之，過日生雲煙。如探禹穴霞，如唾蛟宮涎。皇皇振幽眇，玄文五千言。洪源窒涓流，修衢拓重關。再拜謹護持，永言勤歲寒。

#### 其三

青青洞門菊，奕奕舍其英。惠雲郁靈根，高露承太清。青鳥時雙下，松桂錯前榮。既陪几席歡，兼感抱甕情。願幸如此菊，遙遙候孤征。

### 其四

靡靡秋已中，烈烈多涼風。時雨淨郊道，我行思鬱沖。三五明月夜，夜半三五峰。列曜爛可結，玉宵曠難從。何當舍之去，飄飄如轉蓬。紅塵亙四野，浮靄彌長穹。行役倦所之，冥鴻附遐蹤。

（錄自明鄧元錫《潛學編》（卷二），《四庫全書存目叢書·集部》（第一三〇冊），齊魯書社，一九九七年，第三七四～三七五頁）

### 三五劉先生送別書岡頂　三首　鄧元錫

#### 其一

碧玉岡頭萬翠虯，南村佳氣望中稠。書臺定是陶公作，丹木黃花自好秋。
岡有臺，相傳陶淵明讀書臺。

#### 其二

五老蒼蒼俯石渠，雲峰莫即是匡廬？落星記得湖邊石，一枕岹嶢玉檢書。
雲峰有五峰書岡石，如落星石。

#### 其三

霞館中秋夜不扃，九天華月渺蘭汀。今朝微雨汗頭望，撩亂離愁幾點青。

（錄自明鄧元錫《潛學編》（卷五），《四庫全書存目叢書·集部》（第一三〇冊），齊魯書社，一九九七年，第四六九頁）

### 三五先生約舟送成岡，余舟先發，郎君追至為別，且致贈言，賦如章　四首　鄧元錫

#### 其一

十年有約重相赴，千里酬心心所憐。為苦別難先放棹，不應棹放轉淒然。

#### 其二

■■手授一函詩，聽罷潸然問底為。歐冶干將精自合，吳門㔉練氣誰知。

#### 其三

鹿裘親上祝融峰，夜半虞淵瞰日紅。拂袖星辰光爍爍，候陽鴻雁唳雝雝。

#### 其四

雲關霞洞未留眠，更許溪山後日緣。海上崑崙天北斗，自占瑞氣到華巔。

（錄自明鄧元錫《潛學編》（卷五），《四庫全書存目叢書·集部》（第一三〇冊），齊魯書社，一九九七年，第四七四頁）

### 王陽明年譜（節錄）　《王陽明全集》

（嘉靖六年十月陽明）至吉安，大會士友螺川。

諸生彭簪、王釗、劉陽、歐陽瑜等偕舊遊三百餘，迎入螺川驛中。先生立談不倦，曰：「堯、舜生知安行的聖人，猶兢兢業業用困勉的工夫，吾儕以困勉的資質，而悠悠蕩蕩，坐享生知安行的成功，豈不誤己誤人？」又曰：「良知之妙，真是周流六虛，變動不居。若假以文過飾非，爲害大矣。」臨別，囑曰：「工夫只是簡易真切，愈真切，愈簡易，愈簡易，愈真切。」（錄自《王陽明全集》卷三十五《年譜三》，上海古籍出版社，二○○一年，第一四四五頁）

（嘉靖）十三年甲午正月，門人鄒守益建復古書院於安福，祀先生。

師在越時，劉邦采首創惜陰會於安福，間月爲會五日。先生爲作《惜陰說》。既後，守益以祭酒致政歸，與邦采、劉文敏、劉子和、劉陽、歐陽瑜、劉肇衮、尹一仁等建復古、連山、復真諸書院，爲四鄉會。春秋二季，合五郡，出青原山，爲大會。凡鄉大夫在郡邑者，皆與會焉。於是四方同志之會，相繼而起，惜陰爲之倡也。（錄自《王陽明全集》卷三十六《年譜附錄一》，上海古籍出版社，二○○一年，第一四六九頁）

### 胡母劉孺人墓誌銘（節錄）　　胡直

予族之廬陵芳徑有賢母，其夫子西園翁始遊邑庠，連弗第，已而棄去，叩正學於安成鄒、劉二先生，二先生獨偉而器之。每歲謁安成，及心所嚮往，則供糧贄縑，羅列出夙備。賓友以講業至者，饋饗無乏，詢之，則其內子劉孺人手治也。以是人莫不頌賢婦。某年月日，西園翁卒，又資遣子燭遊劉三五先生之門。三五劉先生者名陽，以高行傾一時，非其人弗與。燭至，則特錄門墻而殷教之。（錄自張昭煒編校《胡直集》，上海古籍出版社，二○一五年，第五一七～五一八頁。按：此爲節錄部分，後面內容無關劉陽，故不錄）